NEW UNIVERSITY OF ULSTER

THE LIBRARY

This book is subject to re   after 7 days
from the latest date sh

GRUPPE 61

Arbeiterliteratur — Literatur der Arbeitswelt?

Herausgegeben von HEINZ LUDWIG ARNOLD

EDITION TEXT + KRITIK

RICHARD BOORBERG VERLAG STUTTGART · MÜNCHEN · HANNOVER

Satz und Druck: Johannesdruck Hans Pribil KG, München
Einband: Verlagsbuchbinderei Simon Wappes, München
Umschlag-Entwurf: Gert Bühl, Leonberg
© EDITION TEXT + KRITIK — Richard Boorberg Verlag, München 1971
ISBN 3 415 00163 6

INHALT

Produktionen

Diskussion

Anhang

Vorbemerkung

Daß dieses Buch — obgleich zum 10. Jahrestag der Gründung der Gruppe 61 erschienen — keine Festschrift werden würde, stand bereits fest, als die ersten Gedanken über sein Konzept vorläufig formuliert wurden. Denn wer die Entwicklung der Gruppe 61 in den letzten drei Jahren verfolgen konnte, wer die intern geführten programmatischen Debatten zum Teil miterlebt hat, dann Gründung und Abspaltung des »Werkkreises Literatur der Arbeitswelt« von der Gruppe 61 als Faktum hinnehmen und feststellen mußte, daß die Resonanz auf gruppeninterne Zweifel und Fragen und auf die Neugründung des Werkkreises bei weitem jene auf mehr oder weniger kontinuierliche Gruppenarbeit in den Jahren zuvor übertraf, der vermochte auch zu erkennen, daß nach zehn Jahren Gruppe 61 die Zeit gekommen war, nach Selbstverständnis und Aufgabe der Gruppe grundsätzlich neu zu fragen. Nichts ist es mit der *Euphorie eines Jubiläums,* von der Hans Peter Kensy spricht, nichts mit dem *Standardwerk,* das F. C. Delius vermutete. Was Delius fordert: *Das beste wäre Auflösung und neuer Anfang* — als Frage formuliert und ebenso grundsätzlich wie programmatisch verpflichtend beantwortet, sollte es von der Gruppe 61 ernst genommen werden.

Dieser Band versucht, die Argumente, die innerhalb und außerhalb der Gruppe laut wurden, für und gegen die Gruppe gesprochen, zu sammeln; aber er will auch das literarische und gesellschaftspolitische Selbstverständnis der Gruppenmitglieder, wie es sich in den Produktionen der wesentlichen Gruppenautoren ausdrückt, präsentieren; da finden sich die verschiedensten Formen: Roman, Artikel, Erzählung, Hörspiel, Rede, Reportage, Fragenkatalog und Report, agitatorischer Text. Der Begriff Literatur wird weit gefaßt, und das begründet konsequent die Frage, ob nicht die Produktionen einiger Gruppenmitglieder selbst doch schon jenen umstrittenen Programmpunkt der Gruppe, der nach einer *künstlerischen* und *literarischen* Darstellung der Arbeitswelt verlangt, mit gutem Recht vernachlässigt haben, weil die Beschränkung, die dieser Programmpunkt bedeutet, ihnen die beabsichtigte politische Wirkung nimmt. Es hat sich da einiges geändert: wo vor Jahren noch Max von der Grüns Roman »Irrlicht und Feuer« mit einem Prozeß überzogen wurde, weil Dinge, die er darin mitteilte, von Betroffenen für Rufschädigung gehalten wurden, enthalten heute Günter Wallraffs Reportagen noch sehr viel weitergehende Informationen und bewirken die Skandalisierung öffentlich relevanter Mißstände — sein Beitrag in diesem Band ist symptomatisch für die Veränderung, die das Bewußtsein auch der Öffentlichkeit durchgemacht hat; und zwar in zweierlei Hinsicht. Zum einen nimmt die Öffentlichkeit derlei Informationen nicht mehr zögernd und fast abweisend, sondern geradezu willig auf; zum anderen aber hat diese Bereitwilligkeit zur Folge, daß die skandalisierende Wirkung der Informationen immer mehr abnimmt, weil sie aufgrund des Gewöhnungseffekts kaum mehr auf Widerstände stoßen — die Informationen verpuffen meist wirkungslos. Roman, Erzählung und Fernsehspiel als traditionell gebundene Formen literarischer Vermittlung haben diese Wirkung, die sie, wie man weiß, wenigstens zum Teil noch vor zehn Jahren besaßen, am entschiedensten eingebüßt.

Die Gruppe 61 als Gruppe hat diese Veränderungen nicht nachvollzogen; oder sie tat es allenfalls in dem Sinne, den Max von der Grün jeder Beurteilung der Gruppe durch Außenstehende unterlegt sehen möchte: die Gruppe sei so gut und so schlecht, wie das, was die Autoren der Gruppe schreiben und publizieren, gut oder schlecht sei; demnach hätte sich die Gruppe in dem Maße verändert, in dem vor allem in den letzten fünf Jahren neue Mitglieder hinzugekommen sind: Angelika Mechtel, Günter Wallraff, F. C. Delius, Klaus Tscheliesnig, Peter Paul

Zahl, zum Beispiel. Aber gerade diese jungen Mitglieder waren es ja auch, die die Gruppe mit grundsätzlichen Debatten belebten, die schließlich aus der Kritik an Gruppenprogramm und Gruppenpraxis neue Formen literarischer Aufklärung und Vermittlung entwickelten — sie waren es, die, anfangs noch mit Unterstützung Max von der Grüns, des derzeitigen Sprechers der Gruppe 61, die Vorformen des Werkkreises initiierten, der dann von der Gruppe abgetrennt wurde. So daß, selbst wenn man akzeptiert, daß die Zielsetzung des Werkkreises für Literatur der Arbeitswelt jene der Gruppe 61 nicht zu berühren braucht, nach zehn Jahren Gruppe 61 eine Situation entstanden ist, aus der die Gruppe 61 ohne eine Neubestimmung ihres Selbstverständnisses, und das heißt ihres Programms, nicht unbeschadet herauskommt.

Dieser Band sammelt Argumente für diese Neuorientierung; aber er will sie nicht einseitig sammeln, sondern er will sie vor dem Hintergrund zeigen, der die bisherige Arbeit und auch das literarische Selbstverständnis der Gruppenmitglieder in ihrem Pluralismus darstellt, und will sie beziehen auf die Kritik, die exemplarisch für den Werkkreis von der Berliner Werkstatt im Werkkreis kollektiv erarbeitet wurde. Was wie Konfrontation erscheinen mag, ist als Orientierungshilfe gemeint: für die Gruppe 61, für den Werkkreis und vor allem für den interessierten Leser, dem in Zeitungsartikeln und Rundfunkkommentaren allenfalls Ansätze einer Kenntnis von der Literatur der Arbeitswelt vermittelt wurden.

Göttingen, im Januar 1971   Heinz Ludwig Arnold

Das alte und noch gültige Programm der Gruppe 61

Die Dortmunder GRUPPE 61 setzt sich zusammen aus Schriftstellern, Journalisten, Lektoren, Kritikern, Wissenschaftlern und anderen Persönlichkeiten, die sich durch Interesse oder Beruf mit den Aufgaben und der Arbeit der GRUPPE 61 verbunden fühlen und mitarbeiten wollen

Die Dortmunder GRUPPE 61 will durch Kritik, Aussprache, Beratung und Diskussion in Lesungen, Zusammenkünften und Veröffentlichungen das Schaffen der Gruppenmitglieder fördern

Die Dortmunder GRUPPE 61 ist in jeder Beziehung unabhängig und nur den selbstgestellten künstlerischen Aufgaben verpflichtet — ohne Rücksicht auf Interessengruppen

Die Begegnung verschiedener Charaktere, die Entfaltung unterschiedlicher Begabungen, der Austausch gegensätzlicher Meinungen und Gestaltungsformen soll anregend auf die Arbeit der Gruppe und ihrer Mitarbeiter einwirken

Unter Berücksichtigung der Thematik bleibt jedem Mitglied der Dortmunder GRUPPE 61 grundsätzlich die Wahl der Themen, der Gestaltungsmittel und Ausdrucksformen überlassen

Die künstlerischen Arbeiten müssen individuelle Sprache und Gestaltungskraft aufweisen oder entwicklungsfähige Ansätze zu eigener Form erkennen lassen

Der Eintritt in die Dortmunder GRUPPE 61 kann erfolgen durch schriftliche Bewerbung — unter Vorlage verschiedener zur Kritik gestellten Arbeiten — oder durch Einführung oder Vorschlag eines Gruppenmitgliedes und Lesung von Arbeitsproben in einer nichtöffentlichen Zusammenkunft der Gruppe

Bevor Arbeiten von Bewerbern oder Mitgliedern in öffentlichen Veranstaltungen der Dortmunder GRUPPE 61 vorgetragen oder in gemeinsamen Publikationen veröffentlicht werden, müssen sich die Autoren mit ihren Texten und Themen der Kritik der Gruppe stellen

Für den Vortrag und die Veröffentlichung von Texten trägt die Dortmunder GRUPPE 61 nur dann die Verantwortung, wenn sie der Veranstalter oder Herausgeber ist

Auf eine fest organisierte Form der Gruppe nach dem Vereinsgesetz wurde verzichtet. Entstehende Unkosten werden von den Mitgliedern der Gruppe gemeinsam getragen

Die Mitglieder übernehmen die Verpflichtung, je ein Exemplar ihrer Veröffentlichungen, Kritik usw. — soweit sie sich mit der Thematik der Gruppe befassen — dem Archiv der Dortmunder GRUPPE 61 zur Verfügung zu stellen

Heinz Ludwig Arnold

Die Gruppe 61 — Versuch einer Präsentation

GESCHICHTE UND ZIELE

1.

Arbeiterliteratur — das Wort, so oberflächlich wie allgemein betrachtet, ist jünger als das, was sich dahinter verbirgt: Bergwerkslieder, verfaßt von Bergarbeitern, sind etwa schon aus dem 16. und vor allem dem 17. Jahrhundert bekannt; doch niemand, der heute von Arbeiterliteratur spricht, denkt an diese seinerzeit weit verbreitete Liederliteratur; vielmehr gebraucht er einen Begriff, zu dessen sozialer Zuschreibung Momente thematischer Spezifizierung und, weiter noch, gesellschaftspolitischer Absicht hinzukommen. *Arbeiterdichter,* so schrieb 1924 der Kritiker Julius Bab, *sind Menschen, die aus dem Proletariat h e r v o r g e - g a n g e n sind, die an unserer Kultur als Dichter Anteil nehmen und dabei im Wesen ihrer Gestaltung S p u r e n ihrer Herkunft zeigen.* Einer der besten Kenner der Materie, der Dortmunder Bibliotheksdirektor und Leiter des einzigen »Archivs für Arbeiterdichtung und soziale Literatur«, der Mitbegründer der Dortmunder Gruppe 61, Fritz Hüser, sagt zu dieser Definition: *Das ist viel — und zugleich wenig.* In der Tat hat sich die Vorstellung von dem, was »Arbeiterliteratur« sei, geändert — und der zweite Teil dieses Präsentationsversuchs wird vorführen, daß es selbst heute noch verschiedene und zum Teil stark voneinander abweichende Vorstellungen über den Inhalt dieses Begriffs gibt.

Stets hat die Öffentlichkeit in Deutschland die Arbeiterliteratur allenfalls als eine kuriose Variante der literarischen Produktion verstanden: wie sollte auch jemand, ohne im Besitz der bildungsbürgerlichen Tradition zu sein, etwas zu dieser eben bildungsbürgerlich begriffenen Kultur beitragen? Es ist also kein Wunder, daß in Deutschland Arbeiterliteratur nie auf bemerkenswerte Resonanz gestoßen ist. Gewiß: Namen wie Gerrit Engelke und Heinrich Lersch sind inzwischen in den Kanon der Lesebücher aufgenommen worden — aber sowohl das mangelhafte Bewußtseinsfundament als auch die Absorption der Arbeiterliteratur durch den Nationalsozialismus belasten Publizität und Akzeptation der Arbeiterliteratur noch heute — oder haben sie zumindest in den ersten 15 Jahren nach dem Zusammenbruch belastet. Und was an Arbeiterliteratur in diesen Jahren geschrieben und publiziert worden ist, kann keine Bedeutung, kaum Erinnerung mehr für sich beanspruchen — zumindest nicht in der Bundesrepublik; das mag an der sozialen, ökonomischen und politischen Situation der Bundesrepublik in den 50er Jahren liegen, einer Situation des ökonomischen Aufschwungs, der Entideologisierung, ja auch der moralischen Bewußtwerdung, die zwar eine allgemeine gesellschaftlich relevante und bezogene Literatur hervorbrachte, aber über die ästhetische Objektivation des allgemeinen moralisierenden Räsonnements nicht zur spezifischen gesellschaftspolitischen und faktisch engagierten Literatur kam. Kunst und Politik, Literatur und Gesellschaft, Kultur und Ökonomie galten in dieser Zeit als verschiedene Ressorts: auch die Gruppe 47 mit ihrem moralisierenden Pathos hat sich an diese Trennung gehalten; erst jetzt läßt sich in der historischen Rückschau erkennen, in welchem Maße die Gruppe 47 trotz ihres — durchaus berechtigten, ja notwendigen — moralisierenden Räsonierens, noch bis in den Beginn der sechziger Jahre hinein durch ihre ästhetische Fixierung auch politische Affirmation betrieben hat. Das konkrete Engagement von Günter Grass kann für die Gruppe 47 nicht stellvertretend gesehen werden — es ist und bleibt die persönliche Leistung von Günter Grass.

Die DDR mit ihren wiederum spezifischen Problemen ökonomischer, politischer und sozialer Art und vor allem mit dem ihr eigenen Gesellschaftsbegriff hat im April 1959 auf ihrer Ersten Bitterfelder Konferenz Thesen für die Entwicklung einer »Literaturgesellschaft« erarbeitet, die »Arbeiterliteratur« als ein bestimmendes Element der sozialistischen Kultur konstituieren: sie treffen den Arbeiter als potentiellen Literaturproduzenten ebenso wie den Literaten, der auf Themen der sozialistischen Arbeitswelt festgelegt werden soll. In einer »Skizze zur Geschichte der deutschen Nationalliteratur von den Anfängen der deutschen Arbeiterbewegung bis zur Gegenwart«, die ein Kollektiv von Literaturwissenschaftlern der DDR 1964 veröffentlichte, heißt es dazu: *Die neuen Beziehungen zwischen den Schriftstellern und der Arbeiterklasse tragen ... zur Überwindung der Kluft zwischen Kunst und Leben bei; die Arbeiterklasse wird auch im kulturellen Bereich zur bestimmenden Kraft ... Viele Werktätige finden durch ihre aktive Teilnahme am Kunstschaffen Zugang zu wichtigen Bereichen der Kunst. Die aktive ästhetische Auseinandersetzung der Werktätigen führt dazu, daß sich die Talente und Fähigkeiten vieler Menschen entfalten; sie fördert die Herausbildung einer sozialistischen Literaturgesellschaft, die höchste Ansprüche an das literarische Schaffen der Schriftsteller stellt und in der das ästhetische Erkenntnis- und Urteilsvermögen des Volkes auf eine höhere Stufe gehoben wird. Auf dieser Grundlage entstehen neue Formen der schöpferischen Zusammenarbeit zwischen Berufs- und Laienkünstlern, wie die Massenfestspiele ... Die jährlichen Arbeiter- und Dorffestspiele werden zu Höhepunkten im kulturellen Leben. 1964 gibt es in der DDR 3500 Arbeiter- und Bauerntheater, Laienspielgruppen, Kabaretts und 300 Zirkel schreibender Arbeiter.*

Diesen zeitgenössischen Hintergrund muß man kennen, um die Gründung einer Schriftstellergruppe zu begreifen, die in den nunmehr 10 Jahren ihrer Existenz der Arbeiterliteratur mehr Renommé vermittelt hat als diese bislang je besaß, die aber auch heute noch zu den Stiefkindern der bundesrepublikanischen Kulturgesellschaft gehört, wenngleich einige ihrer Mitglieder inzwischen trotz anhaltender ästhetischer Bedenken der Literaturkritik literarische Berühmtheit erlangt haben. Vor allem mag die allmähliche Akzeptation dieser Dortmunder Gruppe 61 auch damit zu begründen sein, daß sie als Arbeiterliteratur nicht mehr jene Literatur definierte, die nur von Arbeitern geschrieben wird, sondern den Begriff erweiterte um den nun wesentlichen thematischen Begriff einer »Literatur der Arbeitswelt«, die nicht unbedingt von Arbeitern verfaßt sein muß. Diese Liberalisierung des Begriffs, der seinen klassenkämpferischen Anstrich verloren hat, kennzeichnet auch die Liberalität dieser Gruppe, deren zehnjährige Geschichte die Geschichte eines humanen gesellschaftlichen Engagements ist, das die Gesellschaftsferne von Ästhetizismus und Formalismus mit seiner geringen Wirkungsmöglichkeit zu überwinden versucht, ohne in den Sog der ideologischen Orthodoxie zu geraten.

So ist die Geschichte dieser Gruppe kaum als Entwicklung zu beschreiben, denn eine Entwicklung ihrer Ziele hat es nicht gegeben. Es soll auch nicht, wie verschiedentlich unternommen, die Gruppe als eine Summe ihrer bedeutendsten Mitglieder und deren literarischer Produkte erfaßt und präsentiert werden — alle Versuche dieser Art liefen auf eine Art Sammelrezension oder Sammelbiographie hinaus, die den spezifischen Gruppencharakter mit seinen Schwierigkeiten und Krisen beschreibend verfehlte. Die Gruppe 61 soll, und das wird in diesem ersten Teil versucht, sich vor allem selbst präsentieren. Der zweite Teil bleibt dann der Präsentation der kritischen Diskussion vorbehalten.

2.

Sprecher der Gruppe 61 ist zur Zeit der Dortmunder Schriftsteller Max von der Grün, dessen zweiter Roman »Irrlicht und Feuer« sowohl ihn als auch die Gruppe im Jahre 1963 erstmals weiten Kreisen bekannt machte. Seit Anfang an gehörte zur Gruppe auch Josef Reding, der sich vor allem mit seinen Kurzgeschichten eine umfangreiche Lesergemeinde erschlossen hat. Beide Autoren geben Auskunft über die Gruppe, über ihre Geschichte und ihr Ziel. So etwa beschreibt Max von der Grün die Ursachen für die Gründung der Gruppe 61:

Die Ursachen sind ganz simpler Art.

Als ich damals das Manuskript zu meinem ersten Roman »Männer in zweifacher Nacht« fertig hatte, suchte ich einen Verleger. Ich habe damals, naiv wie ich war, das Manuskript an sieben Verleger geschickt, von allen sieben Verlagen bekam ich eine freundliche Ablehnung. Dann las ich zufällig einen Bericht über ein »Archiv für Arbeiterdichtung und soziale Literatur«, das in Dortmund war. Der Leiter dieses Archivs: Fritz Hüser.

Ich dachte mir, den Mann suchst du einmal auf, sprichst mit ihm. Ich fuhr nach Dortmund — damals wohnte ich noch nicht in Dortmund — und ich kam mit Hüser ins Gespräch. Ich sagte ihm, ich habe ein Manuskript und kriege es nicht unter. Hüser fragte, worum es ginge, ich sagte es ihm und er meinte, ich sollte ihm doch das Manuskript einmal zuschicken. Das tat ich: 14 Tage später hatte ich einen Verleger.

Später bin ich noch einmal zu Hüser gefahren, habe ihn gefragt, ob er noch Leute kenne, die sich auch, wie ich, mit eben dem Thema Arbeit und Arbeitswelt beschäftigen. Er wußte einige. So kam es zu dem Treffen am Karfreitag des Jahres 1961. Walter von Cube hat letztlich den Namen Gruppe 61 erfunden; eine Anspielung auf die Gruppe 47? Vielleicht, ich weiß es nicht. Das ist auch gar nicht so wichtig, es hat immer, zu allen Zeiten literarische Gruppen gegeben, nur neu an unserer Gründung war, daß sich die Autoren einem bestimmten Thema verpflichtet fühlten. Das ist von der literarischen Tradition her ein Novum.

Bemerkenswert daran sind die ideologische Freiheit, das Fehlen jeglicher pathetischer Gebärde, die auf Missionierung aus ist: sie war ein typisches Merkmal der Arbeiterliteratur der 20er Jahre, das die leichte Absorption dieser Literatur durch die Nationalsozialisten zumindest psychologisch verständlich macht. Das Programm der neuen Gruppe 61 hingegen ist nüchterner, sachlicher; doch auch ihm fehlen bei aller Nüchternheit, die das dann auch schriftlich vorliegende Programm spiegelt, nicht Kurzformeln, die zu sehr ins Allgemeine drängen; so wenn es heißt: Absicht der Gruppe sei auch die *geistige Auseinandersetzung mit dem technischen Zeitalter.* Aber genauer wird schließlich definiert, Absicht der Gruppe sei die *literarisch-künstlerische Auseinandersetzung mit der industriellen Arbeitswelt der Gegenwart und ihrer sozialen Probleme;* zwei wesentliche Punkte noch ergänzen diesen grundsätzlichen programmatischen Kern: *Unter Berücksichtigung der Thematik bleibt jedem Mitglied . . . grundsätzlich die Wahl der Themen, der Gestaltungsmittel und Ausdrucksformen überlassen* und: *Die künstlerischen Arbeiten müssen individuelle Sprache und Gestaltungskraft aufweisen oder entwicklungsfähige Ansätze zu eigener Form erkennen lassen.* Vor allem dieser letzte Punkt ist es, an dem sich in den letzten Jahren die Debatte erhitzt hat.

Noch aber, zu Beginn der Gruppengeschichte, kommen ideologische Differenzen kaum auf. Die Nüchternheit dieses Beginns hat ihren wesentlichen Grund in der thematischen Spezifizierung. Dazu Josef Reding:

Durch die Formulierung: ›literarische Auseinandersetzung mit der Arbeitswelt‹ war die Gruppe auf ein punktuelles Thema verwiesen, das bisher stiefmütterlich oder gar nicht oder verzerrt behandelt wurde, nämlich die industrielle Arbeitswelt. Das ist ihre Ausgangsposition gewesen, das hat sie mit gelegentlichen Nuancierungen durchgehalten. Hier lag ihre Stärke und vielleicht auch ihre Schwäche, weil sie sich darauf fixiert hatte. Insofern hatte es die Gruppe etwas leichter, weil sie sich ein klares, präzises Thema stellte. Die Gruppe hat sich begrenzt auf die Auseinandersetzung m i t d e r i n d u s t r i e l l e n A r b e i t s w e l t.

Und auf das historische Selbstverständnis, den traditionellen Bezug der Gruppe 61 angesprochen, fügt Reding hinzu:

Das war wohl einer der schwierigsten Punkte. Es waren auf der einen Seite sichtbar die früheren Arbeiterdichter wie Engelke, Lersch, Barthel. Aber die Gruppe spürte doch bald, daß hier eine kontinuierliche Tradition nicht weitergeführt werden konnte. Ein großer Teil der damaligen

Arbeiterdichtung begnügte sich mit der ›O Mensch!‹-Gebärde, mit dem Pathos: entweder die Glorifizierung der Arbeit oder die Dämonisierung der Arbeit. Dabei kam an Erhellung und nötiger Entlarvung zu wenig heraus, um für den Arbeiter, für die Gesellschaft brauchbar zu sein. Von da aus ergaben sich sogar einige Abwehrhaltungen in der Gruppe, die bis heute dominieren. Man wollte nicht mit diesen Arbeiterdichtern in einem Atemzug genannt werden, und ich glaube, diese Abwehrhaltung besteht zum Teil zu Recht, weil eine subtilere Landschaft vorliegt heute in der Arbeitswelt.

Oder weil, könnte man hinzufügen, die Probleme der Arbeitswelt in einer technisierten und industrialisierten, jedenfalls perfektionierten Gesellschaft auch an anderen Orten sich stellen.

Dahingehend erweitert sich auch für Max von der Grün die Themen- und Aufgabenstellung der Autoren der Gruppe 61:

Das Thema der Gruppe heißt Arbeit. Nun kann man sich natürlich unter Arbeit sehr viel vorstellen und es vielseitig interpretieren, und es sind ja in den letzten Jahren genug Mißverständnisse da gewesen. Im Programm steht: Auseinandersetzung mit der industriellen Arbeitswelt, was viele Leute dahingehend verstanden haben oder aber verstehen wollten, hier existiere eine Gruppe zur Beschreibung des Arbeitsplatzes; oder aber: sie geben Bedienungsanleitungen für Maschinen. Das ist Nonsens. So etwas kann man aus Prospektmaterial großer Firmen oder aber durch Sekundärliteratur oder Fachliteratur auch erfahren, besser erfahren. Es geht um den Menschen in eben dieser technisierten, anonymen Welt, als industrielle Arbeitswelt verstehe ich, und auch die Gruppe, den Menschen in eben dieser Welt; und diese Welt kann hinter, aber auch vor dem Fabriktor sein.

Reich-Ranicki schrieb einmal in einer Rezension über das Buch von der Nowak »Geselliges Beisammensein«, ihn interessiere nicht, was der Mensch im Betrieb macht, sondern was der Betrieb aus dem Menschen macht.

Das ist diese intellektuelle Dummheit, denn wie kann ich begreifen, was der Betrieb aus dem Menschen macht, wenn ich nicht weiß, was der Mensch im Betrieb macht, das eine ist vom andern nicht zu trennen.

Daran wird eine Erkenntnis deutlich, die von den meisten der Gruppen-mitglieder aufgenommen worden ist; und gerade die bekanntesten Autoren der Gruppe haben in ihren Arbeiten die Perspektive dahin-gehend erweitert, daß sie über den spezifischen Raum der auch sozial klassifizierbaren Arbeitswelt hinausgingen. In Max von der Grüns jüngstem Roman »Zwei Briefe an Pospischiel« zielt die Darstellung auf das gesamte ökonomisch-soziale System und seine Kritik auf die totale Verplanung der Arbeitskräfte und auf den eklatanten Mangel an freiem Raum in diesem System. Ähnlich argumentieren Wolfgang Körner mit seinem Roman »Die Versetzung« und Angelika Mechtel mit ihren Er-zählungen, die unter dem Titel »Die feinen Totengräber« erschienen sind. Und Günter Wallraff, dessen Industriereportagen noch im Bereich der spezifischeren Arbeitswelt aufgenommen wurden, hat mit seinen zuletzt erschienenen »13 unerwünschten Reportagen« andere Problembereiche dieses gesellschaftlichen Systems analytisch präsentiert.

3.

Die Autoren der Gruppe 61 haben also, was bei Josef Reding bereits anklang, bei aller Verschiedenheit außer dem gemeinsamen, erweitert zu begreifenden Thema »Arbeit« bzw. »Arbeitswelt« auch eine einigermaßen gleiche gesellschaftspolitische Vorstellung — wo nicht sogleich eine präfabrizierte Konzeption, so doch eine ziemlich eindeutige Tendenz; dazu Josef Reding:

Es war wohl zu keiner Zeit auch nur eine Tendenz selbst zur Mitte in der Gruppe zu bemerken. Rechts schied ganz aus ... ich kann mich überhaupt an keinen Text erinnern, der, in irgendeiner Weise restaurativ, national verengt, also alles was wir unter ›rechts‹ verstehen, vorgelesen worden wäre. Selbst die Mitte schied aus. Und links: da gab es allenfalls Gespräche über den Grad von links, ob sehr links, ob ultralinks, ob Agitprop, ob Slogan auf dem Transparent, ob vielleicht noch gewerkschaftsnah — das wäre dann vielleicht schon als Mitte bis rechts zu definieren gewesen: gewerkschaftsnah, das war das äußerste, was dann in der Gruppe als Limitierung nach rechts angenommen wurde.

Es wurden also durchaus sozialistische Prinzipien und deren literarische Verwirklichung auch in der Gruppe diskutiert?

Ja, ich glaube, bei jedem Mitglied, auch bei denen, die glaubten, später nicht mehr in der Gruppe bleiben zu sollen, war doch wenigstens folgendes klar: daß dargestellt werden müßte die Abhängigkeit des Arbeiters von den Arbeitgebern, und daß gefordert werden müßte die Mitbeteiligung, Mitsprache des Arbeiters bei den Produkten, die er herstellt und bei den Maschinen und Anlagen, die diese Produkte herstellen. Karitatives Flickwerk — Musikberieselung am Arbeitsplatz, neuer Anstrich konnten nicht Fortschritte sein in dem Sinne, wie wir sie anstrebten. Strukturelle Veränderungen in den Betrieben hätten stattzufinden, wobei Enteignung und konkrete Formen der Arbeitermitbestimmung durchaus realisierbar sind — das war das Gedankenmaterial, das in der Gruppe feststand.

Es war Gedankenmaterial, das in der literarischen Umsetzung plötzlich eine politische Brisanz bekam, die man von Literatur kaum mehr hatte erwarten wollen.

So war denn auch von Literatur zeitweise kaum mehr die Rede, sondern von Rufschädigung und Gerichtsprozessen, nachdem Max von der Grün als Vorabdruck aus seinem Roman »Irrlicht und Feuer« ein Kapitel veröffentlicht hatte, das realistisch den tödlichen Unfall eines Steigers, vor Ort ausgelöst durch einen neu eingeführten Panzerförderer, schilderte. Die Zeche »Westfalia Lünen«, in deren Bereich dieser Unfall sich tatsächlich ereignete, beantragte eine einstweilige Verfügung gegen den Abdruck mit dem Ziel, die Publikation des Romans zu verhindern; darüber hinaus klagte sie wegen Geschäftsschädigung auf 100 000 DM.

Den Prozeß, der über zwei Instanzen ging, hat Max von der Grün schließlich gewonnen; aber bereits 14 Tage später hatte er, der 13 Jahre unter Tage gearbeitet hatte, seine Kündigung; andere Firmen stellten ihn nicht wieder ein. Mit Recht sprach 1970, als die Gruppe 61 für eine Woche Schweden bereiste, in einer Seminardiskussion in Uppsala ein Student von einer besonderen ›Ästhetik‹, durch die sich die Arbeit dieser Autoren von anderer Literatur unterscheide.

Daß es hier um eine andere Ästhetik geht, beweisen die Prozesse, die gegen die Gruppenmitglieder geführt werden. Ich würde behaupten, hier handelt es sich nicht um irgendwelche ästhetischen Fragen, sondern hier handelt es sich teilweise um lebensgefährliche Ästhetik, die vorm Richter ausgeführt wird . . . dann haben sie um ihre Existenz zu kämpfen, dann ist das keine ästhetische Spielerei, sondern dann geht es um Gefängnis, dann geht es um Verleumdung, dann geht es um hohe Summen. Und diese Ästhetik, die vor Gericht ausgefochten wird, ist eine ganz andere Qualität, als die, etwa ein Naturgedicht zu beurteilen oder jetzt eine Satzlänge abzumessen oder Akzente zu zählen.

Mag man das, was der Student ansprach, auch nicht ›Ästhetik‹ nennen, so ist damit doch eine Verbindlichkeit der literarischen Arbeit angesprochen, die sich so kraß im westdeutschen Literaturbetrieb noch nicht ausgewirkt hatte − daß der Fall von der Grün kein Einzelfall blieb, demonstrierten einige Jahre später die Prozesse, die Günter Wallraff mit seinen Reportagen auslöste. Diese Verbindlichkeit hält die Gruppe 61 für eines ihrer wesentlichen konstituierenden Elemente, wenn nicht für das wesentlichste überhaupt. Und gerade dies hat die Literaturkritik in der Bundesrepublik unsicher gemacht, die in den Arbeiten der Gruppenmitglieder lediglich formale Mängel und ästhetische Unzulänglichkeit festzustellen imstande war, von »Laiendichtung« und »Lenzlyrik«, wie Günther Zehm von der »Welt«, redete und, so wiederum Zehm, die Effektivität dieser Literatur − so hier des von der Grünschen Romans − mit geschäftsfördernder Skandalisierung verwechselte. Die westdeutsche Literaturkritik hat sich mit der Literatur der Gruppe 61 lange Zeit nicht befreunden können, von der Literaturwissenschaft ganz zu schweigen. Hingegen fand die Gruppe 61 verständlicherweise bald Resonanz in der literarischen Kritik und der materialistischen Literaturwissenschaft der DDR. Die grundsätzliche Position der DDR-Literatur zur Arbeit der Dortmunder Gruppe beschrieb 1965 Wolfgang Friedrich in den »Weimarer Beiträgen«:

Das Entstehen und Anwachsen des Meinungsaufschwunges unter den westdeutschen Arbeitern ist eine Folge der Veränderungen, die sich in der westdeutschen Industrie seit dem Ende der 50er Jahre vollzogen, insbesondere der Einführung und Vollendung der Vollmechanisierung und des Übergangs zur Teilautomatisierung. In den materiellen, ideologischen und emotionalen Auswirkungen dieser objektiven Prozesse muß eine materialistisch fundierte Literaturwissenschaft den entscheidenden Grund für das Entstehen und die Wirkung der Dortmunder Gruppe 61 sehen. Es wäre sonst nicht möglich, den Grundzug in der

Dichtung ihrer Mitglieder zu erklären und zu interpretieren: die Art ihrer künstlerischen Widerspiegelung jener Erscheinung, die Karl Marx in seinen »Ökonomisch-philosophischen Manuskripten« als Entfremdung bezeichnete. Die Dortmunder Gruppe 61 erfaßt die neue Stufe der Entfremdung nicht allein in ihren unmittelbaren, ökonomischen, sozialen und sozial-psychologischen, sondern auch in ihren politischen Auswirkungen in Gestalt des ›staatsmonopolistischen Totalitarismus‹. Friedrich geht noch weiter: Sie (die Gruppe) übt in wachsendem Maße Kritik an den politischen Verhältnissen in der Bundesrepublik, vor allem daran, daß die alten Machthaber der Nazizeit wieder bestimmenden Einfluß ausüben. Sie warnt vor den tödlichen Gefahren, die sich aus der Militarisierung und der Atombewaffnung ergeben, und zeigt sogar, daß die Politik der Sozialdemokratie keine echte Alternative darstellt. Offensichtlich scheinen die Mitglieder der Gruppe 61 zu spüren, daß die Folgen der Entfremdung nur mit ihren Ursachen verschwinden können und dies ohne kraftvolle Aktionen der Arbeiterklasse nicht erreicht werden kann.

Aber: die ... Mitglieder der Dortmunder Gruppe 61 sind jedoch kaum über die ... (hier) gezeigten künstlerischen und ideologischen Positionen, über die allgemein gehaltene Androhung der Rebellion hinausgelangt. Wollen sie weiterhin den selbstgestellten Aufgaben gerecht werden, müssen sie ohne Zweifel einen Schritt weitergehen, nicht nur Fakten nennen, nicht nur das wachsende Unbehagen der westdeutschen Arbeiter wiedergeben, sondern Wege zeigen, dessen Ursachen zu beseitigen.

Solcher Aufforderung ist die Gruppe 61 nicht gefolgt. Denn die Realität jener Literatur, die, wie in der DDR, einen gesellschaftlichen Auftrag sozusagen ›von oben herab‹ bekommt und realisieren soll, entsprach nicht den im Programm festgelegten Prinzipien der Gruppe 61, die die Gruppe, bei aller Ähnlichkeit gesellschaftspolitischer Vorstellungen, nicht orthodox fixieren, sondern eben offen halten sollten für die verschiedenartigsten Weisen der literarisch-künstlerischen Auseinandersetzung mit der Arbeitswelt, mit der Gesellschaft. So beschreibt Fritz Hüser 1966 die realistische Konsequenz, die sich aus der Konzeption des Bitterfelder Programms von 1959 ergab: *Was lag näher, als daß die SED in Berlin und in der DDR die Bewegung schreibender Arbeiter mit der Parole »Greif zur Feder, Kumpel!« gründete und mit allen Mitteln förderte? ... In allen literarischen Formen wird gearbeitet, Texte entstehen — vom Brigadetagebuch und Fabrikmonographien bis zu Gedichten zur Steigerung der Produktion in der Industrie und Landwirtschaft, Verse und Gesänge zum Lobe der Partei und ihrer Funktionäre.*

4.

So schien es zeitweise, daß sich die Gruppe 61 und ihre Autoren zwischen alle Stühle gesetzt hatten: die Anerkennung, die aus der DDR kam, entsprach genau der Ablehnung, die sie in der Bundesrepublik erfuhr; mit beiden wollte sie sich nicht einlassen. Doch hatte auch Fritz

Hüser, wie Josef Reding berichtet, anfangs Vorstellungen, die sich zum Teil mit der »Bewegung schreibender Arbeiter« deckten und die dann von einigen anderen, gewerkschaftsnahen Mitgliedern der Gruppe, allen voran Josef Büscher, aufgenommen wurden:

Ich glaube, nach den Vorstellungen Fritz Hüsers sollten hier Literaten und Literaturkundige diejenigen, die mit neuen Manuskripten kamen aus der Arbeitswelt, fördern und beraten, wie man's nicht machen sollte — das sollte diskutiert werden, und das Handwerk des Schreibens. So kam ich zur Gruppe 61. Man darf sich natürlich nicht ein solches Bild von der Gruppe machen, daß da nur Maschinen gesurrt und große Schwungräder sich gedreht hätten, sondern da gab es schon sehr interessante und differenzierte Versuche, sich im literarischen Terrain unserer Zeit eine Position zu sichern ...

Mittlerweile haben sich die Autoren der Gruppe 61 diese Position gesichert, und dies vermutlich gerade wegen jener Offenheit, die auch Max von der Grün immer wieder für die Gruppe gefordert hat, und wegen ihrer Weigerung, sich auf einen vor allem von Josef Büscher angestrebten Weg zu begeben, an dessen Ende die Gruppe einerseits als gewerkschaftsnahe Institution und andererseits als Arbeiterschreibschule stand:

Soweit mir bekannt ist, war Büscher nicht damit einverstanden, daß der Arbeiter, erkennbar als manuell Schaffender, nicht so stark in der Gruppe vertreten war, wie er es sich vielleicht von Anfang an gewünscht hatte ... Man konnte manchmal ein etwas naives Denken feststellen, daß man durch eine Art gewerkschaftlicher Klippschule Hunderte von Arbeitern zum perfekten Schreiben zu bringen hoffte. Vorstellungen vom Bitterfelder Weg mischten sich mit Empfehlungen von Schnellkursen für schreibende Arbeiter. (Josef Reding)

Büscher, als er und einige mit ihm seine Vorstellungen in der Gruppe nicht verwirklichen konnte, hat die Gruppe verlassen.

Was Büscher beabsichtigte, auf eine allerdings unrealistische Weise, hat die Gruppe, die sich von der Gruppe 47 etwa immer wieder durch die Betonung ihrer Öffentlichkeit absetzte, durch den Modus ihrer Arbeit, die sie an Tagungen leistete, verwirklicht:

Es wurden Lesungen veranstaltet, zweimal im Jahr, nicht öffentliche, reine Werkstattgespräche, also Textkritik. Aus den nichtöffentlichen Tagungen kristallisierten sich dann Texte heraus, die dann bei öffentlichen Lesungen vorgestellt wurden. Zu den öffentlichen Lesungen kam zwangsläufig die öffentliche Diskussion.

Diese Lesungen und Diskussionen waren allerdings anders als die der Gruppe 47; wir haben nie in Klausur gelesen, die öffentlichen Lesungen wurden öffentlich bekanntgegeben, sie fanden in einem Gebäude in Dortmund statt, zu dem jedermann Zutritt hatte, es konnte also kommen wer wollte, konnte zuhören und mitdiskutieren, und ich bin der Ansicht, das hat den Autoren der Gruppe gut getan; nicht Reich-Ranicki hat bestimmt, was Literatur ist und was nicht, was wichtig und was unwichtig ist, sondern die Vielzahl der Leute, die zugehört haben. Der eine hat es

eben vom Germanistischen her betrachtet, der andere von der Sache her. Das kann so sein, das kann nicht so sein.
Literaturkritik, so wie man sie heute immer noch versteht, war bei unseren Diskussionen immer das Sekundäre. Primär: Stimmt das, was der Autor schreibt oder stimmt es nicht. Ist es wahrhaftig oder ist es gewollt, entspricht es unserer sozialen Wahrheit und Wirklichkeit oder aber ergeht sich der Autor in Fiktionen. (Max von der Grün)
Und ähnlich ist auch die Antwort, die Josef Reding gibt auf die Frage: *Verband die Autoren eine primär politische oder primär literarische Absicht?*
Ich glaube beides ist nicht zu trennen. Ich halte es für realitätsbezogener, wenn man hier von einer literarisch-politischen oder politisch-literarischen Absicht spricht. In dem Augenblick, wo ich ganz bestimmte politische Ausgangspositionen habe, werde ich meine literarischen Kriterien auch nach diesen ausrichten.
D. h. etwa, wenn ich glaube, ich müsse einen Tatbestand, der dem Arbeiter negativ zu schaffen macht, herauskristallisieren, dann werde ich auch die literarischen Mittel dafür finden und mich nicht so sehr mit literar-ästhetischen Fragen aufhalten . . . ich glaube, vielleicht, wenn man ganz nuanciert es sehen will, hat die politische Absicht, wobei nicht immer eine parteipolitische Absicht gemeint ist, dann doch eine bedeutsamere Rolle gespielt, als die Diskussion um literarische Formen . . . es war vielleicht so, daß wir fragten: ist ein Text überzeugend, zwingend. Wenn es ein Gedicht war, so sollte es überzeugend sein von der Information her, und die bedingt auch politische Durchblicke . . . Oberflächenbeschreibung allein genügt nicht.
Zwingender hat Günter Wallraff diese Vorstellung im Seminar in Uppsala umschrieben, als er den Begriff der ›sozialen Wahrheit‹ einführte: *Es kommt auf die soziale Wahrheit der Sache an. Also man kann im Ruhrgebiet nicht die Schönheit der Natur besingen, dann stimmt's irgendwo nicht, oder es kann vielleicht der, der auf der Villa Hügel, in der Krupp-Villa sich befindet. Also von daher ist es eine subjektive Beurteilung. Aber eine subjektive Beurteilung nicht im Sinne der Ästhetik, sondern einer sozialen Wahrheit.*
Diese soziale Wahrheit nun läßt sich auf verschiedene Weise darstellen: realistisch, satirisch, dokumentarisch als Reportage.
Sie läßt sich auch in verschiedenen Bereichen darstellen, in Bereichen, die über jene Engen des Betriebs hinausgehen — aber auch darüber gibt es verschiedene Meinungen in der Gruppe; dazu Max von der Grün:
Es gibt selbstverständlich Leute bei uns in der Gruppe, die verstehen und beschreiben Arbeitswelt aus einem Ghetto heraus, das Ghetto heißt Betrieb. Sie sehen Arbeitswelt nicht als eine Sache von Zusammenhängen, von gesellschaftlichen Situationen. Selbstverständlich kann ich Arbeitswelt darstellen am Beispiel eines kleinen Kreises, der Produktionsstätte heißt, kann sie darstellen an den Fäden, die zwischen Betrieb und Wohnung laufen. Hier sind wieder andere Zusammenhänge ausschlaggebend.

Die Frage für den Autor ist, ob er unsere Gesellschaft transparent machen kann am Beispiel eines Betriebes, ob er alles nach außen verlagern muß; auch das Problem Freizeit ist ja ein Problem der Arbeitswelt. Aber die Prioritäten festzulegen, das soll man dem Autor überlassen.

Auch Josef Reding sieht diese Freiheit des Autors seinem Stoff und dessen Darstellungsweisen gegenüber im Einklang mit den Zielsetzungen, die sich die Gruppe 61 von Anfang an gegeben hat — vorausgesetzt, die Arbeiten entsprechen der ›sozialen Wahrheit‹, die auch von Wallraff als ideologisch nicht besetzter Begriff verwendet wird:

Das Programm der Gruppe 61 war von Anfang an relativ konsequent durchgehalten worden, nämlich die literarische und künstlerische Auseinandersetzung mit der industriellen Arbeitswelt. Diese Formel — die nie orthodox beim Wort genommen wurde — erlaubte auf der einen Seite eine größtmögliche Freiheit in der Behandlung des Themas, d. h. man war nicht an die Lesebank des Bergbaus oder an den Platz vor Ort oder an die Stanzmaschine im Betrieb fixiert, sondern man hatte die Möglichkeit, industrielle Arbeitswelt tief in die gesellschaftlichen Verästelungen hinein zu begreifen ... Aber dieses Wort, diese Prämisse: k ü n s t l e r i s c h e Auseinandersetzung mit der industriellen Arbeitswelt wurde an einer Nahtstelle dann immer wieder kritisch untersucht, wenn Arbeiten vorgelegt wurden, die evident nicht allgemeinen künstlerischen Kriterien standhielten. Manchmal auch wurde gefordert, daß das bestimmende Adjektiv ›künstlerisch‹ oder ›literarisch‹ vielleicht doch weniger ernst zu nehmen oder gar fallen zu lassen sei. Und wenn es formale Kämpfe gab in der Gruppe, dann eigentlich immer wieder um diese Stelle: l i t e r a r i s c h e u n d k ü n s t l e r i s c h e Auseinandersetzung mit der industriellen Arbeitswelt. (Josef Reding)

5.

In der Tat ist in jener Zielsetzung eine Menge Explosionsstoff angelegt, der gerade innerhalb der letzten zwei Jahre die Gruppe 61 in eine Diskussion hineingeführt hat, aus der, wie manche meinen, sie nicht unbeschadet herausgekommen ist. Zu dieser aktuellen Debatte wird der zweite Teil dieser Präsentation einiges beitragen. Doch auch der historische Überblick kann nicht übersehen, daß, was aktuell die Gruppe zu spalten drohte, auch früher schon diskutiert wurde — es gehörte sozusagen zum konstituierenden Element der Gruppe 61 und ihrer Offenheit. Sie will sich nicht festlegen auf einen Begriff wie »Arbeiterliteratur«, der impliziert, daß die Literatur, die in der Gruppe geschrieben wird, von Arbeitern geschrieben wird. Aber auch der Begriff »Literatur der Arbeitswelt« ist nicht unumstritten, weil er nicht unbedingt einschließt, was Max von der Grün als notwendige *existentielle Grundsituation* beschreibt:

Das kann man nicht verabsolutieren. Man kann nicht nur über Arbeitswelt schreiben, wenn man Arbeiter gewesen ist; ich glaube, bei einer intensiven Beschäftigung mit dieser Materie, ist es sehr wohl für Außenstehende möglich, zum Thema Arbeitswelt etwas zu sagen.

Aber eines, glaube ich, kann man nicht — und wir haben dieses Dilemma in der DDR erlebt, wo eine Zeitlang der Slogan vorherrschte: Schriftsteller in die Betriebe! —: daß man eben mal in einem Betrieb arbeitet und dann über das Thema Arbeit schreibt, Arbeit beschreibt.

Hier kommt etwas hinzu: Ich kann als Schriftsteller selbstverständlich in einen Betrieb gehen — und es ist gar nicht so selbstverständlich, erst mal hineinzukommen — und da vier oder acht Wochen arbeiten. Ich werde sehr viel erfahren in diesem Betrieb — aber eines werde ich höchstwahrscheinlich niemals erfahren, nämlich das, was ich mit existentieller Grundsituation verstanden wissen will. Es ist eben ein Unterschied, in einem Betrieb zu arbeiten in der Gewißheit: wenn es mir nicht mehr paßt, dann gehe ich; oder aber in der Gewißheit, daß ich mein Leben hier zubringen muß, weil mir keine anderen Möglichkeiten geboten werden.

Das scheint mir doch der springende Punkt zu sein, daß ich bestimmte Dinge nicht lernen kann — sondern nur um sie Bescheid weiß — weil ich sie existentiell nicht durchlebt habe.

Diese Einsicht hat zeitweise zu Spannungen geführt: jene, die meinten, die Erfahrung dieser existentiellen Grundsituation gehöre unabdingbar zu einem Autor, der über die Arbeitswelt schreibt, waren naturgemäß identisch mit denen, die eben aus diesem Grunde die Arbeiter, die ja in dieser Situation stehen, zum Schreiben bringen und sie formal anleiten wollten. Soziale Wahrheit, so muß sich ihnen das dargestellt haben, kann nur von jenen vermittelt werden, die an der sozialen Wirklichkeit unmittelbar beteiligt sind — also in diesem Falle von den Arbeitern, die im Betrieb stehen. Daraus wiederum resultierte — und das zeigt den Bewußtseinsstand der Vertreter dieser These — ein Ressentiment gegenüber den Intellektuellen; dazu Max von der Grün:

Da waren die Spannungen, die zum offenen Konflikt führten, da waren die Leute, die immer in der Schmollecke saßen, weil sie immer die zu kurz Gekommenen waren, und sie haben es anderen angelastet, daß sie zu kurz gekommen sind, sie nahmen einfach übel, alles und jedes. Und als sie sahen, in die Gruppe kommen ja Intellektuelle und schreiben und lesen über das Thema Arbeit, da verstanden sie die Welt überhaupt nicht mehr. Sie, die glaubten, ohne Vorurteile zu sein, kultivierten schon wieder neue Vorurteile; ihnen wäre es nämlich am liebsten, wenn jeder sein Süppchen selbst kochen könnte, im eigenen Saft wollten sie schmoren, und ich habe den Verdacht, daß es ihnen gar nicht mal so sehr um das Thema ging, als vielmehr um ihre eigene Person. Das, was man so mit Erfolg benennt, das wurde wieder von diesen Leuten übel genommen. Man kann schließlich nicht sachlich über ein Thema diskutieren und versuchen, es transparent zu machen, wenn dauernd Leute dasitzen, die übelnehmen, sich selbst wichtiger nehmen als das anstehende Problem.

Die Vorstellungen gehen natürlich auseinander, was Literatur vermag. Literatur wird ja eben von diesen Leuten meist maßlos überschätzt, sie schreiben ein Gedicht, und sofort haben sie eine revolutionäre Massenbewegung hinter sich – das nenne ich schlichtweg Träumer, Romantiker. Ich habe nichts gegen Agitation, im Gegenteil, aber Agitation muß ja auch wahrhaftig sein, muß überzeugen, sonst ist sie nur eine andere Form von Analphabetentum. Sie operieren immer mit links und rechts, und wer schon links ist, der hat auch recht und der schreibt auch die richtigen Texte. Es ist einfach zum Kotzen, diese Arroganz, diese schon kriminelle Selbstüberschätzung.

Die Gruppe 61, und das kommt in allen Stellungnahmen immer wieder zum Ausdruck, hat das Ziel, das sie sich 1961 bei ihrer Gründung programmatisch setzte, noch immer nicht aufgegeben. Jene, die, zum Teil mit einem Blick auf die Gewerkschaften, die Gruppe für ihre spezifischen ideologischen Ziele einsetzen wollten, sind nicht mehr Mitglieder der Gruppe; die anderen, die die Gruppe im Sinne ihrer stets wiederholten Zielsetzung offen halten wollen, haben sich durchgesetzt.

Der Gefahr, in eine Abhängigkeit zu geraten, ist die Gruppe also entkommen: weder die Gewerkschaften noch die Vertreter des Bitterfelder Weges haben die Gruppe okkupiert. Das war auch das erklärte Ziel Max von der Grüns:

Wogegen ich mich wehre ist, daß es Leute in der Gruppe gibt, die ihre Ansicht von Dingen und Zusammenhängen zum Evangelium oder zum Dogma erheben. Warum soll nicht Platz sein für verschiedene Ansichten über das Thema. Vor diesen Leuten habe ich den größten Bammel, denn sie wissen immer alles, und alles ganz genau, sie haben eine Ideologie nach dem Motto: Ich bin der Herr dein Gott, du sollst (darfst) keine anderen Götter neben mir haben.

Sie wollen die Gruppe als Vehikel benutzen, einspannen für die Interessen anderer. Dagegen wehre ich mich. Das ist letztlich inhuman, das ist menschenfeindlich und menschenverachtend.

Sicher hat die überwiegende Prominenz, die Max von der Grün durch seine Erfolge, seine öffentliche Anerkennung auch der Gruppe mitgeteilt hat, diese Kontinuierlichkeit der Gruppe 61 bewahren helfen. So jedenfalls sieht auch Josef Reding die Prominenz von der Grüns:

Sie hat dazu beigetragen, daß die Gruppe sich doch in ihrem Kern immer wieder konsolidierte. Mit Max und einigen anderen, die früher oder später doch eine gewisse Publizität durch die Gruppe und mit der Gruppe hatten, wurde gezeigt, daß die Gründung 1961 richtig war. Wenn sie nur das hervorgebracht hätte, diese drei, vier in der Öffentlichkeit heftig diskutierten Autoren, dann war die Gründung von damals nicht vergeblich. Selbst wenn sich die Gruppe jetzt auflösen würde, man wird sie aus einer bestimmten Phase der bundesrepublikanischen Literaturgeschichte und aus einer bestimmten Phase der Suche des Arbeiters nach Mitbestimmung, nach allgemeiner Teilnahme nicht unterschlagen können – sie wird zitiert werden müssen.

Das ist mit Sicherheit richtig. Doch ebenso richtig ist, daß die Gruppe 61 inzwischen an eine Schallmauer gestoßen ist, über die sie bislang noch nicht hinaus kommen konnte. Günter Wallraff drückte das einmal so aus: die Gruppe sei durch ihre Offenheit so unverbindlich geworden, daß manche sie als eine degenerierte Art von Gruppe 47 ansähen. Von dieser Erkenntnis ausgehend und verbunden mit seiner Absicht, die literarische Arbeit, falls von Literatur überhaupt noch die Rede ist, im Hinblick auf den Arbeiter effektiver zu gestalten, hat sich aus der Gruppe 61 heraus ein Werkkreis 70 gebildet, mit dessen Kern sich die Gruppe 61 in den letzten anderthalb Jahren auseinanderzusetzen hatte. Der Werkkreis hat viel Kritik an der Gruppe 61 geäußert. Inzwischen hat er sich als selbständiger Kreis institutionalisiert.

AKTUALITÄT UND DISKUSSION

1.

Vor einem Jahr bereisten sechs Autoren der Gruppe 61 auf Einladung des schwedischen Schriftstellerverbandes eine Woche lang Schweden, darunter Max von der Grün, Günter Wallraff, Josef Reding und Angelika Mechtel. Aus diesem Anlaß erschien, herausgegeben von Egon Dahinten, dem Leiter des Stockholmer Goetheinstituts, der »stockholmer katalog der gruppe einundsechzig«. Dort resümiert Max von der Grün in einem knappen Vorwort Geschichte und Selbstverständnis der Gruppe 61:
*Literarische Gruppen, Vereinigungen von Schriftstellern hat es immer gegeben, wird es wahrscheinlich in gewissen Zeitabständen immer geben, einfach aus dem begreiflichen Wunsch heraus, daß sich so der Autor aus seiner Isolation lösen kann: die Dortmunder Gruppe einundsechzig ist dahingehend ein Novum, daß hier erstmals Autoren sich zusammengefunden haben, die sich einem bestimmten Thema verpflichtet fühlen, das Problem Arbeit in die Literatur zu bringen. Also: Auseinandersetzung mit der industriellen Arbeitswelt, wobei das nicht so verstanden werden soll, daß hier eine Arbeitsplatzbeschreibung erfolgen soll, sondern der Mensch in der Konfliktsituation mit der modernen Industriegesellschaft. — Ich bin auch heute noch der Auffassung, daß der arbeitende Mensch in der Literatur selbst noch nicht den Platz gefunden hat, der ihm von der gesellschaftlichen Bedeutung her zukommt, hier hinkt die Literatur nach, vielleicht weil die wenigsten Schriftsteller den industriellen Arbeitsprozeß kennen — und wenn, dann nicht vom Existentiellen her, oder aber weil man glaubt, daß diese Welt literarisch unergiebig ist. — Am Karfreitag des Jahres 1961 hat sich die Gruppe einundsechzig konstituiert und sie wurde jahrelang geführt vom Dortmunder Bibliotheksdirektor Fritz Hüser, einem der wenigen profunden Kenner sozialer Literatur, ein Mann, der auch jahrelang wie ein Spürhund auf der Suche nach neuen Autoren war und der Gruppe entscheidende Impulse gab.
Die Gruppe ist kein Verein, sie ist ein loser Zusammenschluß von Autoren, die das Thema Arbeit verbindet. Es gibt keine ›Richtlinien‹ für den*

Autor, jeder geht das Thema so an, wie er glaubt, daß er sich so am besten artikulieren könnte. So steht Reportage neben Dokumentation, Roman neben Fernsehspiel, Erzählung neben Theaterstück. Die Arbeit der Dortmunder Gruppe erschöpft sich auch nicht im Schreiben, alle ihr angehörenden Autoren versuchen auch, direkt in die Öffentlichkeit zu gehen, durch Lesungen und Diskussionen mit dem Publikum, mit Institutionen in die Breite zu wirken; politisches Engagement ist wohl selbstverständlich. Erfreulich ist, daß immer mehr junge Autoren sich dieses Themas annehmen — das Thema ist nicht mehr etwas, das außerhalb dessen steht, was wir als Kultur verstehen, die Autoren versuchen, das Thema Arbeit zum integralen Bestandteil der Kultur zu machen oder umgekehrt. Können sie verändern? Sie können aufklären, bewußt machen. Indem wir versuchen, sichtbar zu machen, hoffen wir auf ein Wirksamwerden.

Dieser programmatische Text, der letzte bislang, begreift die Gruppe immer noch von den Prinzipien her, die nunmehr seit zehn Jahren für die Gruppe gültig sind. Dazu kommentierte Dieter Schmedding im Januar dieses Jahres in der Sendung »Aspekte« des Zweiten Deutschen Fernsehens: *Der Schwerpunkt liegt darin, daß man hier (in der Gruppe 61) die ›künstlerische Auseinandersetzung mit der Arbeitswelt‹ zum Programm erklärt hat — und darauf kommt es heute nicht an. Innerhalb der Industrie- und Arbeitswelt, in der die Mehrzahl der Bevölkerung mehr als Dreiviertel ihres wachen Lebens zubringt, handelt es sich um nichtöffentliche Räume, wo das Grundgesetz oft weitgehend außer Kraft ist. Also man sagt: ›Am Betriebstor hört das Grundgesetz auf‹. Es geht darum, diese Räume der öffentlichen Kontrolle zu unterstellen, hier Informationen herauszubekommen, das heißt den dort Arbeitenden erstmal durch Hilfestellung selbst zum Schreiben zu verhelfen, zur Bewußtmachung zu verhelfen, damit auch diesen Raum öffentlich zu machen.*

Genau diese Absicht hat der sogenannte Werkkreis 70, der sich Ende Februar letzten Jahres auf einer Pressekonferenz in Köln gegründet und vorgestellt hat. Doch die Jahre zuvor, bis es zu dieser Gründung außerhalb der Gruppe 61 kam, waren mit harter gegenseitiger Kritik gefüllt. Während der letzten Gruppentagung im November 1969 sagte Fritz Hüser, der schon im Jahr zuvor die Geschäftsführung der Gruppe 61 abgegeben hatte:

Vielleicht, einige Autoren haben es gesagt, die Gruppe hat ihre Aufgabe schon längst erfüllt, die Gruppe ist überflüssig. Einige Potenzen, hat von der Grün gesagt, hätten ihren Weg gemacht, damit wäre die Aufgabe der Gruppe erfüllt, warum nicht? Man soll sie nicht künstlich durch irgendwelche Dinge am Leben halten. Und warum sollen nicht diese Werkkreise, die ja eigentlich nur eine Umschreibung der Bewegung schreibender Arbeiter sind oder mindestens der Versuch, den schreibenden Arbeitern zu helfen, insbesondere durch Studenten, Germanisten undsoweiter — warum soll man das nicht auf breiter Front weiterentwickeln? Ich selbst bin der Auffassung, daß die damals festgelegte

Themenstellung der Gruppe bis heute noch nicht erfüllt ist. Das ist meine persönliche Auffassung.

Als dann, zu Anfang letzten Jahres, die Gruppe 61 in einer nichtöffentlichen Sitzung beschloß, den Werkkreis nicht aufzunehmen — die Folge war dann seine Gründung als Werkkreis 70 —, gab es in der Presse einige äußerst kritische Kommentare zu dieser Entscheidung. Am weitesten ging wohl Hans Dieter Baroth, als er den Lesern der »Stuttgarter Zeitung« versicherte, die Gruppe 61 liege im Koma, und dann ausführte: *Im November 1968 begann die Gruppe 61 über ihren Selbstzweck zu streiten. Die Münchener Regisseurin Erika Runge, gerade mit ihren »Bottroper Protokollen« zu literarischem Ruhm gekommen, machte ihrem Beinamen als ›rote Erika‹ alle Ehre und setzte sich mit Chic und Charm an die Spitze einer reformerischen Truppe, die die Gruppe 61 umfunktionieren wollte.*

Max von der Grün putschte mit, Generalsekretär Bernhard Boie aus Recklinghausen verließ pikiert die Veranstaltung. Die schreibenden Arbeiter, einst hier literarische Hilfe suchend, waren völlig in den Hintergrund gedrückt worden, die Gruppe 61 war ein Sammelbecken für Autoren geworden, die die gesetzte Qualitätsgrenze der anderen literarischen Vereinigungen nicht hatten überschreiten können. Darunter waren viele, die die Gruppe 61 als Hintertreppe für den literarischen Olymp benutzen wollten. — Die Reformer aber wollten die schreibenden Arbeiter animieren. Ein Kreis von Autoren, darunter Max von der Grün, Günter Wallraff und ... Erasmus Schöfer initiierten einen Reportagewettbewerb. Hier wurde ein Coup gelandet, auf den viele der westdeutschen Zeitungen hereingefallen waren. In einer Pressemeldung war behauptet worden, die Gruppe 61 starte diesen Wettbewerb. Als die Dortmunder aus den Zeitungen erfuhren, was sie eigentlich vorhatten, war nicht mehr festzustellen, wer die gezielte Falschmeldung gestartet hatte. Der Keim der Verdächtigungen war gestreut ... Zwischen den beiden Richtungen wurde nicht mehr miteinander, sondern nur noch übereinander gesprochen ... Die Kluft ist da. Auch die Werkkreise wollen nicht mehr mit der Dortmunder Gruppe 61 in eine Ehe treten. Es ist wohl nicht prophetisch, festzustellen, daß die Gruppe 61 unter diesen Bedingungen im Koma liegt.

2.

Der Drang, aus der Literatur heraus in die Aktion zu treten, hat offensichtlich auch die Kritiker ereilt; Worte wie literarisch, gar künstlerisch, die zudem noch mit Begriffen, wie Arbeit oder Welt der Industrie kombiniert werden, sind im Verdacht der Affirmation und der Verschleierung. An ihnen entzündet sich denn auch die Kritik: am immer noch akzeptierten Programmpunkt der Gruppe 61, der die *literarisch-künstlerische Auseinandersetzung mit der industriellen Arbeitswelt der Gegenwart und ihrer sozialen Probleme* behauptet. Erasmus Schöfer, einer der Initiatoren und inzwischen mit Peter Schütt der geistige Mentor des Werkkreises 70, hat die Kritik an diesem Punkt und an wesentlichen anderen im Programm der Gruppe 61 auf der letzten öffentlichen Gruppentagung dezidiert vorgetragen; er beschreibt, *daß ein Teil der Schwierigkeiten einfach aus dem Kunstverständnis der Gruppe 61 entstanden ist, daß also verschiedene Meinungen nicht über die industrielle Arbeitswelt vorhanden sind, aber darüber, was die künstlerische Auseinandersetzung mit ihr zu bedeuten hat: und aus diesem Eindruck habe ich jetzt versucht, diesen Punkt des Programms, diesen ersten Punkt des Programms der Gruppe 61 etwas anders zu formulieren, als Vorschlag, als Anregung für die Gruppe 61. Um zu präzisieren, was mit literarischer und auch künstlerischer Auseinandersetzung mit der industriellen Arbeitswelt denn eigentlich heute gemeint sein müßte. Es heißt deshalb hier:* »Die Gruppe 61 hat zum Ziel die literarische Auseinandersetzung« — also die künstlerische einmal weggelassen — »die literarische Auseinandersetzung mit der industriellen Arbeitswelt und ihren sozialen Problemen«.

Damit soll auch dem Rechnung getragen werden, daß inzwischen Arbeiten wie die von Erika Runge und Günter Wallraff und ähnliche, die hier in der Gruppe ja vorgetragen worden sind, und es mir doch etwas bedenklich, jedenfalls nach dem herkömmlichen Verständnis von Kunst, zu sein scheint, wenn man nun sagt, das ist also künstlerische Auseinandersetzung mit der Arbeitswelt. Und ich glaube, auch die Autoren verstehen es nicht so: literarische sehr wohl, es sind Formen von Literatur — deshalb also hier die Einschränkung auf »literarisch« . . . *Es geht dann weiter: die Gruppe 61 ist offen für alle traditionellen und neu entwickelten Formen der Literatur und ihrer Vermittlung. Das wird nachher gleich noch einmal aufgenommen und bezieht sich darauf, daß in einem anderen Punkt der Satzung ausdrücklich gefordert wird, daß die Arbeiten originell sein müßten, daß sie eine eigene Sprache des Verfassers erkennen lassen müssen oder zumindest erwarten lassen müssen. Und wir sind der Meinung, daß das eine Forderung ist, die jeden Anfänger und vor allem auch die Leute, die als Amateure zum Schreiben kommen, abhalten muß, beziehungsweise, daß es überhaupt eine falsche Forderung in der heutigen Situation der Literatur ist. Es kann einfach nicht jeder originell schreiben und eine eigene Sprache haben. Wir sind der Meinung, daß es einen großen Teil von Literatur gibt, die sehr wohl Auseinandersetzung mit der industriellen Arbeitswelt zum Ziel hat und auch bewirkt, ohne deshalb originell zu sein und ohne einen Autor, der in der Literaturgeschichte einen Platz beanspruchen kann, nun zum Verfasser zu haben.*

Deshalb also: sie ist offen für alle traditionellen und neu entwickelten Formen der Literatur und ihrer Vermittlung, natürlich auch für die neuen, nicht etwa nur — es soll jetzt auch damit abgewehrt werden, daß jemand unterstellt, sie würde nur die Arbeiterdichtung, so wie es hier verschiedene Male polemisch genannt wurde, zum Ziel haben. Nun aber weiter: Literatur ist nicht wertfrei objektivistisch. Sie ist das nicht allgemein und erst recht nicht als Auseinandersetzung mit der Arbeitswelt. Sie ist kritisch und schöpferisch-prospektiv auf der Grundlage gesellschaft-

licher Wahrheiten und Notwendigkeiten. Also, weil sie kritisch prospektiv ist, richtet sie sich in der Darstellung des Bestehenden auf seine Veränderung. Ich glaube, daß es eben ausdrücklich im Programm der Gruppe stehen müßte, und nicht nur einfach die Auseinandersetzung, sondern daß zu einer kritischen, einer prospektiven und gesellschaftlich verbindlichen Literatur dieses Moment des Kritischen gehört. Und da darüber Unstimmigkeiten und Zweifel bestehen, sollte man es ausdrücklich ins Programm aufnehmen. — Jetzt im folgenden das, was ich eben schon gesagt habe; die Wirksamkeit von Literatur ist nicht allein von ihrer formalen Qualität und ihrem Wahrheitsgehalt bestimmt, sondern auch von den Weisen ihrer Verbreitung und Aufnahme. Die sozial beherrschenden Weisen der Verbreitung und Aufnahme von Literatur sind heute profit- und konsumorientiert und lähmen damit — das ist inzwischen ein Gemeinplatz geworden — die Wirkungskraft der Literatur; sie berauben sie eines jener Momente, die sie als gesellschaftsverbindliche Kunst erst konstituieren.

Dieser Passus bezieht sich nun ausdrücklich auf die Arbeit des Werkkreises und ist also daraufhin abgestellt, gerade diese Arbeit als verbindlich auch und sinnvoll im Rahmen der Gruppe 61 darzustellen, weil sie eben nicht jetzt anstrebt, sofort künstlerisch wichtige, in der Literaturgeschichte etwa fungierende Werke zu erbringen, sondern an der Basis, wenn Sie erlauben, Kunst zu praktizieren. Aus dieser Meinung, daß der Warencharakter der Kunst heute vor allen Dingen dadurch unterlaufen werden kann oder vielleicht auch nur, das ist die Frage, daß man mit den einzelnen Kunst praktiziert, in einfacheren Formen oder in komplizierteren, das ist egal, aber so etwas, wie die Werkstätten es machen.

Im Zweiten Deutschen Fernsehen ergänzte Schöfer als Sprecher des Werkkreises 70 dann, daß der Werkkreis 70, der »Werkkreis für Literatur der Arbeitswelt«, sein Entstehen *der Kritik an der Praxis und Theorie der Gruppe 61* verdanke, damit *im Grunde der Gruppe 61 selbst, die ja als erste die industrielle Arbeitswelt als einen Gegenstand, als ein Thema der Beschreibung bekanntgemacht hat.*

Grundsätzlich aber, und viele Kritiker der Gruppe nehmen diesen Vorwurf auf, auch solche, die mit dem Werkkreis nichts zu tun haben, grundsätzlich habe die Gruppe 61 zur Erschließung des Bereichs »industrielle Arbeitswelt« nicht das Notwendige getan. Darüber hinaus, und damit den vom Werkkreis kritisierten Programmpunkt der Gruppe von ganz anderer Seite angehend, kritisiert Renate Eichholz im Westdeutschen Rundfunk: *Die ›literarisch-künstlerische‹ Bewältigung des Themas ist — bis auf wenige Ausnahmen — nicht gelungen. Ästhetisch-formalen Ansprüchen ... genügen die Punkte der Gruppe 61 im allgemeinen nicht ...* So sitzt die Gruppe mit ihren erklärten Prinzipien zwischen allen Stühlen: die bürgerliche Literaturkritik akzeptiert sie nicht wegen mangelnder »literarisch-ästhetischer« Qualität, und die auf seiten des Werkkreises stehenden Kritiker wollen, daß sich die Gruppe von eben dieser Bindung an die ästhetische Qualifizierung löst. Beide Strömungen hat es in der Gruppe selbst gegeben; schon da waren die Gegensätzlichkeiten offensichtlich unauflösbar — nur der Charakter der Offenheit, den führende Gruppenautoren wie etwa Max von der Grün für das Bestehen der Gruppe als unerläßlich erachten, hat die Gruppe scheinbar vor dem Auseinanderbrechen bewahrt. Dazu meint programmatisch Max von der Grün:

Die Auseinandersetzungen waren immer da, unterschwellig, nur waren sie alle die Jahre nie zum Ausbruch gekommen. Dann kam die Entwicklung, wo ich letztlich sagen mußte: Leute, jetzt besteht die Gefahr, daß wir, daß die Gruppe zu einem intoleranten Haufen wird, werden kann. Und das können sich Autoren auf keinen Fall leisten. Toleranz wird ja manchmal von gewissen Leuten als Inkonsequenz angesehen.

Ich habe dann gesagt: Bitte, wer lieber einer Kampfgruppe beitreten will, der soll das tun, aber die Gruppe bleibt, solange ich in dieser Gruppe eine Stimme habe, das, als das sie angetreten ist, nämlich ein Forum der Auseinandersetzung über ein selbstgestelltes Thema, und das Thema heißt Arbeit.

Das ist eine Beschränkung, aber zugleich auch eine Öffnung. An zwei jungen Autoren, die seit sechs beziehungsweise vier Jahren der Gruppe angehören, verdeutlicht Max von der Grün die angesprochenen Spannungen, an Günter Wallraff, dessen ›literarische Form‹ die dokumentarische Reportage ist, und an Angelika Mechtel, die Erfahrungen der Arbeitswelt knapp und präzis, aber eben unter formalen, ästhetischen Gesetzen literarisch umsetzt:

Ich bin damals sehr glücklich gewesen, als Wallraff gekommen ist, weil jede Gruppe, und sei sie noch so kritisch — bei allen Diskussionen, bei allen harten Auseinandersetzungen — Gefahr läuft, in eine Sackgasse zu geraten, und das merkt man erst, wenn man drinnen ist, man kommt nicht mehr heraus, man ist in seinen eigenen Vorstellungen gefangen.

Ich habe mich damals spontan für Günter Wallraff entschieden; ich habe gesagt: hier ist nicht nur eine neue Form — in der Rubrik Literatur —, hier schreibt ein Mann Texte, die sofort in Aktionen umgemünzt werden können — was Wallraff ja bis zum heutigen Tage praktiziert.

Dann kamen andere Leute, wie etwa Angelika Mechtel, und dann ging es in der Gruppe wieder los. Das interessante ist, daß von den Ästheten — und wir haben in der Gruppe ja immer Ästheten gehabt — gesagt wurde, die Mechtel ist Literatur, der Wallraff aber nicht. Und ich habe zu bedenken gegeben, warum das eine Literatur ist, das andere nicht — habe die Frage gestellt: Was ist Literatur?

Das ist heute eine Frage der Kriterien, welche Kriterien lege ich an einen Text, stimmen unsere Kriterien noch, nach denen heute Literatur bewertet und benotet wird, sie kommen doch schließlich aus dem 19. Jahrhundert.

Wem das Thema wichtig schien, der hat sich damals für Wallraff entschieden; die Ästheten haben gesagt: Leute, das ist doch keine Literatur, das ist Reportage. Ein halbes Jahr später las Angelika Mechtel, nun

war es umgekehrt: denen es primär auf das Thema ankam, denen war sie suspekt; die Ästheten schwelgten.
Und da war sie wieder, die Polarisierung. Wallraff war für einen Teil der Gruppe Literatur, Mechtel für den anderen Teil, und der Streit ging darüber, wer nun eigentlich in der Gruppe Platz haben soll.
Ich habe damals gesagt: Was für ein unnützer Streit, selbstverständlich haben beide Platz in der Gruppe, Gott sei Dank, beide.

3.

Die Offenheit der Gruppe also — und trotz der Streitigkeiten, ob Wallraff nun oder Mechtel Literatur sei, hat sich die Gruppe diese Offenheit bewahrt — bewirkte jene Polarisierung, von der von der Grün sprach, jene Polarisierung, die schließlich konsequenterweise zur Gründung des Werkkreises führte. Jene, die den Werkkreis gründeten, waren auf die Dauer frustriert von einer Offenheit, die — in ihrem Sinne — identisch war mit Immobilismus und Wirkungslosigkeit. In Schweden entspann sich ein interessanter Disput, als ein schwedischer Autor, eben auf jene Wirkungsmöglichkeiten von Literatur und von einer Gruppe auf Wirkung bedachter Autoren anspielend, die dann von Günter Wallraff beantwortete Frage stellt:
Welches ist die nächste Zielsetzung dieser deutschen Gruppe? Und auf welche Weise möchte man das Ziel erreichen?
Diese Frage ging uns an und war ziemlich klar gestellt. Die Situation in der Bundesrepublik ist noch etwas anders als in Schweden, die sozialen Bedingungen, die Machtverhältnisse sind noch sichtbarer, noch krasser als in Schweden, aber mit der neuen sozialdemokratischen Regierung steuern wir wahrscheinlich auch auf schwedische Verhältnisse zu. Die politische Plattform für einen Autor, der sich kritisch mit der Gesellschaft auseinandersetzt, ist sehr schwierig. Er will nicht für eine eingemeindete Linke schreiben, die ohnehin privilegiert und theoretisch fortschrittlich ist und die Diskussion weitgehend unter sich führt. Er will direkt an den Arbeiter herankommen, und zwar über Pressemedien. Und dann muß er auf große, auflagenstarke Organe zurückgreifen, um überhaupt gehört zu werden. Das kann er versuchen übers Fernsehen. Wenn er dann zu deutlich und zu konkret wird, dann wird zwar seine Sache genommen, bezahlt und produziert, aber womöglich nicht gesendet, wie es mir vor kurzem passiert ist. Er kann es schaffen, indem er Namensnennungen wegläßt und statt einer Dokumentation ein Spiel bringt. Dann wird er gesehen, aber nichts ist mehr nachprüfbar. Über die Gewerkschaftspresse in der Bundesrepublik kann man teilweise noch arbeiten. Da gibt's zum Beispiel das Gewerkschaftsblatt der IG Metall, zwei Millionen Auflage. Ich habe dort sehr lange Berichte aus den Betrieben, wo ich vorher gearbeitet hatte, veröffentlicht. Das war so lange möglich, bis die einzelnen Konzerne nicht mehr mitmachten. Das heißt: Aufsichtsratsvorsitzende haben ihren Kollegen, die auch im Aufsichtsrat waren, Hinweise gegeben, daß diese Sachen gestoppt werden müßten. Das heißt, auch von daher die Möglichkeiten beim Verbreiten der Wahr-

heit sehr begrenzt. Wir versuchen neuerdings, einige Autoren mit Psychologen, Soziologen, Studenten, Basisgruppen in Betrieben, ganz neue Formen des Schreibens und Mitteilens.

Dort in Schweden brach dann wiederum der unheilbare Konflikt zwischen Gruppe 61 und Werkkreis auf, als ein Student einwarf:

(Aber) eine klare Frage, die hier gestellt worden ist, hat meiner Ansicht nach eine etwas widersprüchliche Antwort gefunden. Es ist anzuerkennen, daß Günter Wallraff eine private Stellungnahme, einen privaten Bericht über seine Intentionen gegeben hat. Aber das ist nicht die Antwort auf die Frage nach der politischen Basis der Gruppe. Darüber hinaus muß festgestellt werden, daß die angestrebte Basis-Arbeit in Fabriken nicht die Arbeit der Gruppe 61, sondern die Arbeit des Werkstattkreises 70 ist. Ich meine, das Problem besteht darin, wie weit ein literarisches Schrifttum, ein Verfassertum, Literaturproduzententum überhaupt noch von der Gruppe 61 für sinnvoll erachtet wird. Das muß deswegen besonders gefragt werden, weil bei der Gruppe 61 die Produktion von Romanen, Hörspiel und literarischen Gattungen vorherrscht.

Dazu wiederum sagte Günter Wallraff:

Ich konnte eben nur für mich selbst sprechen, weil ich nur mit 10% der Gruppe angehöre; und weil auch andere Autoren sich nicht auf Vereinsmeierei beschränken, sondern außerhalb dieses Zusammenschlusses in politischen Gruppen, in Gewerkschaften, SDS-Gruppen und anderen direkt politischen Organisationen arbeiten. Das Verdienst der Gruppe 61 ist es gewesen, in der Bundesrepublik, vor allem durch Max von der Grüns Roman »Irrlicht und Feuer«, auf diese Probleme in der Bundesrepublik erstmals hingewiesen zu haben. Denn bis dahin gab es nichts, kein geschriebenes Wort, was in Buchform vorlag, das die Probleme dieses Bereichs kritisch beleuchtete. Da wurde der Anfang gemacht und Öffentlichkeit hergestellt. Und jetzt gilt es, weiteres Vorgehen zu entwickeln. Was durch neue Versuche wie den Werkkreis jetzt auch bewerkstelligt wird, wo direkt Arbeiter, Studenten und noch Schriftsteller zusammenarbeiten.

Wallraff deutete da bereits an, worauf sich die Gruppe in ihrer Gegenargumentation stets bezieht: daß es keinem ihrer Mitglieder verwehrt bleibe, sich in anderen Organisationen politisch zu betätigen. Und so fuhr Wallraff anderentags im deutschen Seminar von Uppsala mit seiner Beschreibung der Werkkreis-Arbeit und den Möglichkeiten der Gruppe, sie zu übernehmen, durchaus verständlich fort:

Es ist keine Literaturneugründung, es ist keine Sprengung der Gruppe, es ist keine Gegengründung. Es ist eine Sache, die rein von der Organisation her in der Gruppe 61 nicht gemacht werden kann, weil die ja in Dortmund zweimal im Jahr zusammentreffen und hier literarische Sachen vorstellen.

Dieser Werkkreis experimentiert auf ganz andere Weise: was ich eben sagte: mit Arbeitern gemeinsame Formen des Schreibens zu entwickeln.

Heinz Ludwig Arnold

*Da sind auch Soziologen beteiligt, da lernt der Schriftsteller genauso-
viel vom Arbeiter wie vielleicht der Arbeiter vom Schreibenden . . .*
Und Wallraff verschweigt auch nicht, wo die Mängel in der Gruppe, der
er angehört, zu finden sind:
*Es ist keine einheitliche Zielrichtung. Als das anfing, Gruppe 61, ent-
deckte man überhaupt mal den Bereich, das war damals schon sehr viel,
und ist in der Formulierung nicht viel weitergegangen, in einzelnen
Texten schon. Aber nicht im Selbstverständnis. Es gibt durchaus in der
Gruppe auch Schriftsteller, die das hier eigentlich als Anschlußstelle zur
bürgerlichen Literatur betrachten möchten, die inzwischen aber mehr in
den Hintergrund getreten sind. Das sind teilweise auch Ältere, die zum
Teil noch etwas von der alten Arbeiterliteratur in den Knochen haben.
Hier wurde das also ziemlich diskutiert. Da lag es vielleicht auch an dem
noch nicht fertigen Konzept des Werkkreises, daß vermutet wurde, man
wolle hier so eine Art Arbeiterliteratur wie in der DDR, so eine Art neuen
Bitterfelder Weg ins Leben rufen.*

4.

Diesen Verdacht hatten Autoren der Gruppe 61 tatsächlich angesichts
des Programms des Werkkreises 70. Sie wähnten sich konfrontiert mit
Vorstellungen, die von dem Programm oder zumindest doch dem Modus
des »Bitterfelder Weges« nicht gar soweit entfernt scheinen. Da heißt es
zum Beispiel: *»Der Werkkreis Literatur der Arbeitswelt« ist eine Vereinigung von Arbeitern und Angestellten, die in örtlichen Werkstätten
mit Schriftstellern, Journalisten und Wissenschaftlern zusammenarbeiten. Seine Aufgabe ist die Darstellung der Situation abhängig Arbeitender, vornehmlich mit sprachlichen Mitteln. Auf diese Weise versucht der
Werkkreis, die menschlichen und materiell-technischen Probleme der
Arbeitswelt als gesellschaftliche bewußt zu machen. Er will dazu beitragen, die gesellschaftlichen Verhältnisse im Interesse der Arbeitenden
zu verändern. In dieser Zielsetzung verbindet der Werkkreis seine Arbeit
mit dem Bestreben aller Gruppen und Kräfte, die für eine demokratische
Veränderung der gesellschaftlichen Verhältnisse tätig sind. Der Werkkreis hält eine entsprechende Zusammenarbeit mit den Gewerkschaften, als den größten Organisationen der Arbeitenden, für notwendig.*
Schon von der Beurteilung der Rolle her, die die Gewerkschaften im
Bewußtwerdungsprozeß des Arbeiters spielen, bestehen starke Differenzen zwischen den Mitarbeitern des Werkkreises und den meisten
Gruppenmitgliedern, und Erfahrungen, die etwa Max von der Grün gemacht hat, stehen für die Berechtigung dieses kritischen Verhältnisses
der Gruppe 61 zu den Gewerkschaften.
Wie vor Jahren schon Josef Büscher die Gruppe auf einen gewerk-
schaftsfreundlicheren Kurs bringen wollte, und, als ihm dies nicht gelang, die Gruppe verließ, so mündet auch Erasmus Schöfers Kritik an
der Gruppe in diesem Argument:
*Die Gruppe müßte zum einen konsequenter von ihren Gruppenmitglie-
dern verlangen, daß die Arbeiten, die dort hergestellt werden, deutlich*

Partei nehmen für — ja das ist jetzt eine allgemeine Vokabel — in einem humanistisch-demokratischen Sinne für eben den Arbeiter und Angestellten, den Lohnabhängigen, wie immer man ihn nennt. Und das muß zum einen in dem Werk (Buch) selber zum Ausdruck kommen, zum anderen müßte es aber auch durch das Verhalten, sonstige Verhalten des Schriftstellers, meine ich, irgendwie sichtbar werden. Das betrifft also auch die Verbreitungsweisen der Literatur, die in der Gruppe hergestellt wird. Sie dürfte sich nicht darauf beschränken, daß ihre Arbeiten nur in bürgerlichen Verlagen erscheinen. Sie müßte etwa auch stärker versuchen, mit den Gewerkschaften zusammenzuarbeiten. Ich weiß, daß einige Versuche gemacht worden sind und gescheitert sind, besonders Max von der Grün hat diese Erfahrungen gemacht. Aber ich meine, die Ressentiments, die dadurch entstanden sind, eben wirklich aus einem politischen Willen heraus abgebaut und überwunden werden müßten. Da ist ein wesentlicher Fehler der Praxis der Gruppe 61.

Dazu sagt Max von der Grün:

Diese Leute leben im Grunde noch in Vorstellungen, die ich in die Zeit vor dem Ersten Weltkrieg und in die zwanziger Jahre ansiedeln möchte. Sie haben noch ein idealistisches Bild vom Arbeiter und auch von seiner Organisation. Ich bin mir oft sehr unsicher darüber: Wollen sie nicht oder können sie nicht die Tatsachen sehen, daß das Bild des Arbeiters heute ein differenzierteres ist als es eben früher war. Der Klassenkampf spielt sich auf anderen Ebenen ab. Die Gruppe würde, um es so herum zu sagen, für diese Leute ihren Sinn erfüllen, die Gruppe hätte ihre Berechtigung, wenn sie sich für die Gewerkschaft entschiede; das sähe dann so aus: In einem halben Jahr haben wir ein Gewerkschaftsjubiläum, jetzt müssen wir also zum Lobe der Gewerkschaft einen Text schreiben. Da für mich — und nicht nur für mich — die Gewerkschaft gar nicht mehr so sehr der Interessentenvertreter der Arbeiter ist, auch wenn es nach außen so aussieht, so kann ich mich eben in dieser Art nicht entscheiden. Auch das Bild der Gewerkschaften ist eben ein differenzierteres geworden. Man kann nicht in Bausch und Bogen ja oder nein sagen. Als Autor habe ich die Pflicht, den Ursachen nachzugehen, ich kann mich also an niemanden binden, weil ich dann dadurch meine Unabhängigkeit — die geistige, meine ich — verliere.

Nun mag, was Max von der Grün hier über die literarische Gefolgschaftstreue einer solchen, an die Gewerkschaft gebundenen Gruppe sagt, überspitzt klingen. Im Kern trifft es die Sache, um die es schon verschiedene Male ging, als es zu Auseinandersetzungen mit der Gewerkschaft kam: Kritik an ihrer Institution und an ihren Zielen hat sie noch nie gut vertragen. Und schon deshalb ist nicht zu verstehen, warum die Gruppe, wie Schöfer es fordert, unbedingt ein ungebrochenes Verhältnis zu den Gewerkschaften entwickeln soll, die doch eine unter mehreren Institutionen in diesem Staate sind, denen Kontrolle eben aufgrund der auch von Schöfer so oft zitierten demokratischen Auseinandersetzung durchaus zukommen darf.

Aber Schöfers Kritik, die die Leistung der Gruppe 61 immer auch anerkennt, kommt gleichwohl aus Erwägungen, die das von ihm so erkannte Scheitern der Gruppe 61 bereits in ihrem Programm angelegt sehen: *Zunächst stand die Gruppe für das sich abzeichnende Wiedererwachen der Arbeiterklasse, ihres Selbstbewußtseins, ihres Ausdruckwillens. ihrer Literatur. Daraus vor allem erklärt sich das öffentliche Interesse, das die Tätigkeit der Dortmunder hervorrief. Das Dilemma der Guppe 61 war in die Gründungsvorstellungen hineingelegt, auch wenn es erst durch die gesellschaftliche Entwicklung der letzten Jahre deutlich wurde beziehungsweise deutlich werden konnte: Es war zwar ein wirklicher Mangel entdeckt worden (das Fehlen einer Literatur, die die Arbeitswelt und die Lebensbedingungen der Arbeiter zum Thema hat), diesem Mangel sollte aber Abhilfe geschafft werden durch eine Vorstellung von Kunst und Literatur (der bürgerlichen), deren Tauglichkeit für die neue Aufgabe nicht genügend überprüft wurde. Durch die in der damaligen gesellschaftlichen Bewußtseinslage zum Teil notwendige Orientierung an den Maßstäben und Praktiken des bürgerlichen Literaturbetriebs verkümmerte die Beschäftigung mit dem eigentlichen Subjekt jeder Literatur der Arbeitswelt, dem arbeitenden Menschen. Die Initiativen und Vorschläge, ihn zum aktiven Mittätigen solcher Literatur zu machen, wollte sie nicht anerkennen und billigen. Unter veränderten Vorzeichen variierte sie uneingestanden das bequeme Vorurteil vom dummen, bewußtseinsunfähigen Arbeiter, der nur Objekt, nicht Subjekt gesellschaftlicher Veränderung sein kann.*

Die Stimmen derer, die am unmittelbarsten aus der Alltags-Erfahrung der Arbeitswelt heraus sprechen können, die Arbeiter selbst, wurden, wenn sie überhaupt den Weg zur Gruppe 61 finden konnten, immer wieder von einer Kritik zum Verstummen gebracht, die weder die besonderen Schwierigkeiten und Möglichkeiten schreibender Arbeiter begriffen hatte, noch in der Lage war, konkrete Arbeitshilfe zu leisten. Es kam auch gar nicht zur Frage, ob eine für die arbeitende Bevölkerung relevante Literatur noch den gleichen Formen, Verbreitungsweisen und Beurteilungsprinzipien folgen kann, wie die bürgerliche Literatur.

Sein Verhältnis zum Werkkreis charakterisiert Max von der Grün, der mit zu den Initiatoren jener Reformierung, aus der der Werkkreis hervorgegangen ist, gehört, so:

Das ist im Grunde genommen das, was mich vom Werkkreis trennt. Selbstverständlich ist keine Literatur ideologiefrei. Hierzulande ist Tendenz ein verpöntes Wort. Aber alles Geschriebene hat eine Tendenz. Es gibt keine objektive Literatur, nur eine subjektive, denn was geschrieben wird, wird ja von Menschen geschrieben, infolgedessen muß es eine Tendenz haben, weil der Autor doch eine bestimmte Ansicht zu Dingen und Vorgängen und zu seiner Umwelt hat. Nun kommt mit dem Werkkreis folgendes: Es gibt Leute im Werkkreis, die glauben, daß man breite Bevölkerungsschichten — also vorrangig Arbeiter und Angestellte — dadurch aktivieren könnte, daß man sie zum Schreiben anhält.

Ich halte das für eine Fiktion. Der Arbeiter, der schreibt, wird immer die Ausnahme sein. Die Erfahrung ist, daß die Arbeiter, die schreiben, nicht von ihrer Umwelt schreiben, sondern sich in die Tasche lügen; sie schreiben über — das meine ich jetzt als Beispiel — die Lüneburger Heide. Literatur kann mithelfen, Menschen zu aktivieren, ihnen ein politisches Bewußtsein zu geben, wenn diese Literatur Vorgänge transparent macht, also eine spezielle Situation artikuliert, nicht aber, wenn ich sage: Nun setz dich hin und schreibe.

Schreiben kann man nur, meiner Ansicht, wenn man ein Bewußtsein hat, wenn man Zusammenhänge erkannt hat, dann erst kann man über sie schreiben.

5.

Mir scheint, die Auseinandersetzung zwischen Werkkreis und Gruppe 61 — und die aktuelle Diskussion um die Gruppe 61 hat nur dieses Thema — scheidet nicht so sehr zwei Auffassungen, die politisch und sozial in verschiedene Richtungen gehen, sondern eher Positionen, mit denen verschiedene Absichten verbunden sind:

Die Gruppe 61, aus der DDR angefochten wegen ihrer rein verbalen Rebellion und aus der Bundesrepublik wegen ihres mangelnden formalen Bewußtseins attakiert, anerkennt dennoch die formalen Bedingungen der bürgerlichen Literatur; ihre Autoren benutzen die Formen dieser Literatur — aber sie überprüfen ihre Arbeiten nicht anhand dieser formalen Bedingungen, sondern anhand dessen, was Günter Wallraff die *soziale Wahrheit* eines literarischen Textes genannt hat.

Wenn Max von der Grün in seinem letzten Roman »Zwei Briefe an Pospischiel« zum Beispiel die Verplanung des Menschen in diesem ökonomischen System und seine Entfremdung von der Arbeit mit realistischen Stilmitteln, die im einzelnen ästhetisch zu wünschen übrig lassen, darstellt, so vermittelt er trotz formaler Mängel eine *soziale Wahrheit*.

Auch der Werkkreis will dieser *sozialen Wahrheit* habhaft werden, um sie fruchtbar zu machen; aber er unternimmt es auf andere Weise, weil er nicht primär Literatur produzieren, sondern Aufklärung vermitteln will, und dies nicht einmal inhaltlich, sondern vorrangig methodisch. Das heißt, der Werkkreis, so ideologisch seine Mitglieder auch argumentieren mögen, will den Arbeitern nicht Ideologie vermitteln, sondern er will sie zur Erkenntnis ihrer selbst und ihrer Lage bringen. Nur ist doch eben sehr die Frage, ob dazu der Begriff oder die Sache, die Literatur meint, überhaupt tauglich sein kann. Denn es kann ja doch wohl nur so sein, daß die Produkte, die bei solchen Bemühungen, den Arbeiter zur Artikulation zu bringen, an den Tag kommen, lediglich zufällig literarischen Charakter haben. Aber dem widerspricht Erasmus Schöfer:

Nein, sehen Sie, hier tritt dann der Gedanke der Werkstattarbeit in seine Rolle. Wir wollen eben nicht, was so krud ankommt, dann einfach nur protokollarisch weitergeben.

Auch das ist ja in jüngster Zeit gemacht worden und wir finden, daß das nicht gut ist, daß man hier etwa einen Arbeiter mit allen Fehlern gramma-

tischer und syntaktischer Art, die er begeht, daß man ihn einfach so dokumentiert und dann doch mehr oder weniger dem Gespött der bürgerlichen Öffentlichkeit aussetzt. Für Soziologen ist so etwas interessant oder auch für Sprachwissenschaftler, aber ich glaube nicht, wenn man mit diesen Texten wirken will. Wir wollen eben dann in den Werkstätten mit den Autoren, den Schreibern sprechen und sie auf dies und jenes hinweisen und dadurch die Texte so verbessern, daß sie im Hinblick auf ihre Wirkung brauchbar sind, daß sie nicht den potentiellen Leser abschrecken durch Fehler, die für die wirkliche Aussage an sich belanglos sind, die aber stören.

Sie wollen also den Begriff Literatur einmal beiseite tun, um dem Arbeiter die Vorbehalte vor dem Schreiben überhaupt zu nehmen, um sie dann wieder auf den Weg der Erkenntnis von Sachzusammenhängen zu führen ... und auf den Weg der Fähigkeit, diese Sachzusammenhänge zu formulieren.

Ja, ja, das kann man gut so sagen.

Also will der Werkkreis doch letzten Endes eine literarische Wirkung haben, die sich beim Leser als Aufklärung umsetzt. Ich wüßte nicht, worin sich diese Absicht von der Absicht aller je einzeln in der Gruppe vertretenen Autoren unterscheidet: diese Aufklärung auch bei Arbeitern leisten zu wollen, würde keiner von ihnen verneinen.

Die Gruppe 61 aber als Gruppe will Aufklärung nicht primär in die Arbeiterschaft tragen, sondern in jenen Teil der Öffentlichkeit, dem die Arbeitswelt weitestgehend verschlossen bleibt — und das sind vor allem die bürgerlichen Schichten der Gesellschaft. Diese aber, ausgebildet im ästhetischen Kanon des 19. Jahrhunderts und mit Klischeevorstellungen von dem beseelt, was Literatur sein müsse, lehnen die Literatur der Autoren der Gruppe 61 vielfach aus eben diesen formalen Gründen ab. Davon hat sich die Gruppe, wenn man Max von der Grün hört, nicht sonderlich frustrieren lassen:

Fragt man heute, was die Gruppe will, so sage ich: Die Gruppe will heute nichts anders, als was sie bei ihrer Gründung auch wollte und über die Jahre hinweg: nämlich über die Literatur das Thema ›Arbeitswelt‹ oder ›der Mensch in der industriellen Gesellschaft‹ in das öffentliche Bewußtsein bringen.

Ich glaube, das kann sie weniger, wenn sich als Kampfgruppe versteht, sondern nur, wenn aus dieser Gruppe Produkte kommen, die in das öffentliche Bewußtsein eingehen. Für die Gruppe als solche ist es im Grunde genommen wie für einen Autor: Indem ich versuche sichtbar zu machen, hoffe ich auf ein Wirksamwerden.

Produktionen

Bruno Gluchowski

Blutiger Stahl

1.

Der Besuch Küppers bei Martin Roth fand nicht statt. Der Möbelwagen kam zwei Tage früher. Zum Telefonieren reichte es nicht. Eine Ansichtskarte mit der Meldung von der glücklichen Ankunft in Frankfurt ersetzte das persönliche Abschiednehmen. Helga und Martin bedauerten es, aber es war keine Zeit mehr, zurückzublicken. Das Einrichten der neuen Wohnung, das Einleben in der neuen Heimat, das Einarbeiten in die neuen Aufgaben nahmen beide Roths vollauf in Anspruch.

Helga assimilierte sich mit Tempo und Schwung. Gesicherte Lebensverhältnisse und finanzieller Rückhalt ließen sie Stahlarbeitersiedlung und Rattenkamp abstreifen. Sie mauserte sich zur Großstädterin und gab sich als gutsituierte Mittelständlerin, die sie im Traum schon immer hatte sein wollen. Martin fügte sich in Hensslers Team-Work ohne nennenswerte Schwierigkeiten ein. Seine Hauptaufgabe in der ersten Zeit beschränkte sich auf das Studium der Struktur dieser gewaltigen Organisation, in deren Apparatur er ein Rädchen sein sollte. Junge Kollegen, die ebenfalls aus den Betrieben kamen und mit Sonderaufgaben betraut waren wie er auch, halfen ihm, sich in der ihm völlig neuen Arbeitswelt der Büros zurechtzufinden.

In den Industriebetrieben der Bundesrepublik wurde er noch schneller bekannt. Die Stahlarbeiterserie BLUTIGER STAHL lief in drei Gewerkschaftsblättern an. Aus mehr als zwei Millionen Exemplaren schaute das Arbeitergesicht mit dem prüfend wachen Blick unter dem Schutzhelm mit der Drahtmaske den Leser an: »Stahlarbeiter Martin Roth, der Autor unseres erregenden Tatsachenberichts aus einem der größten Hüttenwerke an der Ruhr«. Auch die zwölftausend organisierten Belegschaftsmitglieder der Luisenhütte sahen dieses Gesicht und lasen diesen Bericht. Nicht wenige erinnerten sich des Autors. Natürlich stieß auch Pressechef Dr. Ullmann darauf. Nachdenklich betrachtete er Roths Gesicht. Hat die Gewerkschaft also doch damals schon hinter der Veröffentlichung gestanden, dachte er.

Klaus Küpper heftete das Blatt mit Reißzwecken auf das Schwarze Brett des Betriebsratsbüros. Als Ehrung und Mahnung zugleich. Er stand in regem Briefwechsel mit Martin als einer seiner ersten und aktivsten Betriebsreporter.

Durch ihn war Martin über die Vorgänge in seiner alten Arbeitsstelle auf dem laufenden. Küpper wiederum erhielt von Martin Material, durch das er sich schneller als sonst über wichtige Vorgänge in Wirtschaft und Sozialpolitik informieren konnte. Beider Arbeit ergänzte sich.

In diesem Sommer standen die Betriebsräte der Luisenhütte vor schwierigeren Problemen als je zuvor. Die Stillegungspläne vom Thomasstahlwerk und Hochofen I waren Vorstandsbeschluß geworden. Die vorsorgliche Kündigung hatte sich zur echten verwandelt. Jeder wußte, was ihn in Zukunft erwartete. Die düsteren Zukunftsprognosen von bekannten Politikern, Wirtschaftlern, Gewerkschaftlern, Unternehmern und Journalisten wurden harte Realität. Die Wirtschaftslage gab nicht den geringsten Anlaß zu optimistischer Betrachtung. Der Rettungsanker GROSSE KOALITION wühlte sich nur langsam durch die dicke Schlickschicht politischen Nachlasses. Die Schillersche KONZERTIERTE AKTION hielt sich zu lange mit dem Einstimmen auf, als daß sie den Marsch durch die Talsohle mit flotten Weisen hätte begleiten können. Was man von ihr vernahm, klang nicht anders als Zwölftonmusik. Betriebseinschränkungen und -stillegungen häuften sich zu erschreckenden Verlustlisten der Wirtschaft. »Die Lunte brennt an der Ruhr!« und ähnliche in Bergarbeiterdemonstrationszügen mitgeführte Spruchbänder ließen auf Radikalisierungstendenzen schließen. Existenzangst wurde zur Zeitkrankheit und grassierte als Seuche. Am stärksten ergriff sie die nicht mehr ganz Jungen, die Menschen über Vierzig. Vorsorglich Gekündigte, die nicht in andere Betriebe übernommen werden konnten und nun ihr Kündigungsschreiben in der Tasche hatten; Abgeschriebene! Sie mußten sich nach anderen Arbeitsplätzen umsehen, und das war im Sommer 1967 nicht mit einem gemütlichen Spaziergang zum Arbeitsamt getan. Für viele wurde es die letzte Station.

Mit zwei Aufträgen von Henssler fuhr Martin Roth am 19. Oktober ins Ruhrgebiet: ausführlicher Bericht über die zum 21. angesetzte Großkundgebung der Bergarbeiter in Dortmund-Huckarde und Teilnahme am Blasen der letzten Schmelze im Thomaswerk einen Tag vorher. Die Luisenhütte hatte zu diesem technologischen Ereignis Funk, Fernsehen und Presse eingeladen.

Martin kam am späten Nachmittag in Dortmund an, verhandelte mit dem Bildungssekretär über einige Termine seiner nächsten Lesungstournee, rief Küpper an und verabredete sich mit ihm für den Abend, machte eine Stippvisite bei Brückners und fuhr in die Robertstraße.

Beim langen Hugo traf er Küpper noch nicht an, aber einige Bekannte, die sich über das unverhoffte Wiedersehen nicht minder freuten als er. Kubiak stieß als erster mit ihm an.

»Was sagst du dazu, daß sie unsere Bude dichtmachen?«

»Ich werde es mir morgen ansehen.«

»Sehnsucht nach der alten Heimat?«

»Ich werde darüber in der Zeitung schreiben.«

»Wem nützt das schon? Rückgängig machst du die Sache damit nicht mehr. In andere Arbeit bringst du uns Alte auch nicht. Für uns is Sense! Wir sind die sozialen Härtefälle. Für uns haben sie den Sozialplan erfunden.«

Die Umstehenden nickten zustimmend. Kubiak schüttete sein Bier in sich hinein, Martin bemerkte erst jetzt, daß es fast alles ältere Luisianer waren, die sich am Vorabend der Stillegung hier zusammengefunden hatten in der gleichen Not.

Tomschak, der Kranführer aus dem Thomaswerk, drängte sich an Martin heran.

»Sieh mich an, Martin, ich bin noch'n paar Jahre jünger, dreiundfünfzig grade. Mich wollen sie genauso verschrotten. Dabei habe ich in acht Monaten mein vierzigjähriges Arbeitsjubiläum auf der Luise.«

»Das ist allerdings sehr hart. Hast du mit Küpper darüber gesprochen?«

»Nicht bloß mit dem. Bis zum Arbeitsdirektor bin ich gegangen. Hat auch nichts genutzt, nicht mal der konnte was machen. Sozialplan auf jeden Fall, sagte er. Ich kann das Wort schon nicht mehr hören!«

»Hast du dich beim Arbeitsamt bemüht?«

»Die winkten sofort ab, als sie hörten, daß ich über fünfzig bin. Nicht die geringste Aussicht. Bin dann selber auf Arbeitssuche gegangen, die Beine habe ich mir abgelaufen. Auf einer Baustelle angefragt, Kranführer oder meinetwegen auch Baggerführer. Nichts zu machen, die besten Zeiten für die Bauleute sind vorbei! Wollte es dann als Lagerarbeiter im Kaufhaus versuchen, Nachtwächter im Krankenhaus, Rottenarbeiter bei der Bahn, Transportarbeiter in 'ner Spedition, Platzarbeiter in 'ner Maschinenfabrik. Nirgendwo was zu wollen, nicht mal bei den stinkigen Kanalarbeitern. Für Tomschak tut sich eben keine Tür mehr auf. Der kann draußen bleiben, den haben sie abgeschrieben.«

Ähnliches hörte Martin noch von anderen alten Kollegen. Er konnte ihre Verbitterung verstehen. Sie waren bereits zu alt für den Produktionsprozeß, aber noch nicht alt genug für den Rentenbezug. Als Dauerbezieher von Arbeitslosenunterstützung waren sie gezwungen, in einem sozialen Vakuum zu leben. Ihr Widerstand war nutzlos. Küpper schloß sich Martins Meinung an. Es gab kein Gesetz, das den Unternehmer zwang, ältere Arbeiter länger zu beschäftigen als sein rechnerisches Kalkül zuließ.

An der Nordwand des Thomaswerks erhob sich ein hohes Stahlrohrgerüst mit geräumiger Plattform, eine Arbeitsbühne, von der aus man die Konverterhalle überblicken und alle technischen Vorgänge beobachten konnte. Techniker und Kameraleute von Rundfunk und Fernsehen hatten dort Jupiterlampen, Standmikrophone und Filmkameras aufgebaut und trafen letzte Vorbereitungen. Reporter der Regionalpresse schossen ihre ersten Blitzlichtaufnahmen.

Das Gros der Pressevertreter kam unter Führung Dr. Ullmanns, der sie im Empfangssaal mit Händedruck, verbindlichem Lächeln und einigen unverbindlichen Worten begrüßt hatte. Als er seiner »Hausherrn«-Pflicht auch bei Martin Roth nachkam, veränderte sich weder seine Miene noch sein Ton. Roth war jetzt Berufskollege und als solcher persona grata.

Martin registrierte in der Konverterhalle sofort eine Veränderung des üblichen Arbeitsbildes. Das Abgießen von Konverter III war ein Normalvorgang. Aber die restlichen Konverter . . . Sie lagen tot, hingen mit der Mündung nach unten zum Auskühlen, waren bereits stillgelegt. Aus ihren Mäulern stieß kein Feuergeflacker mehr und tauchte alles in gleißendes Licht. Die Konverterbühne lag heute im Halbdunkel, von grauen Schatten durchzogen, in ungewohnter Tätigkeit, beklemmender Stille.

Pongratz' brüllende Antreiberstimme war an diesem Morgen einge-
rostet. Stumm stand er an der Brüstung und beobachtete den Abguß,
von schweigenden Arbeitern umstanden, die nichts mit sich anzufangen
wußten. Das Fieber der Tonnenjagd hatte sich ausgetobt, der hektische
Rhythmus des Produktionsablaufs war gestoppt und auf Leerlauf ge-
drosselt. Was jetzt noch getan werden mußte, war keine Arbeit mehr,
sondern nur noch müde Bewegung.

Am Fenster des Krans, der die Gießpfanne transportierte, sah Martin das
Gesicht Tomschaks. Er hob die Hand zum Gruß, aber der Alte merkte
es nicht. Er fuhr ans jenseitige Hallenende, wo der Pfannenwagen mit
dem Roheisen für die letzte Schmelze einrangiert wurde. Konverter III
war inzwischen zum Chargieren mit Kalk und Schrott hochgeschwenkt
worden.

Auf der Konverterbühne wurde es lebendiger, die Ehrengäste rückten
an: die Hüttenprominenz mit Aufsichtsräten und Betriebsratsmitgliedern,
einflußreiche Vertreter der Wirtschaft, der Behörden und der Gewerkschaften. Sie sammelten sich hinter Konverter III, wo sie herzliche Be-
grüßungsworte und technische Erläuterungen zum bevorstehenden
Blasvorgang zu hören bekamen. Arbeiter schleppten eine große Eisen-
tafel mit der lorbeerumrankten Aufschrift heran: »Charge 1 500 000 —
Glück auf!«

Der Werksfotograf benutzte sie als Dekorationsstück für Gruppenauf-
nahmen. Steuermann Jeske schwenkte den Konverter nach unten, zum
weiteren Chargieren, Blasemeister Pongratz hob die Hand zum Einsatzzeichen für den Kran.

Vorsichtig hob Tomschak die Roheisenpfanne vom Wagen, langsam fuhr
er an, passierte Konverter I und II und geriet ins Kreuzfeuer der Kamera-
linsen. Hüttendirektor Johst näherte sich dem Ende seiner Ansprache.

»Mit einer gewissen Wehmut im Herzen sehen wir nun dem Blasen der
letzten Schmelze entgegen, der eineinhalb Millionsten in diesem Vete-
ranen unter unseren Stahlwerken«, sagte er mit einem langen Blick, der
die gesamte Halle umfaßte. Was er dabei entdeckte, ließ ihn das Weiter-
reden vergessen. Sah der Kranführer denn nicht, daß er jetzt halten
mußte, weil er die Einschwenkmarke für Konverter III bereits überfahren
hatte? Er winkte aufgeregt zum Kran hin, viele schwenkten die Arme,
gaben Haltzeichen und versuchten, sich dem Kranführer durch Rufen
bemerkbar zu machen; nichts hielt die Kranfahrt auf. Martin Roth, im
Gespräch mit einem Kamerassistenten, dem er die Technik des Stahl-
blasens erläuterte, trat näher an das Brüstungsgeländer. Was war mit
Tomschak los? Warum paßte er nicht auf? Daß ein Kranführer sich mal
um eine Handbreit verfuhr, na ja, kein Beinbruch. Aber um einen Meter?
Er machte doch gestern abend noch einen ziemlich ruhigen Eindruck
trotz seiner Niedergeschlagenheit über die Kündigung. Hatte ihn der
Gedanke, daß es seine letzte Schicht war und seine letzte Kranfahrt, so
durcheinandergebracht, daß er das Aufpassen vergaß? Unter den Re-
portern und Kameraleuten breitete sich starke Unruhe aus. Der Kran
wuchs ihnen immer größer und drohender entgegen. Er ließ bereits

Konverter IV hinter sich und fuhr direkt auf sie zu. Wurde er nicht schnellstens zum Stehen gebracht, konnte ihn nur noch die Gerüstplattform aufhalten. Bei dem Zusammenprall mußte sie unweigerlich zusammenbrechen. Wo die vierzig Tonnen flüssiges Eisen dabei bleiben würden, war für niemand eine Quizfrage.

Kameramann Woesters erfaßte die Krankabine mit dem Teleobjektiv. Er erschrak. Im Sucher hatte er kein waches, gesammeltes Kranfahrergesicht; qualverzerrte Züge erblickte er. Erregt riß er den Kopf herum. »Runter von der Bühne, der Kran ist führerlos!« schrie er seinen Assistenten und den Nächststehenden zu.

Sie ließen ihre Apparaturen im Stich und rannten fort. Eine Panik bahnte sich an, denn es gab nur eine einzige schmale Treppe, und vor der keilten sie sich fest. Woesters lief nicht weg, Woesters filmte weiter:

Kameraschwenk vom Kran zu einer Arbeitergruppe hinüber, die hinter Konverter IV mit Draht und Eisenketten hantierte; halbnah Blasemeister Pongratz, der sich ein langes Drahtseil mit einem schweren Eisenhaken am Ende über die Schulter warf und damit fortlief; Kamerafahrt mit Pongratz, der das Drahtseil kreisen ließ, sich weit über die Brüstung vorbeugte und das Drahtseilende mit mächtigem Schwung über die Stromzuführungsschiene der Kranbahn warf, in die der Eisenhaken sich einhängte. Ein taghheller Blitz flammte auf, ein donnerähnlicher Knall ertönte, Kurzschluß des gesamten Stromnetzes in der Halle. Dunkelheit, Stille, Aufnahmeschluß!

Nicht nur Woesters atmete auf. Die tödliche Gefahr war abgewendet, eine Katastrophe verhindert worden. Als der Schaden behoben war und das Licht wieder aufflammte, blickte Woesters durch das Kameraauge noch einmal in das Gesicht des Kranführers. Es war unverändert. In Tomschaks Augen stand immer noch der stumme Schrei nach Hilfe. Aber die kam zu spät.

Zwei Sicherheitsmänner zogen ihn aus der Kabine, ein junger Kranführer nahm Platz. Langsam fuhr er zurück, sicher brachte er die Roheisenpfanne an Konverter III heran. Die Gerüstplattform war wieder vollbesetzt, Kameras blitzten und surrten, Mikrofone schluckten Sätze und Geräusche; die Übertragung des Blasens der letzten Schmelze lief. Des Trauerspiels »Stillegung« letzter Akt hatte begonnen. Hüttendirektor Dr. Johst widmete ihm feierliche Worte. Sein Abgesang auf das Thomaswerk endete mit einer stolzen Bilanz: Rund dreiunddreißig Millionen Tonnen Thomasstahl hatte es in den zweiundachtzig Jahren seines Bestehens produziert. In den Beifall der Zuhörer für diese großartige Leistung erdröhnte das Startsignal für Konverter III. Heulend kippte er in Blasstellung hoch, blaue Flammen schlugen aus seiner Mündung, eine braunrote Manganwolke stieg in den Kamin, orangefarbenes und schwefelgelbes Licht tauchte die Bühne in strahlende Helligkeit. Bewunderndes Schauen der Ehrengäste, grübelndes Sinnen der herumstehenden Arbeiter. Auch die nichtgekündigten ließ der letzte Produktionsvorgang in diesem Werk nicht unberührt.

Bruno Gluchowski

Als das Orgeln des Konverters sich ein wenig gelegt hatte, trat Küppers aus der Reihe seiner Betriebsratskollegen und bat, auch ihm ein Wort des Gedenkens zu gestatten. Die Bilanz, die er zog, wurde nicht mit Beifall bedacht. Er gedachte der hundertvierundzwanzig Stahlarbeiter, die als Opfer tödlicher Betriebsunfälle die dreiunddreißig Millionen Tonnen Stahl hatten zahlen müssen. Er erinnerte an die zweitausendvierhundertsechsundachtzig Stahlarbeiter, die dabei Verletzungen erlitten hatten. Küppers Bericht machte sichtlich Eindruck. Mit einer Schweigeminute wurden die Opfer des Stahls geehrt. Endlich der große Augenblick des Abgusses. Weißleuchtend schoß der fertige Stahl in die Gießpfanne, von der Brüstung aus schauten die Ehrengäste zu. Als die letzten Gerinnsel herausgekleckert waren, wurde der leere Konverter nicht wieder hochgeschwenkt. Mit der Mündung nach unten blieb er zum Auskühlen hängen wie seine drei vor ihm verstorbenen Brüder. Die Feuer waren erloschen, der Arbeitslärm war verstummt, das greise Stahlwerk tot. Die Zeugen seines Sterbens verließen es, im Gästehaus des Werks erwarteten ihre Gastgeber sie. Martin machte von der Einladung keinen Gebrauch. Am Hauptportal verabschiedete er sich von Küpper.

»Entschuldige, daß ich nicht mitkomme; aber Tomschak würde neben mir sitzen. Er läßt mich nicht los. Ich muß seine Geschichte zu Papier bringen!«

»Schade! Aber ich kann es verstehen. Sehen wir uns heute noch irgendwann?«

»Ich weiß nicht, wie lange ich damit zu tun haben werde. Morgen in Huckarde sehen wir uns bestimmt!«

Er fuhr in sein Hotel, ließ sich Frühstück und Zigaretten auf sein Zimmer bringen und begann zu schreiben. Das Mittagessen überschlug er; am Abend hatte er seine Geschichte fertig. Er überschrieb sie — in Anlehnung an Arthur Miller

Der Tod des Kranführers

Tomschak hatte die Kündigung erhalten wie viele andere Arbeiter des Thomaswerks. Seine intensiven Bemühungen um einen neuen Arbeitsplatz scheiterten. Dreiundfünfzigjährigen hatte das Arbeitsamt höchstens eine Stempelkarte anzubieten, aber keinen Zuweisungsschein. Voller Sorge sah der alte Kranführer dem zwanzigsten Oktober entgegen, dem Tag seiner letzten Schicht. Die Aufregungen der vergangenen Wochen hatten seinem schon angegriffenen Herzen hart zugesetzt. Vor seiner Frau konnte er es nicht lange verbergen. Sie drängte ihn, zum Arzt zu gehen. Tomschak vertröstete sie auf später. Der Arzt würde ihn unweigerlich krank schreiben, und gerade das fürchtete er. Als Krankfeiernder hatte er nicht die geringste Aussicht, bei der Vergabe weiterer Arbeitsplätze berücksichtigt zu werden.

So kam der gefürchtete letzte Arbeitstag heran. Tomschak war in der Nacht nicht viel zum Schlafen gekommen, sein Herz hatte ihm härter zugesetzt als sonst. Als der Wecker klingelte, stand seine Frau nicht auf.

»Bleib schön liegen, Stefan, die eine Schicht macht den Kohl auch nicht mehr fett.«

44

»Wie du dir das vorstellst«, knurrte er und griff nach der Hose. »Einfach liegen bleiben, als wenn mich der ganze Kram nichts mehr angeht.«

»Na, ist's etwa anders? Mit dem Arbeiten ist's für dich jetzt sowieso vorbei. Was erhoffst du dir da noch von der einen Schicht?«

Ja, was erhoffte er sich eigentlich noch? Schon seit langem puckerte ihm eine ganz verrückte Hoffnung im Schädel herum. Wenn der Arbeitsdirektor mit den anderen Ehrengästen zum Blasen der letzten Schmelze auf die Konverterbühne kam, wäre es doch möglich, daß er die Arbeit des Kranführers dabei ein bißchen näher ins Auge faßte, weil es mustergültig ausgeführte Präzisionsarbeit war. Möglich war es weiterhin, daß es ihm widersinnig erschien, einen solchen Präzisionsarbeiter auf die Straße zu werfen, nur weil er über fünfzig war. Als Konsequenz solcher Überlegungen mußte er Tomschaks Kündigung in allerletzter Minute zurücknehmen. Eine irrsinnige Hoffnung, das sagte Tomschak sich manchmal selbst. Aber woran klammert ein Ertrinkender sich nicht?

Seine Frau schüttelte zu dieser Seifenblasenhoffnung langsam den Kopf.

»Nimm's mir nicht übel, Mann«, sagte sie. »Aber du bist wirklich nicht mehr zu retten. An Wunder zu glauben, wo du am eigenen Leibe erfährst, wie wenig Rücksicht sie auf die alten Arbeiter nehmen.«

Tomschak zuckte die Achseln, trank einen Schluck Kaffee, nahm die Frühstückstasche und ging. Den Weg, den er seit neununddreißig Jahren ging. An jedem Arbeitstag zweimal. An diesem Morgen nicht anders als sonst.

Auch sonst war nichts anders; das Thomaswerk unverändert, die Konverterhalle wie jeden Tag. Nur die Eisenleiter zum Kran hinauf nicht. Sie wuchs unter Tomschaks Händen, dehnte sich wie Gummi, als er ihre Sprossen unter die Füße nahm. Im gleichen Maße wuchsen die Schmerzen in seiner Brust. Erst spürte er sie nur in Nadelstärke, dann aber wie von dicken Nägeln, die ihm ins Fleisch getrieben wurden. Selbstvorwürfe quälten ihn. Daß er nicht auf seine Frau gehört hatte und im Bett geblieben war, noch ein paar Stunden zu schlafen und dann zum Arzt zu gehen, sich krankschreiben zu lassen. Morgen tu' ich's, nahm er sich vor. Ganz bestimmt gehe ich morgen zum Doktor, aber heute — heute muß ich noch durchhalten, es ist meine letzte Chance. Zähne zusammengebissen und weiter jetzt!

Er kletterte weiter bis zur nächsten Sprosse unter dem Ausstieg. Da hatten die Nägel sich zu einem Stilett ausgewachsen, das in seinem Fleisch wühlte. Seine Hände griffen nicht mehr nach der nächsten Sprosse, seine Füße hoben sich nicht mehr zum Weitersteigen, sein Atem ging in kurzen Stößen. Es hat keinen Sinn mehr, bis zum Kran schaff' ich's doch nicht, sagte er sich. Einen kleinen Moment noch verschnaufen, dann steige ich hinunter, geh' nach Hause und lasse mir den Arzt kommen, bevor es zu spät ist. Mit dem Nachlassen der Schmerzen vergaß er seinen Vorsatz. Er stieg das letzte Stück hinauf und betrat den Laufsteg, auf dem ihm sein Kollege von der Nachtschicht entgegenkam.

»Alles klar?« fragte Tomschak wie üblich beim Ablösen.

»Alles klar!« erwiderte Michalski und tippte an den Schutzhelm.
*Tomschak zwängte sich in den Kran, verstaute seine Tasche und über-
prüfte die wichtigsten Kranteile: Steuerung, Hub, Bremse, Schaltung.
Alles in Ordnung.*
*Dann beugte er sich aus dem Fenster und überblickte die Konverter-
halle. Nur eine der vier mächtigen Stahlbirnen war noch in Betrieb: Kon-
verter III, aus dessen Mündung der fertig geblasene Stahl in die Gieß-
pfanne floß. Rechts davon zuckten Scheinwerferstrahlen, blendeten
Tomschak. Das Stahlrohrgerüst war schon gestern dagewesen, das Ge-
wimmel der Männer mit den Besuchshelmen nicht, die Kameras und
Mikrofone ebensowenig. Unruhe brachte das alles, eine Störung war es.
Vor allem dieses scharfe Lichtgeblitze.*
*Konverter III war ausgeleert. Tomschak transportierte die gefüllte Gieß-
pfanne an ihren Abstellplatz und fuhr ans jenseitige Hallenende, wo der
Pfannenwagen mit der letzten Schmelze hereinrollte. Während er auf das
Einsatzzeichen wartete, bereitete er sich auf seinen großen Auftritt vor.
Nur wenige Minuten noch, dann war er der Hauptakteur in diesem Spiel
und würde den Herren Direktoren und ihren Ehrengästen zeigen, was
Kranführermaßarbeit ist. Dann sollten sie sich davon überzeugen, daß
sein Können und seine Erfahrungen mit den zunehmenden Jahren nicht
abgenommen hatten, daß der Seismograph in seinen Fingerspitzen und
die Netzhaut seines Auges noch ausgezeichnet funktionierten. In einigen
Minuten! Aufmerksam blickte er zum schwenkenden Konverter hinüber.
Jetzt hob sich eine Hand zum Einsatzzeichen für den Kran.*
*Vorsichtig hob Tomschak die Pfanne mit vierzig Tonnen flüssigem Roh-
eisen vom Wagen, langsam fuhr er an. Kein Tropfen schwappte dabei
über, glatt wie auf Schmierseife lief der Kran. Aber schon nach wenigen
Metern merkte Tomschak, daß er in der Kabine nicht allein war, daß er
Fahrgäste hatte. Er konnte sie zwar nicht sehen, aber er erkannte sie an
den Stimmen, mit denen sie auf ihn einzureden begannen. Er hörte den
Vermittler vom Arbeitsamt heraus, den Polier von der Baustelle, den
Personalchef des Kaufhauses, den Rottenführer von der Bundesbahn,
den Chef der Speditionsfirma und all die vielen anderen, mit denen er
in den letzten drei Monaten bei seiner Arbeitsuche zu tun gehabt hatte.
Alle speisten ihn mit schönen Sprüchen ab. Alle hatten mitleidsvolle
Augen, bedauerten unendlich, ihm nicht helfen zu können. Je lauter ihre
Beteuerungen wurden, um so plastischer sah Tomschak alle Stationen
des Kreuzweges seiner verzweifelten Suche nach einem neuen Arbeitsplatz wieder lebendig werden. Nur mit äußerster Anstrengung gelang
es ihm, die aufsteigende Angst niederzuzwingen und sich auf seine Arbeit zu konzentrieren. Er fuhr sein langsames Tempo weiter, glitt sam-
metweich an Konverter I und Konverter II vorüber, bemerkte eine Schar
Besucher, die zu einem redenden Mann emporschauten, und signali-
sierte sich nun selbst: »Achtung, Tomschak, gleich bist du dran mit dei-
nem großen Auftritt des Einfüllens der letzten Schmelze!« Prüfend nahm
er den Rest der Fahrbahn ins Visier, aber — es war nicht die von eben
noch. Die Reporterbühne an ihrem Endstück war verschwunden, samt*

Filmkameras, Standmikrofone und Scheinwerferlampen. Ein Hügel erhob sich an ihrer Stelle, ein mächtiges Kreuz krönte seine Kuppe. Noch hing der Erlöser nicht am Holz, aber die Namenstafel war bereits am Querbalken über dem Kopfstück befestigt. Ihre Beschriftung bestand nicht aus den geläufigen vier Initialen J – N – R – J –. Die vierzehn Buchstaben ergaben den Namen STEFAN TOMSCHAK. Der Kalvarienberg, durchfuhr es ihn. Das Kreuz, an das ich nach Einbringung der letzten Schmelze geschlagen werden soll. Angst und Entsetzen preßten sein Herz zusammen und trieben einen Schrei aus seiner Kehle. Er wurde nicht mehr hörbar, Tomschaks Stimmbänder waren gelähmt. Er versuchte den Kran stillzusetzen, um auszusteigen und dem ihm zugedachten Kreuzestod zu entfliehen, aber auch seine Hände waren gelähmt. Er versuchte sich mit einem Ruck hochzuschnellen, um die Fesseln dadurch zu sprengen, aber er war so fest auf seinen Sitz geschnallt wie der Delinquent auf den elektrischen Stuhl. Tomschak sackte zusammen, er hatte keinen Teil seines Körpers mehr in der Gewalt. Nur seine Augen, vor denen das Kreuz mit seinem Namen bis in den Himmel wuchs. Ein Feuerblitz und ein Donnerschlag löschten das furchtbare Bild aus. Die Stromunterbrechung hatte den führerlosen Kran zum Stehen gebracht, bevor er die Reporterbühne erreichte. Als Tomschak aus der engen Kabine gezogen wurde, waren auch seine Augen gelähmt. Und sein Herz. Er brauchte beide nicht mehr. Der Tod hatte ihn im Kran ereilt!

2.

An diesem Herbstvormittag waren die Sturmzeichen im Ruhrgebiet nicht mehr zu übersehen. Die kleine Bergarbeitergemeinde Huckarde im Nordwesten Dortmunds wurde ihr Kulminationspunkt. Die gesamte Bevölkerung nahm an der Kundgebung ihrer Bergarbeiter teil. In den Kirchen waren Bittgottesdienste abgehalten worden, die Geschäftswelt ließ die Läden geschlossen, die Gastwirtschaften zeigten heruntergelassene Jalousien. Der Durchgangsverkehr war gesperrt. Eine Hundertschaft Polizei stand in Bereitschaft, um die Straßen für die anmarschierenden Kundgebungsteilnehmer frei zu halten. Aus weiten Teilen des Ruhrgebietes und der näheren Umgebung rückten sie an: in Gruppen, Kolonnen und Marschsäulen.

An der Spitze der Westerfilder Bergarbeiter schritt ihr Gemeindepfarrer in wehendem Talar. Andere Züge wurden von Oberbürgermeistern, Gewerkschaftsführern und bekannten Persönlichkeiten des politischen Lebens angeführt. Starke Delegationen von Belegschaften außerbergbaulicher Betriebe bekundeten ihre Solidarität mit den Kumpeln von »Hansa« und »Pluto«, ebenso die vielen Vertreter von Behörden und öffentlichen Institutionen, von politischen, sportlichen und kirchlichen Organisationen. Sie marschierten nicht nur hinter schwarzen Fahnen, wie sonst bei Bergarbeiterdemonstrationen üblich; rote Fahnen flatterten vor und in den Zügen. Ein ungewohntes Bild, ein neuer Akzent, ein politischer.

Noch ungewohnter das riesige Plakat der Industriegewerkschaft Bergbau und Energie, das einen großen Teil der Fassade des Gemeindeamts bedeckte: eine riesige rote Fahne leuchtete den auf den Huckarder Marktplatz Einmarschierenden entgegen. Deutete die Fahne der Revolution einen klassenkämpferischen Kurs der Bergarbeitergewerkschaft an, deren Politik in den Nachkriegsjahren überwiegend vom Nachgeben gegenüber der gesamten Wirtschaft bestimmt gewesen war? Viele der Kundgebungsteilnehmer wünschten und erhofften es. Erregt machten sie ihrer Erbitterung über die lasche Haltung der Regierung und das Profitdenken der Kohlenindustriellen Luft. Sprechchöre und Agitprop-Gruppen, über den weiten Marktplatz verteilt, sorgten für eine erregte Stimmung.

»Kommt der Kumpel in Not — wird das Ruhrgebiet rot!« drohte es in hämmerndem Rhythmus von links.

»Eh der Kumpel verreckt — muß die Regierung weg!« forderte es im Stakkato und in der gleichen Lautstärke von rechts.

In kurzen Intervallen schleuderten sie ihre Parolen in die Menge. »Wacht auf, Verdammte dieser Erde« klang es an anderer Stelle auf. Ein bißchen schwach stieg die Internationale in die Luft, wer kannte schon den Text? Andere Arbeiterlieder wurden angestimmt: »Bei Leuna sind viele gefallen« und das Lied vom »Kleinen Trompeter, ein lustig Rotgardistenblut«. Ihr Gesang wurde vom Blechgeschmetter einer Blaskapelle übertönt. Mit flotten Marschweisen begrüßte sie die anrückenden Marschkolonnen, die das Marktgeviert schnell füllten. Diskussionsgruppen lieferten sich hitzige Gefechte. Gewerkschafts- und Regierungspolitik wurde dabei zerfleddert, das Unternehmertum in Grund und Boden gestampft, Erinnerungen an die glorreiche Zeit der politisch aktiven Arbeiterschaft vor Hitlers Machtübernahme wurden beschworen. Reporter mischten sich unter das Volk und sammelten Schlagzeilenfutter. Die Massenmedien hatten sich mit Mikrofonen und Fernsehkameras vor und auf der großen Rednertribüne etabliert. Ein Wald von roten und schwarzen Fahnen wuchs aus der Mitte der fünfzehntausend. Dazwischen Transparente und Spruchtafeln, deren Losungen an Deutlichkeit nichts zu wünschen übrigließen.

»1945 war der Kumpel gefragt — heute wird er verjagt!«

»Strauß und Schiller — Zechenkiller!«

»Aktionäre an die Wand — Zechen in Kumpels Hand!«

Empörung und Verbitterung, eine spürbare explosive Stimmung. »Ein Vulkan vor dem Ausbruch«, formulierte Martin Roth sie ins Mikrofon seines Reporter-Tonbandgeräts.

Martin hörte sich gut um. Bei den meisten Demonstranten stellte er eine fiebernde Erwartung fest. Heute erwarteten sie mehr als von bisherigen Großkundgebungen der Bergarbeiter. Sie wollten eine Tat, eine spontane Aktion. Was für eine, wußten sie nicht, ein Aufbegehren der Massen etwa, wie es im Frühjahr 1966 zum Aufstand der Bergarbeiter im flämischen Kohlengebiet um Genk und Zwartberg geführt hatte. Nach blutigen Auseinandersetzungen mit Gendarmerie und Militär erzwangen sie von der belgischen Regierung die Zusage, daß die beabsichtigte Stilllegung von drei Kohlengruben so lange ausgesetzt wurde, bis neue Arbeitsplätze für alle Betroffenen bereitgestellt worden waren. Konnte man von den Ruhrkumpels einen ähnlichen konsequenten Klassenkampf erwarten?

Fast schien es so. Die Hauptredner der Kundgebung, Ministerpräsident Heinz Kühn aus Düsseldorf und Gewerkschaftsvorsitzender Walter Arendt aus Bochum, wurden mit Pfiffen, Buh-Rufen und deutlichen Mißfallensäußerungen empfangen. Minuten dauerte es, bis sie zu Worte kamen, und auch dann hielt die Unruhe noch an. Aber sie waren zu routinierte Versammlungsredner. Schon nach wenigen Sätzen bekamen sie die Zuhörerschaft in den Griff. Sie machten das Anliegen der Demonstrierenden zu ihrem eigenen Anliegen, stammten sie doch beide aus Arbeiterfamilien. Sie geißelten die Stillegungspolitik der Unternehmer, forderten eine schnelle und umfassende Lösung der Strukturpolitik an der Ruhr, ließen keinen Zweifel daran, daß die Geduld der Bergarbeiter endgültig am Ende war. Noch während ihrer Reden klang Beifall auf, mit Beifall wurden sie auch entlassen. Der Betriebsratsvorsitzende von Zeche »Hansa« erklärte, daß man gegen den Wahnsinn der Stillegung kämpfen werde, aber kein brennendes Ruhrgebiet wolle. »Wir wollen nur Arbeit und Brot, wir wollen den Frieden!« Die dritte Strophe von »Brüder, zur Sonne, zur Freiheit!« und die übliche Schlußformel des Versammlungsleiters beendeten nach knapp vierzig Minuten die Kundgebung.

Ein Massenausbruch revolutionärer Energien fand nicht statt. Das gefürchtete Huckarder Treffen ging friedlich aus. Die bedrohliche Lage war entschärft, die Ruhe der Wohlstandsbürger gesichert; die roten Fahnen wurden eingerollt, die Transparente mit den schönen Sprüchen von den Stangen gelöst. Ratlosigkeit sprach aus den Gesichtern der Abmarschierenden. Dafür hat man eine ganze Woche lang getrommelt und tonnenweise Druckerschwärze verbraucht? Für lumpige vierzig Minuten, für unverbindliche Worte? Langsam leerte sich der Huckarder Marktplatz. In mustergültiger Ordnung rückten die Demonstranten ab. Von seinem Schlagstock brauchte nicht einer der vielen Polizisten Gebrauch zu machen.

Die Kneipen füllten sich im Nu. Es waren nicht nur Hansakumpel, die dort ihren Durst löschten. Auch Kumpel aus Gelsenkirchen, Wanne-Eickel und Bottrop saßen bei ihnen neben Hüttenarbeitern aus Oberhausen, Bochum und Dortmund. Ihr Bier hätten sie auch anderswo trinken können. Die einen hielt ein Gefühl der Solidarität bei den Huckardern zurück, andere sprachen mit ihnen über die eigenen Nöte und Sorgen, die sich als gleichgelagert erwiesen.

Nicht wenige, unter ihnen auch Martin Roth und Betriebsrat Küpper, wollten von den Hansakumpeln wissen, was ihnen diese Kundgebung gegeben hatte und in welchem Lichte sie ihre Lage nun sahen. Sie bekamen sehr widersprüchliche Meinungen zu hören. Resignation vor einem unabwendbaren Schicksal kennzeichnete die Stimmung der meisten.

»Was soll sich an unserer Lage schon groß ändern«, sagte ein älterer Verbauer. »Wenn die Bergassessoren beschlossen haben, Hansa dichtzumachen, kommt unweigerlich der Deckel auf den Schacht. Und wenn der ganze Kohlenpott dagegen demonstriert, was machen die sich schon draus —«

Einige gaben der Meinung Ausdruck, daß der Kumpel einmal wieder verkauft worden sei, daß man ihm Honig ums Maul geschmiert habe, statt seine Bereitschaft zum Handeln auszunutzen! Sie redeten in einer Sprache, die man an der Ruhr seit langem nicht mehr gehört hatte. Sie stellten Forderungen, die seit je als kommunistisch verschrien waren: Bildung von Aktionsausschüssen, Sitzstreik in der Grube, Besetzung von Schachtanlage und Kokerei. Harte Forderungen, die ernsthaft und leidenschaftlich diskutiert wurden.

»Glaubt ihr, daß ihr damit mehr erreicht, als eure Betriebsräte, die die gesamte Öffentlichkeit für eure Sache mobilisiert haben?« fragte Küpper einen von ihnen. »Glaubt ihr, daß die Unterstützung des Bundeswirtschaftsministers, die er euren Betriebsräten versprochen hat, nichts wert ist? Daß die Verweigerung einer Stillegungsprämie für Hansa, die er angedroht hat, nicht doch eine Wendung der Dinge herbeiführen kann?«

Achselzucken, verschlossene Mienen, vom Nebentisch die Stimme des älteren Verbauers:

»Schön wär's, aber der Deckel kommt auch trotz Schiller auf den Schacht.«

Zustimmende Mienen bei den meisten, Kopfnicken, eine aggressive Stimme:

»Oder die rote Fahne auf den Förderturm!«

Martin konnte die Diskussionn nicht bis zu Ende verfolgen. Er mußte schnellstens nach Frankfurt zurück.

»Glaubst du, daß die Luisianer von der Kundgebung mehr erwartet haben?« fragte er Küpper auf dem Wege zum Parkplatz. Der schüttelte den Kopf. »Wir sind ja nicht mit Erwartungen hergekommen, Martin. Wir wollten den Kumpeln zeigen, daß sie in ihrem Kampf nicht allein stehen. Was haben wir erlebt? Eine großartige Manifestation gewerkschaftlicher Kraft, die auf Anhieb Zehntausende mobilisieren und in Aktionsbereitschaft versetzen kann. Huckarde war ein Alarmruf!«

»Nicht nur das. Die auswärtigen Teilnehmer sind mit der gärenden Unruhe infiziert worden, die sie hier spürten. Die tragen sie in die Betriebe, wo sie wirken und sich verstärken wird. Sie wird die Arbeiter zum Nachdenken über die Ursachen der sozialen Unruhe unserer Zeit zwingen. Die Bergbauunternehmer haben sehr gute Vorarbeit geleistet und sich selbst einen Bärendienst erwiesen. Mit ihrem Verhalten haben sie die Illusion von der Überwindung der Klassen in der modernen Industriegesellschaft gründlich zerstört. Sie haben den Bergarbeitern beigebracht, daß sie geblieben sind, was sie seit dem Konjunkturboom nicht mehr wahrhaben wollten: Proletarier! Die so aus ihren Illusionen Gestoßenen beginnen sich nun ihrer Klassenzugehörigkeit bewußt zu werden. Sie beginnen sich aufzulehnen, wenn auch die meisten noch keinen Ausweg sehen. Diese Entwicklung ist nur zu begrüßen!«

Martin schloß seinen Wagen auf.

»Steig ein, bis nach Hermannslust kann ich dich mitnehmen«, sagte er. Während der Fahrt erzählte er von seiner Arbeit und von seinen Plänen, von den Gesprächen mit Arbeitern, Betriebsräten und Gewerkschaftsfunktionären über die wechselhafte Problematik des betrieblichen Lebens, von der Bearbeitung und Auswertung der Betriebsreportagen, von der Vorbereitung einer neuen Lesungstournee, von der Manuskriptarbeit für die Buchausgabe von BLUTIGER STAHL. Nebenbei würde er auch noch die italienische Sprache erlernen.

»Wenn Henssler mich im nächsten Jahr für einige Wochen entbehren kann, will ich nach Sizilien, mich bei den Marmoreros umschauen, die unter unvorstellbaren sozialen Verhältnissen leben, bei den Landarbeitern, in den Großstadtslums. Überall dort, wo die Rechnung nicht stimmt, wo soziale Gerechtigkeit nur Evangelium ist, aber keine Wirklichkeit. Das Jahr darauf möchte ich mich in Lateinamerika umsehen«.

»Du hast dir viel vorgenommen. Um die Perspektive bist du zu beneiden.«

»Wieso? Wir haben doch im eigenen Land noch viele Probleme zu lösen. Daraus ergeben sich Perspektiven für alle!«

»Du hast recht, und nun kannst du mich absetzen. Ich muß noch mal ins Büro.« Martin hielt in Höhe des Hauptportals der Luisenhütte und blickte zum Werk hinüber.

»Ein ganz anderes Bild, wenn die braune Wolke nicht mehr über den Dächern schwebt«, sagte er. »Laß bald von dir hören, Klaus. Ende November bin ich zu einer Lesung auf der Westfalenhütte.«

»Da sehen wir uns bestimmt. Auf Wiedersehen, Martin! Gute Heimfahrt!«

Ein Händedruck, dann stieg Küpper aus und warf die Tür ins Schloß. Lange sah er dem Wagen mit dem Frankfurter Kennzeichen nach.

Max von der Grün

Fragen und Antworten

Immer wieder beim Lesen des Gedichtes »Fragen eines lesenden Arbeiters« von Bertolt Brecht habe ich mich gefragt, welchen lesenden Arbeiter Bertolt Brecht eigentlich meint — ist die Frage nicht doch vielleicht die Frage eines Intellektuellen mit sozialem Engagement, nicht doch die Frage eines Moralisten und nicht die Frage eines lesenden Arbeiters?

Wer baute das siebentorige Theben?

Woher weiß er von Theben und seinen sieben Toren? In acht Klassen Volksschule hat er davon nichts gehört.

In den Büchern stehen die Namen von Königen.

Und in acht Jahren Volksschule hat er auch die Namen von Generälen kennengelernt.

Haben die Könige die Felsbrocken herbeigeschleppt?

In acht Jahren Volksschule hört man nur von Volk und den Tugenden und Untugenden von Königen, nicht aber von denen, die ausgebeutet werden.

Und das mehrmals zerstörte Babylon, wer baute es so viele Male auf?

In acht Jahren Volksschule und im Religionsunterricht haben wir gelernt, daß es Gottes Wille war.

In welchen Häusern des goldstrahlenden Lima wohnten die Bauleute?

In acht Jahren Volksschule habe ich von Lima nichts gehört.

Wohin gingen an dem Abend, wo die chinesische Mauer fertig war, die Maurer?

In acht Jahren Volksschule wird nur von der Großartigkeit dieser Mauer gesprochen, die Maurer werden nicht erwähnt, warum also soll man nach ihnen fragen.

Das große Rom ist voll von Triumphbögen.

In acht Jahren Volksschule wurden wir unterrichtet über die verschiedenen Stilarten der Triumphbögen. Kunsterziehung.

Über wen triumphierten die Cäsaren?

In acht Jahren Volksschule haben wir als Geschichte nur Kriegsgeschichte kennengelernt.

Hatte das vielbesungene Byzanz nur Paläste für seine Bewohner?

Natürlich, in acht Jahren Volksschule haben wir nur von Palästen und Königen gehört. Die Frage, ob es auch andere Menschen gab, außer Königen und Soldaten, wurde nie gestellt.

Selbst in dem sagenhaften Atlantis, brüllten doch in der Nacht, wo das Meer es verschlang, die Ersaufenden nach ihren Sklaven.

Natürlich, in acht Jahren Volksschule haben wir gelernt, daß es zur damaligen Zeit rechtens war, sich Sklaven zu halten, warum also nach ihnen fragen.

Der junge Alexander eroberte Indien. Er allein?

In acht Jahren Volksschule haben wir gelernt, daß er eine große Armee anführte. Später haben die Engländer Indien erobert, auch mit einer großen Armee.

Cäsar schlug die Gallier. Hatte er nicht wenigstens einen Koch bei sich?

Das ist doch klar. In acht Jahren Volksschule haben wir gelernt, daß die Köche der Herrscher die besondere Gunst ihrer Herrscher genossen.

Philipp der Zweite weinte, als seine Flotte untergegangen war. Weinte sonst niemand?

In acht Jahren Volksschule haben wir gelernt, daß das Volk dem Herrscher zu gehorchen hat, und in der Religionsstunde haben wir gelernt, daß alle Obrigkeit von Gott ist.

Friedrich der Zweite siegte im Siebenjährigen Krieg. Wer siegte außer ihm?

In acht Jahren Volksschule haben wir gelernt, wie er gesiegt hat, wir konnten alle Schlachten und Jahreszahlen auswendig, auch daß dieser König die Kartoffel ins Land gebracht hat und die dummen Bauern fraßen nicht die Knollen, die in der Erde wuchsen, sondern die, die über der Erde im Kraut wuchsen.

Jede Seite ein Sieg.

!n acht Jahren Volksschule haben wir aber nicht nur von Siegen gehört, auch von Niederlagen, auch vom Dolchstoß, auch von der Heimatfront.

Wer kochte den Siegesschmauß?

In acht Jahren Volksschule haben wir gelernt, daß sich das Volk selbst den Siegesschmauß kochte, wenn die Glocken einen neuen Sieg verkündeten.

Alle zehn Jahre ein großer Mann. Wer bezahlte die Spesen?

In acht Jahren Volksschule haben wir zu lernen gelernt, daß die Weltgeschichte nur von großen Männern lebt. Die Masse zählt nicht. Wir haben nicht gelernt, nach Ausbeutern und Ausgebeuteten zu fragen. Über Spesen haben wir nichts erfahren.

So viele Berichte. So viele Fragen.

In acht Jahren Volksschule haben wir nicht zu fragen gelernt.

Max von der Grün

Mitbestimmung? Einmal anders gefragt

Alle reden vom Wetter, wir nicht: wir sprechen von Mitbestimmung. Bald werden wir uns nicht mehr die Tageszeit entbieten, sondern gleich die Gretchenfrage stellen: Wie halten Sie's mit der Mitbestimmung. Parteien bringen im Bundestag Anträge zur Mitbestimmung ein (SPD) — an Verabschiedung allerdings glaubt man selbst nicht. Parteitage (CDU) klammern klare Entscheidungen in der Mitbestimmungsfrage aus, um die Einheit der Partei halbwegs zu wahren. Spekulationen laufen landauf, landab. Entwürfe werden diskutiert, euphorisch begrüßt, wieder verworfen. William S. Schlamm befürchtet — prophetisch wie immer —, daß nun, ziehen sich die Amerikaner aus Vietnam zurück, sich die Linke in Deutschland mit einem neuen »Totschlagwort« auf die Straße begeben wird: Mitbestimmung. (Anscheinend tut es Herrn Schlamm leid, daß sich die Amerikaner aus Vietnam zurückziehen.)

Der »Industriekurier« befindet kategorisch, daß Demokratisierung der Wirtschaft so unsinnig ist, wie Demokratisierung der Schulen, Kasernen und Zuchthäuser. Immerhin ist bemerkenswert, daß der »Industriekurier« Kasernen und Zuchthäuser in einem Atemzug mit Schulen nennt. Bemerkenswert. Ich möchte allerdings dagegen fragen: Warum ist das unsinnig? Weil es jahrhundertelang so war, weil befürchtet wird, daß die Autorität, die ja leicht zum Mißbrauch der Macht führen kann, untergraben wird oder gar abgeschafft werden könnte? Wird da nicht vielleicht Anachronismus kultiviert?

Heinz Vetter, derzeit Vorsitzender des DGB, sagt — und ich frage mich, ob er es wirklich glaubt oder sich was vormacht oder seinem Brötchengeber nach dem Mund redet: *15 Jahre paritätische Mitbestimmung in der Montanindustrie haben den Beweis erbracht, daß in diesen Jahren alle unternehmerischen Entscheidungen, die auf dem Boden einer sozial verpflichteten Marktwirtschaft getroffen wurden, von den Arbeitnehmervertretern in den Aufsichtsräten nicht nur in voller Verantwortung vertreten, sondern zu einem beachtlichen Teil sogar initiiert wurden.*

Beweis erbracht? Wem? Der Gewerkschaft? Herrn Vetter? Den Aufsichtsräten? Der Partnerschaft? Oder den Arbeitern?

Ich halte das, was Herr Vetter sagt, für schönfärberisches und damit nichtssagendes Geschwätz. Mir stockt der Atem, wie Herr Vetter solche Worte aussprechen kann, ohne angesichts des heute sichtbaren Versagens der Mitbestimmung in der Montanindustrie schamrot zu werden. Wenn das Herr Schlamm sagt oder der Industriekurier schreibt, dann nehme ich das hin, weil ich weiß, daß sie niemals die Interessen der Arbeiter vertreten werden. Wenn aber ein führender Gewerkschafter wie Herr Vetter das schreibt, dann frage ich mich, was sich viele Arbeiter fragen: Vertritt die Gewerkschaft heute noch die Interessen der Arbeiterschaft oder vertritt sie die Interessen ihres eigenen Apparates, der dahin tendiert, daß die Gewerkschaften in einigen Jahren, lassen sie sich weiterhin vom herrschenden System so kaschieren wie bisher, Anstalten des öffentlichen Rechts sein werden, ihre Funktionäre werden Beamte auf Lebenszeit und viele fragen ja heute schon zurück: *Warum eigentlich nicht?* So korrumpiert sind sie also schon – wobei ich hier unter Korruption Denkunfähigkeit verstehe, Produkt eines unterlassenen Aufklärungsprozesses. Kritik am Grundsätzlichen scheint in diesem unserem Staat dem SDS und der APO reserviert zu bleiben. Und es wird nicht mehr lange dauern, daß sich der Boß einer Gewerkschaft vielleicht so weit entblödet zu sagen: *Ich kenne keine Klassen mehr, ich kenne nur noch Pluralisten.* Fürwahr, der Antikommunismus treibt hierzulande seltsame Blüten.

Herr Vetter versucht den Beweis zu erbringen, daß die Mitbestimmung in der Montanindustrie Erfolg gehabt hat. Die paritätische Mitbestimmung war nach ihm nicht nur von ›Erfolg‹ getragen, die Gewerkschaftsvertreter haben sogar mit-›initiiert‹. Grob gefragt: Ihrer Initiative ist es also zu verdanken, daß Zechen, die doch wohl gesund waren (Bismarck), geschlossen wurden, daß sich der Ruhrbergbau ›gesundschrumpft‹, daß heute kurz gearbeitet wird und morgen wieder Überstunden verfahren werden, daß heute 1000 Mann auf die Straße fliegen, morgen wieder 2000 eingestellt werden, daß die stillgelegten Zechen pro Tonne nicht geförderter Kohle eine nicht geringe Abfindung erhalten, die wiederum vom Steueraufkommen der Arbeiter mitfinanziert wird, jener Arbeiter nämlich, die selbst mit einem Sozialplan abgespeist werden, der ihnen gar nichts nützt; denn am andern Tag haben sie schon die Mieterhöhung auf dem Tisch. Daß sich manches gebessert hat durch die Gewerkschaften, ist kein Verdienst, sondern eine Selbstverständlichkeit.

Dem Arbeiter stellt sich letztlich nicht die Frage, wer bestimmt über mich, Herr Flick oder Herr Vetter, er fragt sich vielmehr, ob diese Mitbestimmung ihm Sicherheit vor wirtschaftlichen Spekulanten bietet. Es gibt heute keinen Zweifel mehr daran, daß die praktizierte Form der Mitbestimmung in der Montanindustrie sich nicht bewährt hat. Jedenfalls nicht für die Arbeiter, für die ja ein solches Gesetz letztlich Auswirkungen haben soll. Oder? Nur diejenigen glauben noch an den Erfolg der Montanmitbestimmung, die für ihren Optimismus bezahlt werden, und diejenigen, die nie im Arbeitsprozeß gestanden haben. Herr Schlamm sollte sich einmal bei Arbeitern erkundigen, nicht vor Fernsehkameras, nein, am Tresen; denn er schreibt ja so, als ob er jeden einzelnen Arbeiter befragt hätte: *... kein vernünftiger Mensch kann ernsthaft den Standpunkt vertreten, daß der einzelne Arbeiter, der konkrete Mensch, im sozialisierten Betrieb freier ist als im Privatunternehmen.* Ich gebe zu, ich weiß nicht, was ein konkreter Mensch ist. Aber es soll ja Witze geben, deren Pointe nur der versteht, der den Witz erzählt. In der gegenwärtigen Diskussion wird zu viel verschleiert und vertuscht. Von den Gewerkschaften wird beschwichtigt, mit Verbissenheit argumentieren die Unternehmer. Wenn heute immer mehr in und aus Gewerkschaftskreisen von ›Partnerschaft‹ gesprochen wird, dann sind das dieselben Worthülsen, die uns Politiker seit Jahr und Tag hinwerfen, ohne sich auf den Kern der Sache einzulassen, geschweige denn, den Kern zu artikulieren. Partnerschaft bedeutet doch wohl nicht nur Mittragen des Risikos, sondern auch, daß der einzelne in den Genuß des Gewinns kommt. Hier liegt der neuralgische Punkt der Mitbestimmung. Es heißt die Mitbestimmung ad absurdum führen oder den kleinen Mann für dumm verkaufen, wird das Risiko sozialisiert, der Gewinn aber bleibt weiterhin privatisiert.

Sogenannte Gewinnausschüttungen und Weihnachtsgratifikationen sind doch nur Beruhigungspillen oder Stillhalteorden der Industrie mit Sanktionierung der Gewerkschaften nach dem Motto: Wer pariert, wird prämiert. Was die Mitbestimmung heute erreicht, ist nicht ›mitbestimmen‹, sondern höchstens ›selektieren‹. Milderung von Härten. Und Kündigungsschutz ist kein Schutz vor Kündigung. Ist das Mitbestimmung? Ich wiederhole: Für den Arbeiter macht es keinen Unterschied, wer über ihn bestimmt, Herr Flick oder Herr Vetter, ihm ist allein wichtig, wer für ihn mitbestimmt. Nicht wenige Arbeiter sagen heute, Funktionärswirtschaft ist Kumpanei auf unsere Kosten. In allen Diskussionen über die Mitbestimmung wird peinlich vermieden, die Banken und ihren großen Einfluß zur Diskussion zu stellen. Die Banken können ja heute über die großen Konzerne mehr bestimmen, als die sogenannte Mitbestimmung. Wird eine dem Arbeiter gemäße Mitbestimmung angestrebt, dann muß zwangsläufig auch das Aktionsgesetz geändert werden. Der Geldgeber darf nicht mit dem identisch sein, der die Richtlinien der Wirtschaftsführung aus reinem Eigeninteresse bestimmt.

Ich glaube nicht, daß beide Lager sich was vormachen. Sie wissen sehr wohl, was sie wollen, fordern und anstreben. Sie befinden sich in einem Machtkampf. Die einen wollen die Macht erobern, die anderen die Macht behalten. Aber, und das sei klar gesagt, dieser Machtkampf wird auf dem Rücken und auf Kosten des Arbeiters ausgetragen, dem eingeredet wird, all das sei zu seinem Wohl.

Was bestimmt denn der Arbeiter tatsächlich mit? Nichts! Nach dem geltenden Betriebsverfassungsgesetz sind Betriebsrat und Arbeitsdirektor die ärmsten Schweine im Betrieb. Falls sie nicht schon schizoid sind, so werden sie es durch das täglich zwiespältige Handeln, zu dem sie direkt oder indirekt gezwungen sind. Der Betriebsrat hat einmal die Interessen der Arbeiter zu vertreten, zum andern muß er aber auch auf die Interessen des Betriebes, der ihm nicht gehört, Rücksicht nehmen. Er muß sich also hinter das kapitalistische System — das zugleich mitbestimmungsfeindliche — stellen. Ein Betriebsrat, der nicht einmal das kapitalistische System ablehnt, sondern nur ›übermäßige‹ Forderungen stellt, etwa der Art, daß zwei Toiletten für 1000 Arbeiter zu wenig sind, dem wird gekündigt, weil er, so die Begründung der anderen Seite, die Arbeiter aufwiegle und damit den Betriebsfrieden stört. Günter Wallraffs Betriebsreportagen »Wir brauchen dich« sprechen da eine klare Sprache. Die Realität stört die Partnerschaft. Die politische Diktatur, das kann man heute getrost sagen, hat sich zu einer betrieblichen gewandelt. Den Gewerkschaften wird vorgeworfen, sie wären maßlos. Um Gottes willen, sie sind doch kreuzbrav, gemessen an den Pressionen, die sich tatsächlich täglich und nächtlich in unseren Betrieben abspielen. Das Betriebsverfassungsgesetz läßt zu in der Praxis, daß Betriebsräte ständig der Versuchung ausgesetzt sind, korrumpiert zu werden. Der Betriebs- und Sozialrebell ist sowohl dem Unternehmer als auch den Gewerkschaften ein Aufwiegler oder ein Kommunist, den man mit Hilfe der Auslegbarkeit des Betriebsverfassungsgesetzes auf die Straße setzen kann, damit die Partnerschaft nicht gestört wird.

Die Gewerkschaften haben 20 Jahre den Klassenkampf geleugnet. Sie haben die von ihnen zu vertretende Arbeiterschaft als Konsumenten betrachtet und sie als Masse der Parole Partnerschaft ausgeliefert. Da nützen auch Karikaturen wenig, die den Arbeiter bei Betreten des Betriebes mahnen, er verlasse nun den demokratischen Sektor der Bundesrepublik. Eben nur eine Karikatur, jenes Quentchen Salz (Freiheit — Narrenfreiheit), das zur gemeinsam zubereiteten Suppe gehört, weil sie sonst von denen, die sie essen sollen, nicht ausgelöffelt wird. Die Gewerkschaft aber will keine Rebellion, so wenig, wie die Sozialdemokraten den Sozialismus zu wollen scheinen. Was beide wollen ist: Mitspracherecht, am Hebel der Macht sitzen. Mitspracherecht aber ist etwas anderes als Mitbestimmen im Interesse der Arbeiter.

Vor lauter Partnerschaft sehen die Gewerkschaften kaum noch die wirklichen Sorgen der Arbeiterschaft. Sie bestimmen heute nicht mehr für die Arbeiter — wenn sie es je getan haben — sondern, wie ihre Partner-Arbeitgeber, über sie. Wer in einen Betrieb geht und gelernt hat zuzuhören, der weiß, daß es nicht nur ein intellektuelles Unbehagen an der Gesellschaft gibt.

Es macht sich ein immer größeres Unbehagen der Arbeiterschaft an ihrer Organisation breit (die Streiks im September 1969 waren ein Symptom) und damit die Angst, verkauft zu werden. Mir sagte einmal der Betriebsratsvorsitzende eines großen Dortmunder Werkes: *Für uns Arbeiter ist es Jacke wie Hose, ob wir an der Börse zu Höchstpreisen gehandelt oder von der Gewerkschaft zu Einheitspreisen verschachert werden. Die können Gesetze machen wie sie wollen, sie werden immer so auslegbar sein, daß der der Schwächere ist, der abhängig ist sein ganzes Leben lang.*

Herr Schlamm und seinesgleichen können ruhig schlafen. Er braucht die Sozialisierung der Betriebe nicht zu fürchten. Da ist die Gewerkschaft vor. Und der Schrei nach qualifizierter Mitbestimmung verstummt von selbst, wenn Arbeiter und Funktionäre aus den Betrieben Schulungen in gewerkschaftseigenen Schulen ablegen müssen, weil sie zu Recht befürchten, bei der nächsten Rezession als erste auf die Straße zu fliegen, weil sie, aus der Sicht des Unternehmers, zu gut geschult und damit zu gefährlich geworden sind.

Es ist festzuhalten: Was heute als Mitbestimmung verkauft wird, ist weiter nichts als Selektion (die schmutzige Arbeit wird im Betrieb auf die

Max von der Grün

Arbeitnehmervertreter abgewälzt). Was als Mitbestimmung angestrebt wird, ist nichts weiter als Verschiebung der herrschenden und beherrschenden Machtverhältnisse hin zu Gruppierungen, von denen der Arbeiter nicht weiß, ob sie ihm Sicherheit geben oder ihn weiter in Unsicherheit lassen werden. Solange nicht über die Machtkonzentration der Banken gesprochen wird, ist es Unfug, über Mitbestimmung zu sprechen. Mitbestimmung ohne Änderung der Besitzverhältnisse ist weiter nichts als eine Machtverschiebung, die in jedem Fall der Arbeiter finanzieren muß.

Wolfgang Körner

Einiges über den Wiegand

Vorhin wurde wieder bei uns gesammelt. Der Abteilungsleiter hat nächste Woche Geburtstag. Ich mag den Abteilungsleiter nicht. Ich weiß nicht weshalb, aber ich habe ihn von Anfang an nicht ausstehen können. Nicht nur, weil er kleinlich ist, auch nicht, weil er immer so tut, als ob er unfehlbar sei, wenn er mir eine Wohnungsakte mit einem Beanstandungsvermerk auf den Schreibtisch legt. Aber ich kann ihn nicht ausstehen. Vorhin, als gesammelt wurde, habe ich drei Mark gespendet. Ich mache kein Aufheben darum, wenn eine Spende von mir erwartet wird, ich zücke den Füllhalter, zeichne und stelle höchstens gelegentlich fest, für wen und aus welchem Anlaß ein Obolus von mir erbeten wird, ich mache mir keine Gedanken deshalb, mache mir höchstens Gedanken über den Wiegand und auch das nur gelegentlich, es hat keinen Zweck, sich Gedanken zu machen und es bringt nichts ein.

Einmal wurde bei uns gesammelt, der zweite Direktor der Westbau war verstorben und eine Liste lief um und alle trugen sich ein mit zwei Mark oder drei Mark oder fünf Mark und nur der Wiegand trug sich ein mit einem Strich. Eigentlich ist das die erste Erinnerung an den Wiegand, eine Erinnerung, neben der noch andere Erinnerungen vorhanden sind und sich zögernd mitteilen lassen. Die Vergangenheit kristallisiert sich um Kerne: Gegenstände, Orte, Räume und Zustände, Wahrnehmungen wachsen zusammen und formen Bilder, aus denen sich Vergangenheit zusammensetzt.

Eine Anzahl dieser Kerne vermag ich auf Anhieb zu benennen. Ein selbst gemauertes Haus an der Be eins, eine Toilettenbrille, ein Handtuch, Ziegel aus einer nicht weit von Heinz Wiegands Haus entfernten Ziegelei, drei Teebeutel, einige Flaschen Bier, Aufnahmeanträge für eine Krankenversicherung, ein Postschließfach. Andere Kristallisationspunkte teilen sich nur zögernd mit: Der Duft blühenden Jasmins. Sonnenlicht. Fußspuren im Schnee. Elstern waren gleichfalls im Schnee, Hemden mit angeschmutzten Kragenecken waren nicht im Schnee, bleiche Haut war nicht im Schnee, eine Schallplatte war nicht im Schnee, rosa-geblümte Tapete war nicht im Schnee. Fortsetzung der Aufzählung: Die Reinoldikirche. Der Bläserbrunnen auf dem Marktplatz. Zwei Spielcasinos in der Brückstraße. Einige Gaststätten. Eine Pommes-frites-Bude unweit der Reinoldikirche. Die Stadt- und Landesbibliothek. Ein Jahresabschlußkonzert des hcd, eine Abkürzung, die für hot club dortmund steht.

Kurz nachdem der Wiegand für den Kranz nicht mehr übrig hatte, als einen kurzen waagerechten Strich, blieb er eines Tages der Arbeit fern. Nachtrag: Die Freiheit, oder was der Wiegand darunter verstand.

Wolfgang Körner

Um elf Uhr kam der Personalstellenleiter in unser Arbeitszimmer und fragte mich, weshalb Heinz Wiegand, für mich der Wiegand, für ihn Herr Wiegand, nicht zur Arbeit gekommen, respektive ihr fern geblieben sei. Das ist mir nicht bekannt, sagte ich, er hat mir nichts davon gesagt, er hat nicht davon gesprochen, daß er krank sei und er hat auch nicht angedeutet, daß er etwa Urlaub nehmen wolle.

Der Personalstellenleiter ging aus dem Zimmer. Ich erfuhr später, daß er einen Dienstwagen angefordert hatte und zu dem selbstgemauerten Haus gefahren war, in dem der Wiegand wohnte.

Der Wiegand erzählte mir von dem Besuch, als ich ihn einmal in der Stadt traf. (Monolog)

Also weiß du, ich weiß nicht, ob du dir das vorstellen kannst, aber an dem Morgen, als ich nicht ins Büro kam, ich wachte auf und dann die Sonne, ich bildete mir ein, sie sei heller als sonst, es schien mir jedenfalls so, kann auch an der Bewölkung oder an der Dunstglocke gelegen haben, kann aber auch am Jasmin gelegen haben, der im Garten blühte und dessen Duft (Romantik) durch das weit geöffnete Fenster in mein Zimmer drang, jedenfalls, ich stand nicht wie sonst auf, um mich zu rasieren und trank nicht wie sonst hastig den Kaffee und rannte nicht wie sonst zur Straßenbahn, sondern ich blieb liegen, sah mir die Muster der Tapete an, holte mir die Zeitung von draußen, die ich sonst immer erst am Abend lesen konnte, schaltete das Radio ein, legte mich wieder ins Bett, las und hörte Radio, legte eine Schallplatte auf, hörte die Schallplatte, bis der Personalstellenleiter an der Tür klingelte und ich mich notgedrungen mit ihm unterhalten mußte.

Der Personalstellenleiter hat gefragt und der Wiegand hat geantwortet. Seine Antwort wurde Tage später flüsternd in den Gängen der Westbau von Mund zu Mund getragen. Flüsternd: Ein Flüstern, das im Vorzimmer des Personalstellenleiters begann, sich durch Korridore fortpflanzte und auch in unserer Abteilung geflüstert wurde.

Ja, stellen Sie sich vor, und dann sagt er dem Personalstellenleiter, sagt es ihm einfach und ohne Umschweife ins Gesicht, als ob es die selbstverständlichste Angelegenheit der Welt sei, sagt ruhig und in ausgebeulten Unterhosen, sagt unrasiert und mit einer Zeitung in der Hand, daß er nicht ins Büro käme, weil er keine Lust dazu habe, ins Büro zu kommen, weil er nicht daran dächte, bei so einem Wetter in einem engen Zimmer zu sitzen und Mietkonten zu kontrollieren. Und dabei hat ihm der Personalstellenleiter noch goldene Brücken bauen wollen. Wenn Sie krank sind, ist ja alles in Ordnung, Herr Wiegand, oder wenn Sie die Absicht haben, einen Tag Urlaub zu nehmen, wir haben auch dafür vollstes Verständnis. Aber der Wiegand hat davon nichts wissen wollen, er kam uns ja immer schon ein wenig seltsam vor, zum Beispiel damals, als für den Kranz gesammelt wurde, einfach nicht zu spenden, so etwas gibt es doch gar nicht, so etwas kann man doch nicht machen. Der Personalstellenleiter wollte ihm wirklich helfen, aber meinen Sie, es hätte genutzt, keine Spur. Nein, hat der Wiegand gesagt, er sei nicht krank, sondern im Gegenteil sehr gesund, und als dann der Personalstellenleiter mit der Entlassung drohte, da sagte der Wiegand nur, er bäte um seine Entlassung, er habe keine Lust mehr, sich mit Mietkonten zu beschäftigen. Haben die Kollegen von Mund zu Mund geflüstert.

Einmal, als der Wiegand noch bei der Westbau arbeitete, haben wir ein Fest bei ihm im Haus gefeiert, ohne daß ein besonderer Anlaß dafür vorhanden war. Bei ihm konnten wir am besten feiern, er wohnte allein draußen am Rande der Be eins, ganz allein wohnte er da, seitdem sein Vater nicht mehr lebte.

Eine Toilettenbrille, ein Handtuch und einige Flaschen Bier: Wir haben ein Fest gefeiert in Wiegands Haus, haben einige Flaschen Bier getrunken und als es schon spät war, nahm die Marianne ein Handtuch und hielt es an Wiegands Rücken, weil sie sehen wollte, ob der Wiegand tatsächlich so schmal sei, wie ein Handtuch. Der Wiegand war so schmal wie ein Handtuch. Wetten, sagte Harry dann auf einmal, wetten, er kann durch eine Toilettenbrille kriechen, so schmal ist er. Und da ist einer 'raus in das Badezimmer gegangen und hat die Toilettenbrille abgerissen oder bin ich 'raus und hab sie abgerissen und auf Wiegands Schultern gelegt, und da hat sich die Brille über die Schultern geschoben oder er ist durch sie gekrochen und dann ist die Brille polternd auf den Fußboden gefallen.

Einmal habe ich den Wiegand in der Stadt getroffen. Ich kam gerade aus dem Büro und ging nach Hause und da stand der Wiegand da und hatte ein Hemd an, das an den Ecken nicht mehr ganz sauber war.

— Wie geht's dir?

— Danke. Man sieht so zu, daß man durchkommt.

— Was machst du jetzt?

— Ich bin Vertreter einer Versicherung.

— Kannst du davon leben?

— Wie man es nimmt. In diesem Monat habe ich zweiundneunzig Mark verdient.

Wir haben dann ein Bier getrunken und der Wiegand hat erzählt. Meine Güte, wenn ich daran denke, wie ich damals einfach bei euch aufgehört habe, ich kann manchmal heute noch nicht glauben, daß ich den Mut dazu hatte. Als der Personalstellenleiter bei mir war, da wußte ich selbst nicht, was ich sagte. Ich hatte keine andere Stellung in Aussicht und keinen Pfennig auf der Bank, du weißt ja, ich konnte nie sparen, dafür bin ich nicht der Typ. Den Rest des Tages bin ich im Bett geblieben und dann bin ich aufgestanden und in die Stadt gefahren und in ein Spielcasino gegangen und da habe ich einen alten Freund getroffen und der sagte mir, daß er bei einer Versicherung arbeitete und dabei ganz gut verdiene und ich könne auch anfangen und da bin ich hingegangen und die haben mich auch genommen und jetzt werde ich eingearbeitet. Weißt du, es ist vielleicht nicht gut, aber besser, als den ganzen Tag im Büro zu sitzen. Man hat keinen, der einem etwas sagen könnte, man ist sein eigener Herr und kann tun und lassen, was man will. Wenn ich arbeite, dann arbeite ich und wenn ich nicht arbeite, arbeite ich nicht und keiner kümmert sich darum. Hat der Wiegand erzählt, aber überzeugend hat es schon damals nicht geklungen.

Irgendwann, als der Wiegand noch bei der Westbau arbeitete, bin ich mit ihm oder ist er mit mir zum Jahresabschlußkonzert des hot club dortmund gegangen. Die Jahresabschlußkonzerte des hot club dortmund fanden in den Restaurationsbetrieben der Westfalenhalle statt, jedes Jahr, bis sich der hot club auflöste. Damals spielten die Darktownstompers, die alte Ale-City-Band, Rainer Glenn Buschmann. Die damalige Besetzung der Bands ist nicht bekannt. Die Darktownstompers lösten sich nach dem Tode des Trompeters Horst Himsel vermutlich auf, die alte Ale-City-Band löste sich auf, der hot club dortmund löste sich auf. Rainer Glenn Buschmann löste sich nicht auf, die Westfalenhalle AG löste sich nicht auf. Der Wiegand? (Später)

DAS JAHRESABSCHLUSSKONZERT DES HOT CLUB DORTMUND WAR EIN VOLLER ERFOLG! (Lokalpresse am folgenden Tag.)

Ich habe während des Konzertes den Wiegand lächeln sehen, und das war, als die Darktowntompers den Royal Garden Blues spielten. Da hat der Wiegand mit den Fingerknöcheln der rechten Hand den Takt auf der Tischplatte mitgeklopft. Das dabei entstehende Geräusch hatte auf den Blues keinen Einfluß.

Als ich den Wiegand das nächste Mal traf, saß ich auf einem Stuhl vor dem »Alten Bergamt« und trank ein Bier. Impression: Die Luft war warm und flimmerte über dem Asphalt. Der Bläserbrunnen war eingeschaltet, Wasser floß über Steinplatten und bildete Katarakte. Mädchen hatten weite Kleider an und gingen vorbei. (Ende Impression.) Plötzlich stand der Wiegand neben mir und sah aus, wie er immer ausgesehen hatte, auch als er noch bei der Westbau arbeitete. Wir haben ein Bier getrunken. Ich habe bezahlt. Dann hat der Wiegand erzählt. (Bleiche Haut.) Weißt du, es ist ja nicht so einfach, aber ich kann nicht klagen. Ich habe es ja nicht anders gewollt. Manchmal ist es nicht auszuhalten. Man spricht mit Leuten, alles sieht so aus, als ob man ein Geschäft machen könnte, und dann kommt etwas dazwischen. Mal wollen sie es sich doch lieber nochmal überlegen, mal kommt die Ehefrau, wenn der Mann schon den Füllhalter für die Unterschrift in der Hand hat, mal ist ein Kollege schneller und sahnt ab, wenn ich einen Kunden endlich soweit habe, daß er die Notwendigkeit einer Versicherung einsieht.

— Ich habe seit vierzehn Tagen keinen Abschluß mehr zustande gebracht, sagte der Wiegand.

Drei Teebeutel: Er sagte mir, daß er zu Hause nur noch drei Teebeutel habe, und fügte hinzu, daß der Mensch auch unter Berücksichtigung neuester wissenschaftlicher Erkenntnisse nicht ausschließlich von Ceylon-Tee leben könne. Aber der Wiegand sagte auch, daß ich mir keine Sorgen um ihn zu machen brauche.

— Er sei schließlich immer durchgekommen.

— Die Geschäfte würden wieder besser werden.

— Immer gut kann nicht besteh'n, immer schlecht kann's auch nicht geh'n.

Wir haben dann noch über das Wetter gesprochen. Auch hat der Wiegand nach der Westbau gefragt, aber da konnte ich keine Veränderung melden. Noch immer die Büros und die Mietkontenkarten, noch immer die Abteilungsleiter und die Mieter, auch die Ausflüchte bei Mietrückständen noch die gleichen. Ich brauchte das alles nicht zu erklären, weil es der Wiegand gut genug kannte.

Dann hat der Wiegand von der Freiheit gesprochen.

— Ich verstehe nicht, daß du noch immer bei der Westbau sitzt, wo man vor Bürostaub fast nicht atmen kann.

— Es gibt doch auch genug andere Möglichkeiten, es braucht ja nicht ausgerechnet eine Versicherung zu sein. Andere verdienen bei uns ja auch recht gut. Wir haben einen Vertreter, der macht im Monat glatt seine tausend Mark. Aber immer im Büro sitzen, ich begreife das nicht.

Der Wiegand hat gesprochen und gesprochen, aber ich war mir nicht sicher, daß er auch dachte, was er sagte.

Jetzt fällt mir ein, daß der Wiegand einmal in Frankreich etwas gesagt hatte, das nicht stimmte. Wir hatten Urlaub. Der Wiegand arbeitete noch bei der Westbau.

Ein Faltboot. Zwei Fahrkarten Dortmund-Genf. Pernod 45. Ein Zelt. Ein Stierkampf in Arles. Ginster. Das Mittelmeer. Die Rhone.

Wir sind zusammen mit dem Zug in die Schweiz gefahren, trampten, haben gezeltet, sind dann mit dem Faltboot die Rhone hinunter gefahren. Tagsüber waren wir auf dem Wasser, abends hat der Wiegand auf dem Spirituskocher Konserven warm gemacht, und er sagte, daß er es gern täte. Dabei haßte er nicht nur Spirituskocher, sondern auch Konserven. In Arles haben wir einen Stierkampf gesehen. Die Dächer in Südfrankreich waren gelb wie Ginster. Der Wiegand hat von seinem letzten Geld eine Flasche Pernod 45 gekauft. Wir haben im Rohne-Delta-Gebiet gezeltet. Das Mittelmeer war blau.

Das letzte Treffen mit dem Wiegand: Ich ging durch die Brückstraße. Es hatte geregnet. Der Asphalt glänzte sauber und matt. Die Luft war klar und enthielt weniger Schwefeldioxyd als sonst. Ein Betrunkener stand an eine Hauswand gelehnt und sang. An einer Pommes-frites-Bude stand der Wiegand, nicht weit von der Reinoldikirche. Er hatte seinen viel zu weiten braunen Anzug an, ein rosa Sporthemd, seine Aktentasche klemmte zwischen den Knien. Ich wollte an ihm vorbei, aber er drehte sich um, und da ging ich auf ihn zu und fragte, wie es ihm gehe. Er hatte eine Tüte Pommes-frites in der einen Hand und eine viel zu kleine Holzgabel in der anderen. An seinem Kinn klebte Öl.

— Weißt du, es geht so einigermaßen. Nur mit dem Geld, man verdient zu wenig. Aber ich kann nicht klagen. Übrigens, das Haus, in dem ich gewohnt habe, also ich wohne nicht mehr da. Ich konnte ein paar Monate die Pacht nicht bezahlen und da mußte ich ausziehen. Anfangs hieß es sogar, ich müsse für den Abbruch des Hauses sorgen, weil wir ohne Genehmigung gebaut hatten. Aber die Grundstückseigentümer haben sich nicht mehr gemeldet.

Dabei aß der Wiegand seine Pommes-frites, und als er fertig war, warf er die leere Tüte weg. Wir gingen ein paar Meter zusammen über Kopfsteinpflaster, und dann machte der Wiegand seine Aktentasche auf und gab mir einige Aufnahmeanträge für seine Versicherung. Ich könnte, so schlug er vor, bei meinen Bekannten herumhören, und falls jemand eine Versicherung gebrauchen könne, sollte ich den Antrag ausfüllen, er sei selbstverständlich bereit, die Provision mit mir zu teilen. Ich nickte und steckte die Formulare in die Tasche.

Die Formulare: In eine Schublade meines Schreibtisches gelegt. Keinen gefragt, ob er eine Versicherung brauche. Die Westbau hat ihren Angestellten jegliche Nebentätigkeit verboten. Erst ein Vierteljahr später dachte ich wieder an die Formulare, als mich eine Stenotypistin fragte, ob ich keine gute Versicherung für sie wisse. Da habe ich einen Antrag aus der Schublade genommen und ausgefüllt.

Dann suchte ich den Wiegand, weil ich ihm den Antrag bringen wollte. Die Provision war mir nicht besonders wichtig. Aber immerhin.

Das Haus an der Bundesstraße eins, in dem der Wiegand gewohnt hatte, war abgebrochen. Vorhanden waren einige Ziegel, auf einem Haufen, ich war mir nicht sicher, ob Ziegel aus Wiegands Haus oder Ziegel aus der nicht weit entfernten Ziegelei. Zwischen zwei Ziegeln eingeklemmt flatterte ein Zettel hin und her, ich bückte mich, griff nach dem Zettel in der Hoffnung auf eine Nachricht, aber es war nur ein Hinweis auf eine Tanzveranstaltung im Westfalenpark.

Auskunft eines zufällig daherkommenden, Pflanzen suchenden Drogistenlehrlings: Ja, ich kann mich erinnern, früher, da stand hier einmal ein Haus, da müssen wohl welche drin gewohnt haben. Aber das ist bestimmt schon lange her.

Beim Einwohnermeldeamt gab man mir eine Anschrift, für die ich fünfzig Pfennige zahlen mußte. Die Hausnummer gehörte zu einem Haus, das während des letzten Krieges abgebrannt war und das man nicht wieder aufgebaut hatte.

Ich trat Unkraut krumm, fand Kellertreppen und stieg in den Keller hinunter. Nasses Mauerwerk. Aber in der Ecke einige Zigarettenkippen. Ich schrieb einen Zettel. WIEGAND, ICH HABE EINE VERSICHERUNG FÜR DICH.

Den Zettel legte ich neben die Zigarettenkippen und beschwerte ihn mit einem Stück Holz, das im Keller herumlag. Der Wiegand meldete sich am nächsten Tag nicht und am übernächsten nicht und auch an den folgenden Tagen nicht. Ich ging wieder in den Keller. Der Zettel lag noch unter dem Stück Holz, auch die Zigarettenkippen lagen noch in der Ecke. Ich habe Nachrichten hinterlassen an Orten, die der Wiegand gelegentlich aufzusuchen pflegte. In der Stadt- und Landesbibliothek. (Unterlagen über vom Wiegand ausgeliehene Bücher waren nicht vorhanden.) Einige Gaststätten. (Die Kellner konnten sich nicht an den Wiegand erinnern.) Zwei Bara-Casinos. (Eins davon mit rosa geblümter Tapete.) Auf keine dieser Nachrichten reagierte der Wiegand.

Unlängst bin ich noch einmal draußen an der Bundesstraße eins gewesen. Elstern mit schwarzen Flügeln saßen auf Zaundrähten und flogen auf, als ich mich ihnen näherte. Da waren auch Fußspuren im Schnee, aber ich glaube nicht, daß es Spuren Wiegands waren. Die Abdrücke waren zu klein.

Noch eine Erinnerung an den Wiegand: Nichts hindert einen daran, einfach wegzugehen, wenn man keine Lust mehr hat, zu bleiben.

Widerwillig dringt der Satz in mein Bewußtsein, ich bin mir auch nicht sicher, ob er vom Wiegand stammt oder ob ihn ein anderer aussprach und ich ihn nur irrtümlich dem Wiegand zuschreibe. Diese Frage bleibt unbeantwortet.

Keine Auskunft über den Verbleib des Wiegand. Bei der Versicherung nicht. Bei der Post, wo er ein Schließfach hatte, nicht. Bei der Polizei nicht.

Vergebliche Hypothesen: Der Wiegand zu Wasser, zu Lande und zur Luft. Der Wiegand ist weggegangen, weggefahren, weggeflogen, weggeschwommen. Der Wiegand hat sich freiwillig entfernt oder ist entfernt worden. Er lebt oder ist verstorben, ist satt oder ist verhungert. Der Wiegand ist hier oder ist dort. Geblieben oder weggegangen.

Was weiß ich: Einiges über den Wiegand und einiges über die Freiheit oder das, was der Wiegand darunter verstand.

Und noch eins: Wenn gesammelt wird, entrichtet man seinen Obolus, ohne viel zu fragen. Was die Sonne betrifft, so wohne ich im Erdgeschoß eines Mehrfamilienhauses, das Schlafzimmer liegt auf der Seite zum Hof. Im Hof wächst kein Jasmin, ich habe mich davon überzeugt: Sicher ist sicher.

Angelika Mechtel

Niederlage eines Ungehorsamen

aus einem Hörspiel

Vorbemerkung zum Inhalt: Wolfgang Mattner, der »Ungehorsame«, arbeitet bei einer amerikanischen Firma in München. Seine Arbeit beginnt morgens um 7 Uhr und endet um 15 Uhr 30. Er steht an der Rundschleifmaschine und fertigt im Akkord Kuppelschenkel und Laufbüchsen. In der Stunde verdient er 6,75. Er hat nicht nur das Vertrauen und die Anerkennung des Meisters, sondern auch der Kollegen. Als die Kandidaten für die Betriebsratswahl aufgestellt werden, steht Wolfgang M. auf der Liste. Ehe aber die Wahl in den Betriebsrat stattfinden kann, wird Wolfgang M. von der Firmenleitung gekündigt, wegen schlechter Arbeitsleistung. Dieser Kündigungsgrund ist ein Vorwand, der eigentliche Grund liegt woanders: die Münchner Firma hat ein Zweigwerk in Landsberg eröffnet und ein Teil der Belegschaft soll in dem neuen Werk in Landsberg arbeiten. Darunter sind auch Kollegen aus München. Für diese Münchner Kollegen aber ist die Arbeitszeit in Landsberg so ungünstig angesetzt, daß sie auf die Heimfahrt von Landsberg nach München abends etwa eineinhalb Stunden warten müssen. Hinzu kommt, daß die Firmenleitung trotz anderslautenden Zusagen den Lohn für die Arbeiter im Landsberger Werk gegenüber dem Lohn im Münchner Werk kürzen will.

Wolfgang M. setzt sich für eine Verschiebung der Arbeitszeit zugunsten der Pendler aus München ein und will eine Forderung nach gleich hohem Lohn nachziehen. Er hat für seine Aktion die volle Unterstützung der Kollegen. Die Firmenleitung aber beschuldigt ihn der Rädelsführerschaft und kündigt ihm dann wegen »schlechter Arbeitsleistung«.

Zuerst erheben Kollegen und Betriebsrat Einspruch gegen diese Kündigung. Wolfgang M. geht vor das Arbeitsgericht. Eine Protestdemonstration wird von der »Sozialistischen Deutschen Arbeiterjugend«, dem »Gewerkschaftlichen Arbeitskreis der Studenten«, der »Marxistischen Arbeitsgemeinschaft des SDS« und der »Fachschaft für Soziologie — München« vor dem Landsberger Werk veranstaltet. Sie bleibt erfolglos und die Kollegen, die zuerst noch hinter Wolfgang M. gestanden haben, ziehen sich zurück. Jede Solidarität fehlt und Wolfgang M. sieht sich plötzlich allein gegen einen Machtapparat anrennen. Er sitzt praktisch mit seiner Familie ohne jede Unterstützung auf der Straße. Da er nicht einmal ein volles halbes Jahr in der Firma beschäftigt war, erhält er auch keine Arbeitslosenunterstützung.

Die folgende Szene ist eine der letzten Szenen des Hörspiels:

In der Gewerkschaft — Büro

Wolfgang M.:   Kann man nicht von der Gewerkschaft aus irgendwas tun? Der Prozeß muß schneller vorangehn. Ich muß den

Leuten beweisen, daß ich im Recht bin. Sonst kann ich mich gleich aufhängen.

Gewerkschafts-
sekretär: Ich kann Ihre Lage verstehen, Herr Mattner. Die Gewerkschaft versucht ja, Ihnen im Prozeß zu helfen. Ich sprech mal mit Köhler. Ihre ehemaligen Kollegen sollten Ihnen zumindest finanziell etwas unter die Arme greifen, damit Sie die Durststrecke jetzt überstehen können.

Wolfgang M.: Die Kollegen! Keiner läßt sich bei mir sehen! Wenn's einem einmal schlecht geht, hilft keiner!

Gewerkschafts-
sekretär: Soviel ich von dem Vertrauensmann im Betrieb erfahren hab, sind übrigens auch die Lohnforderungen durchgesetzt. Köhler hat das gemacht.

Wolfgang M.: Nicht mal ein Dankeschön kriegt man!

Gewerkschafts-
sekretär: Ich sprech mit Köhler. — Was den Prozeß anlangt, ich hab Ihnen schon bei der ersten Verhandlung gesagt: wenig Aussicht auf Erfolg.

Wolfgang M.: In der Kündigung steht schlechte Arbeitsleistung!

Gewerkschafts-
sekretär: Sie werden sehen, der Prozeß läuft auf Rädelsführerschaft hinaus. Rädelsführerschaft ist ein Arbeitsvertragsbruch, sogar eine fristlose Entlassung wäre gerechtfertigt gewesen.

Wolfgang M.: Rädelsführerschaft — berechtigte Forderungen waren das.

Gewerkschafts-
sekretär: Es gibt Grundsatzurteile in solchen Angelegenheiten. Sag ich doch. Und die stehen leider auf Unternehmerseite.

Wolfgang M.: S i e wollen mich auch einfach überfahren!

Gewerkschafts-
sekretär: Ich bitte Sie, Herr Mattner, die Gewerkschaft steht auf seiten der Arbeitnehmer.

Wolfgang M.: Das ist doch alles Lüge! Die Gewerkschaft ist doch schon lang nicht mehr für den kleinen Mann da! Da geht es um große Tarifverträge und so was.

Gewerkschafts-
sekretär: Sie sind im Augenblick etwas überreizt, Mattner —

Wolfgang M.: Zeigen Sie, daß Sie für den kleinen Mann da sind. Lassen Sie einen Arbeitsstreik für mich machen, so, wie er auch für Köhler gemacht worden ist.

Gewerkschafts-
sekretär: Das war ein spontaner und nicht organisierter Streik damals.

Wolfgang M.: Aber Sie können sowas organisieren.

Angelika Mechtel

Gewerkschafts-	
sekretär:	Sie verrennen sich da, Mattner —
Wolfgang M.:	Früher, da war die Gewerkschaft mal da, um uns zu helfen. Was ist draus geworden? Ein Machtapparat, der mehr für die da oben sorgt. Wenn's um uns geht, sind sie blind.
Gewerkschafts-	
sekretär:	Ich weiß nicht, ob Ihnen ein Urteil darüber zusteht, Mattner. Für Sie sieht es so aus, als hätte eine arbeitskämpferische Organisation sich in ein Korsett von arbeitsrechtlichen tarifpolitischen Bestimmungen pressen lassen. Ich versteh, wie Sie zu solcher Ansicht kommen. In Wirklichkeit ist es einfach so, daß die wirtschafts- und gesellschaftspolitischen Aspekte heute so vielschichtig sind, daß ein einzelner die Gesamtproblematik nicht mehr analysieren, geschweige denn mit irgendeiner kleinen Aktion verändern könnte.
Wolfgang M.:	Das ist mir zu hoch.

NIEDERLAGE EINES UNGEHORSAMEN ist nach einer Reportage in der »ZEIT« gestaltet und beruht auf einer tatsächlichen Begebenheit; die Namen der Personen wurden abgeändert.
Das Hörspiel ist eine Gemeinschaftsproduktion des Bayerischen Rundfunks mit dem Südwestfunk, die Rolle des Wolfgang M. spricht Martin Sperr in einer Inszenierung von W. Klante.

Josef Reding

Menschen im Ruhrgebiet

Ich gestatte mir zunächst eine Demonstration, ein Happening. Mit einem Happening befindet man sich augenblicklich nicht nur in äußerster Übereinstimmung mit dem Zeitgeschmack. Mit einem Happening — und sei es nur ein Mini-Happening wie dieses — läßt sich auch hervorheben, daß dieser Westfalentag im Jahr 1967 stattfindet — und nicht etwa Anno Domini 1697. Es gibt da Zweifler.

Hier im Plastikbehälter ist schlichtes Rübenkraut! Für Nichtkenner: Rübenkraut ist eingedickter Zuckerrübensaft, tiefbraun, herbe Süße, zähflüssige Konsistenz. Gäbe es eine lexikalische Zusammenfassung der Konsumgeschichte des Ruhrgebiets, so stünde unter dem Rubrum Rübenkraut etwa:

Rübenkraut, bevorzugter Brotaufstrich der Revierbevölkerung seit den industriellen Pionierzeiten. War zur Mitte der sogenannten »Wirtschaftswunderjahre« in den Konsumläden nicht mehr erhältlich. Der Rübenkrautverbrauch setzte erst wieder ein und stieg an mit den Massenstilllegungen der Zechen Ende der sechziger Jahre des 20. Jahrhunderts.

Rübenkraut also als Indikator von Spannungssituationen an der Ruhr? — Warum nicht. Jedenfalls sind folgende Dialoge wieder möglich:

»Wo gesse?«

»Holsse?«

»Rümkraut auf Kubitschko, du Doofer! Aber gutes, mein Papa muß schwer malochen.«

Ende des Happenings!

Zur Lage:

Anfang September 1967 steckte der einunddreißigjährige Dortmunder Bergmann Kurt Mißbach einigen Eßvorrat in die Satteltaschen seines Fahrrades und strampelte sich in zwei Tagen und einer Nacht bis ins Baden-Württembergische. Der arbeitslose Ruhrkumpel hatte in einer Revierzeitung vom wirtschaftlichen Aufschwung in der Südwestecke Deutschlands allgemein und von einer ausgeschriebenen Stelle als Bauhilfsarbeiter in Stuttgart im besonderen gelesen. In Stuttgart angekommen, mußte der hoffnungsfrohe Ex-Bergmann erfahren, daß der Arbeitsplatz schon vergeben war. Kurt Mißbach radelte auf gut Glück weiter, geriet nach Waiblingen und klopfte bei Anbruch der Nacht zwecks Erheischung von Aus- und Unterkunft an die Pforte der dortigen Gendarmeriestation. Die Polizisten — entgegen jüngsten Nachrichten über Kollegengewohnheiten in bestimmten anderen Bundesländern — unerwartet freundlich, teilten brüderlich Brot und Most mit dem Petenten. Und nicht nur das: Als sie die Geschichte des Ruhrkumpels vernahmen, klingelten sie zu mitternächtlicher Stunde den Inhaber eines Waiblinger Baugeschäfts aus den Daunen.

Er war interessiert. Kurt Mißbach hatte seine Arbeitspapiere bei sich. Der Kontakt wurde geschlossen. Bereits am anderen Tag bekam der Revier-Emigrant den ersten Abschlag bar auf die Hand gezahlt. Ein Neu-Waiblinger war dem Ruhrdistrikt abgeworben.

Diese Episode hätte zu Johann Peter Hebels Zeiten sicher das Material zu einer Kalendergeschichte abgegeben. Sie wäre auch für die Grundierung einer modernen Kurzgeschichte brauchbar — hätte sie nicht einen so optimistischen Schluß. Aber die Begebenheit hat mit Fiktion nichts zu tun; sie ist dem Nachrichtengeröll der Ruhrgebietspresse unserer Tage entnommen.

Ein Einzelbeispiel? — Vielleicht in der Originalität des Vorgangs. Leider aber nicht in seinem multiplizierbaren Grundgehalt. Die Signale im Revier stehen nicht mehr auf Zuzug, sondern auf Exodus.

Diese Abwanderung vollzieht sich nicht — noch nicht in den Ausmaßen einer Katastrophe. Sie hat nicht abermals: noch nicht — die Merkmale einer galoppierenden Schwindsucht. Der Prozeß ist eher schleichend: Hier gibt eine Revierstadt im Jahr 2000 Menschen ab, da 3400. Um präzise Zahlen zu nennen: Im gesamten Revier wurden 1966 genau 60 288 mehr Fortzüge als Zuzüge registriert. In diesem Jahr (bis zum Monat August) beträgt der Wanderungsverlust 38 451 Menschen. Immerhin, im Zeitraum eines Jahres verliert das Revier die Bevölkerung einer Großstadt. Und: Der Spiegel der Ruhrgebiets-Einwohnerschaft ist unter den Pegel von fünf Millionen gesunken. Bei welcher Zahlenmarkierung die abnehmende Bevölkerungssäule einhalten wird, wagt noch niemand zu prognostizieren.

Nun wäre es töricht, den abwandernden Ruhrgebietlern eine Art scharenweiser Fahnenflucht vorzuwerfen. Der Mensch im Revier macht sich seinen Auszug nicht leicht. Sie hörten soeben die Zahl des Bevölkerungsschwunds von 38 451 Menschen innerhalb dieses Jahres. Eine Zahl unter vielen. Sie gräbt sich nicht ein. Greifen wir einen Menschen heraus. Den Hauer Karl Pawlak von der Zeche Hansemann in Mengede etwa. Sein Schacht wird geschlossen. »Der Deckel iss auf unsern Pütt gekommen«, wie der Kumpel die Stillegung umschreibt. Pawlak findet nach einiger Zeit neue Arbeit bei den Opel-Werken in Bochum. Schon denkt Pawlak daran, mit seiner Familie von Mengede nach Bochum zu ziehen, als auch das Automobilwerk zu Kurzarbeit und Entlassungen übergehen muß. Weitere Versuche Pawlaks, in einer anderen Stadt des Ruhrgebiets Arbeit zu finden, scheitern. Erst jetzt entschließt sich Pawlak, sich auf die Offerte einer Pumpenfabrik in Mürlenbach in der Eifel zu bewerben.

Bezeichnenderweise lautete der Text dieser Zeitungsanzeige so (ich zitiere das Original): Balkenüberschrift, »*Wer ist den Mief im Ruhrpott satt?*« — Wir bieten gesunde, interessante, staubfreie und saubere Arbeitsplätze im landschaftlich wunderschönen Kylltal der Vulkaneifel, mit Wohnung, evtl. auch Einfamilienhaus. — Jagd- und Fischereimöglichkeit. — Bewerber, die einen dauergesicherten Beruf und eine Arbeit bei Kurortklima lieben, senden bitte ihre Bewerbungen an Habila-Pumpenfabriken in 5531 Mürlenbach, Kreis Prüm.«

Die Unruhe im wirtschaftlichen Gefüge des Ruhrgebiets treibt also den Menschen im Revier nicht unmittelbar zum Lande hinaus. Es setzt zunächst eine gewisse Rotation der Reviereinwohner innerhalb der Ruhrgebietsgrenzen ein. Verfolgt aber der Zusammenbruch des Arbeitsplatzes den Reviermenschen immer schneller, dreht sich also das Karussel der Arbeitsuchenden immer rapider, dann muß es schließlich die Betroffenen mit Zentrifugalkraft in andere Landschaften Deutschlands oder in andere Länder schleudern.

Den in dieser Situation Abwandernden als Revierdeserteur zu brandmarken, ist nicht nur unbedacht, sondern angesichts der existentiellen Not dieser Menschen nichts als krasse Diskreditierung. Wie kann man dem durch Arbeitsplatzbedrohung oder Arbeitsplatzverlust reviermüde gewordenen Ruhrgebietsbewohner Untreue vorwerfen, wenn er sich dort nach Arbeit umtut, wo sie ihm geboten wird? Wer wagt es noch nach eingehender Überlegung, dem Menschen im Revier seine angebliche Stadtflucht anzulasten?

Denn was hat man von der ersten Stunde der Industrialisierung an der Ruhr anderes getan, als dem Menschen im Revier seine Stadt als Lebensraum zu dämonisieren?

Das ist die unbequeme Wahrheit: ein bestimmtes stadtfeindliches Heimatklischee, ein erstarrter Heimatfanatismus ruralen Ursprungs hat es versucht und verstanden, das Revier zu vermiesen. Wir kennen dieses vorgeformte Zerrbild sattsam. Da wird das Dorf als wahre Heimat mit ungebrochener Tugendfülle gepriesen, die Stadt hingegen als Kippe menschlichen Schrotts abgewertet. Notabene: die Stadt als Heimat ließ man dann noch gelten, wenn sie Patina hatte und im Lindenkranze stand und noch von der trutzigen Wehrmauer der Altvorderen umgürtet war. Aber sobald sich die Stadt um Förderturm und Hochofen gruppierte, statt um Burg und Dom, wurde sie verteufelt. Man beachte den Terminus: verteufelt. Wo der Teufel am Werk ist, ist man der mühsamen Aufgabe einer Differenzierung enthoben. Es genügt die pauschale Feststellung: Stadt gleich Dämon. Weitere Gedankenarbeit ist nicht zu leisten.

Dabei wäre dem Menschen im Revier mit ernstzunehmender Kritik an seiner Stadt durchaus gedient gewesen. Diese Kritik hätte Vor- und Nachteile urbanen Zusammenlebens gegeneinander abwägen müssen. Sie hätte die Art und Unart der Werkanlagen im Ruhrgebiet analysieren müssen, die ja von Menschenhirnen erdacht und von Menschenhänden erbaut wurden und also auch von Menschenhirnen und Menschenhänden hätten verbessert werden können. Die Kritik hätte sich selbstverständlich den Gelsenkirchener Barock vornehmen müssen, jenes architektonische Make-up aus Gips, Kalk und Sand, mit dem die Stukkateure jahrzehntelang die Sünden der Stadtplaner kaschierten. Das alles hätte dem Ruhrgebietsbewohner geholfen. Aber leider beließen es die Formulierer des Heimatgedankens zumeist bei der Ablehnung der Industriestadt in Bausch und Bogen.

Man mag zwar hier den Einwand anbringen wollen, das alles habe es vielleicht einmal gegeben, um die Jahrhundertwende etwa oder während der Zeit des »Blut und Boden«-Rausches des Dritten Reiches. Aber heute würden solche restaurativen und verstaubten Ansichten über das Phänomen Stadt mit Sicherheit nicht mehr geäußert ...

Mit Sicherheit? — Ich möchte Sie nicht über Gefahr strapazieren und hier nur *ein* Beispiel vortragen, das geeignet ist, diese Sicherheit zu erschüttern. Die folgenden Zeilen sind als Gedicht deklariert und dem Band »Zwischen gestern und heute« entnommen, der jüngst im Landbuch-Verlag, Hannover, erschienen ist. Die literarische Bedeutung seines Verfassers steht im umgekehrt proportionalen Verhältnis zu seiner exponierten Stellung im Bereich einer Interessengruppe. Ich nenne Ihnen den Verfassernamen erst nach Zumutung des vierstrophigen »Gedichts«:

»Ein gieriges Untier ist die Stadt,
sie frißt und frißt und wird nimmer satt,
frißt immer tiefer ins Land hinein,
was sie erfaßt, das erstarrt zu Stein.
Zu Stein wird der Acker, den sie umkrallt,
in ihren Fängen erstirbt der Wald,
vor ihren Toren ist Elend und Not,
in ihren Straßen lauert der Tod.
Wie magisch lockt sie die Massen an,
Millionen leben in ihrem Bann,
ihr Glück ist Flitter, ihr Glanz ist Schein,
ihre Seele ist hart wie der tote Stein.
Millionen verließen das flache Land,
vom Schein geblendet um Trödel und Tand.
Ob sie's dort fanden, das große Glück? —
Noch keiner kam unzerbrochen zurück.«

Diese Verse entstammen der Feder von Edmund Rehwinkel.

Um Mißverständnissen vorzubeugen: Es geht bei der Zitierung dieses »Untier-Stadt«-Gedichts nicht um die persönliche Abwertung des Verfassers, sondern um die Darstellung einer Geisteshaltung, mit der man im Revier nichts, aber auch gar nichts anfangen kann.

Einzufügen ist hier, daß es dem Ruhrgebietler kaum jemals eingefallen ist, als Replik den Lebensbereich des Bauern derart zu diffamieren.

Fast ebensowenig, wie die unnötige Ausspielung des archaisierten Landlebens gegenüber dem »Moloch Stadt«, verhalf allerdings auch der größte Teile der sogenannten »Arbeiterdichtung« dem Menschen im Revier zu einem neuen Selbstverständnis seiner Umgebung. Sie schwankte zwischen Haßausbrüchen und Heiligsprechungen gegenüber dem industriellen Panorama. Philip Witkop aus Gelsenkirchen schreibt um die Jahrhundertwende:

»Nur Rauch, nur Qualm, der sich voll träger Ruh
Aus tausend Schloten wälzt in schwarzer Masse —
Wie ich dich hasse, meine Heimat du!
Wie ich seit Kindertagen schon dich hasse!«

Den hymnischen Kontrast dazu lieferte Wilhelm Uhlmann-Bixterheide mit »Ich bin von Hamm nach Duisburg gefahren«, ein als Lesebuchgedicht populär gewordenes Stück esoterischer Lyrik, in der »brausende Dämpfe sangen und tönten, / und die heiligen Chöre der Arbeit dröhnten«, und in dem der Verfasser bekennt: »So hab' ich in schweigender Andacht gestanden, / die deutsche Zukunft hielt mich in Banden . . .«
Beide Tonarten trafen nicht die Bewußtseinslage des Industriearbeiters zwischen Ruhr und Emscher. Er begriff sich nüchterner. Er hatte mit einer realen Umwelt zu tun und hatte Anspruch auf eine realitätsbezogene Deskription und Deutung seiner Arbeit und Umwelt. Dies wurde ihm vorenthalten. Statt dessen kam der dumpfe Aufschrei, die im Selbstmitleid verhaftete »O-Mensch!«-Gebärde, kam der euphorische Hochgesang.
Notwendig wäre gewesen: die Bezüge deutlich zu machen zwischen wirtschaftlicher Spekulation und Abhängigkeit der Individuen. Notwendig wäre gewesen: am Mikrokosmos des Menschen im Revier den Makrokosmos globaler Wirtschaftsfaktoren greifbar zu machen. Mikrokosmos im Revier, das meint: die Maloche, die man tut (kaum ein Bergmann spricht von der »Arbeit«), der Kotten, zu dem man täglich geht (kaum ein Fabrikarbeiter oder Angestellter hierzulande spricht von seinem »Werk«), die Ecke, in der man wohnt (kaum jemand im Revier spricht von seinem »Wohnbezirk«).
Erst in jüngster Zeit sieht man Ansätze zu einer solchen Röntgen-Literatur, denkt man z. B. an Günter Wallraffs Industrie-Reportagen »Wir brauchen Dich«. Aber ein Jahrhundert lang fehlen derartige Arbeitswelt-Kardiogramme. Sie wurden ersetzt durch gefühliges Aufbegehren und undeutlich adressierten Protest. Die Revier-Literatur vergangener Jahrzehnte war eher dazu geeignet, das Relief des Reviers zu vernebeln, als es zu enthüllen.
An dieser entscheidenden Stelle ist zu fragen, welche Hilfen zur »Beheimatung« des Menschen im Revier das »Gastland« — also für diesen Teil des Ruhrgebiets Westfalen — einst und heute gegeben hat?
Ich hätte es mir leichtmachen und diese unbequeme Frage aussparen können. Das breite Dachthema hätte mir den Verzicht auf diese Herausforderung erlaubt. Aber da vermutet werden darf, daß dieser Westfalentag in Dortmund nicht nur als Festveranstaltung, sondern mehr noch als Arbeitsforum gedacht ist, gehört die Frage »Revier als Heimat« hierher.

Es wäre vermessen, in dieser Hinsicht von besonderen westfälischen Verdiensten sprechen zu wollen. Die unbestritten hohe Auffassung der Westfalen von der Gastfreundschaft galt seit jeher mehr dem zeitweiligen Besucher als dem, der sich als eingewanderter Arbeiter auf Dauer in ihrer Nachbarschaft niederlassen wollte. Die Invasion der Arbeitsuchenden auch in die westfälischen Teile des Ruhrgebiets wurde vom nüchternen Prinzip von Angebot und Nachfrage geregelt und nicht von ethischen Momenten bestimmt. Der Bergbau brauchte Hände, die Unternehmer schickten ihre Werber in alle Richtungen der Windrose, und die Menschen kamen hierher, weil sie sich einen Arbeitsplatz erhofften, der ihnen und ihren Familien etwas mehr Brot, etwas mehr Freizeit zubilligte als der vorhergehende Dienst in zum Teil leibeigenschaftsähnlichen Verhältnissen. Der geologische Zufall, daß sich abbauwürdige Kohlenflöze unter westfälischem Boden befanden, hat bei einigen Heimattheoretikern zu erstaunlichen Gedankenkonstruktionen geführt. Im Jahrgang 1930 der Zeitschrift »Die westfälische Heimat« schreibt Wilhelm Sandkühler in seinem Aufsatz »Die Rundfunknot des Industriemenschen« u. a.:

»Es ist also kein Zufall, daß eine Industrie von derartig gigantischem Ausmaß in Westfalen entstehen konnte, vielmehr trafen hier Bodenschätze und rassische Veranlagung der Bevölkerung in geradezu idealer Weise zusammen. Somit ist es also gar keine Frage, daß in dem westfälisch-stämmigen Teil der Arbeiterbevölkerung Kräfte vorhanden sind, welche nicht nur erhalten, sondern, nicht zuletzt im Interesse Deutschlands, nachdrücklich gefördert werden müssen . . .«

Was sollte dem Menschen im Revier eine solche Hybris der Angestammten? Als diese Worte gesagt wurden, waren bereits zwei Drittel der Ruhrgebietsbevölkerung nicht »westfälischstämmig«, und wesentliche Initiativen in der Pionierzeit des Reviers waren nicht von den Ansässigen ausgegangen, sondern von Ausländern, wie etwa dem Iren Mulvany. Nein, die traditionellen biologistischen und rassistischen Fassungen des Begriffes »Heimat« waren und sind untauglich für das Leben im Revier. Wenn heute sehr bemüht nach den vorhandenen Bindungen zwischen Westfalen und dem Revier gesucht wird, so fällt auf, wie konsequent bestimmte Verfechter des Heimatgedankens es fertiggebracht haben, Westfalen immer haarscharf am Ruhrgebiet vorbeizudefinieren. Beispiele: Gerühmt werden bis in diese Stunde hinein an Westfalen das »Verwurzelte«, das »Knorrig Gewachsene«, das »Nichtverpflanzbare«, die »Dick- und Starrköpfigkeit« gegenüber allem Neuem und Ungewohnten, die unerschütterliche Treue zum einmal gewählten Beruf, zur einmal getroffenen Entscheidung, zum angestammten Wohnort. Ich glaube nicht, daß diese simplifizierten vegetabilen Bilder für den westfälischen Ureinwohner überhaupt jemals gestimmt haben, daß der Westfale sich auf das Format eines Eichenstubbens reduzieren läßt. Annette von Droste-Hülshoff hat ein viel reicheres, nuancierteres Bild von Westfalen und vom Westfalen gezeichnet. Dennoch bekommt man das rührend unreflektierte Idol des westfälischen Stämmlings immer wieder vorgesetzt: bei »Dichtertreffen« und Heimattagungen.

Mit missionarischem Eifer wurden vor den Zuwanderern im Revier die westfälischen Stabilitäten so lange gerühmt, bis sie sich gegenüber dem Ureinwohner zweitklassig vorkommen mußten. Denn der Mensch im Revier muß ja — will er sich behaupten — geradezu gegenteilige Eigenschaften besitzen oder entwickeln als die gepriesenen westfälischen. Er muß anpassungsfähig sein, er muß sich rasch auf neue Situationen umstellen können. Es wird von ihm — besonders heute — verlangt, daß er nötigenfalls mehrmals seinen Beruf und seinen Wohnort wechselt. Also müssen Flexibilität und Dynamik zu seinen Kennzeichen gehören. Das Pochen auf Ahnenreihen, Sippen und Wurzelgrund darf beim Ruhrgebietler — schon aus Gründen des inneren Selbstschutzes — kein Echo finden.

Wenn überhaupt, dann ist für den Menschen im Revier eine neue, eine andere Definition des Begriffs »Heimat« nötig. Und es könnte sich herausstellen, daß diese neugewonnene Formulierung auch außerhalb des Industriegebiets brauchbar ist. Nach den Erfahrungen, die der Bewohner der als »Kohlenpott« apostrophierten Landschaft gemacht hat, könnte diese akzeptable Definition etwa lauten: Heimat ist die Umwelt, in der ich mich nach Begabung und Wille als Mensch verwirklichen kann. Wir wollen diese These im Hinblick auf das Revier überprüfen und auf eventuelle hohle Stellen abklopfen. Heimat ist die Umwelt. Ich habe bewußt Bezeichnungen wie »Lebensraum« vermieden. Zu einem Lebensraum wird die Umwelt erst dann, wenn ich mich in ihr als Mensch — meiner Begabung und meinen Intentionen gemäß — verwirklichen kann, wenn ich also über bloßes Vegetieren hinaus in ihr *leben* kann. Das bedeutet: nicht alles muß Heimat sein, in das ich hineingeboren wurde. Heimat kann vielmehr ein Wahlakt, eine Entscheidung, ein freiheitliches Zeichen sein.

Die nötige Erläuterung dazu aus dem geistigen Bereich: Wenn einem Wissenschaftler, einem Schriftsteller, einem Künstler, einem Politiker, einem Forscher, einem Lehrer die Ausübung seines Berufs an seinem Wohnort, in einer bestimmten Landschaft, in einem bestimmten Lande auf unabsehbare Zeit unmöglich gemacht wird, dann kann ihm dieser Wohnort, diese Landschaft, dieses Land nicht mehr Heimat sein. Die Emigration, die Suche nach einer neuen, besseren Beheimatung — ich wiederhole: in der man sich nach Begabung und Wille als Mensch verwirklichen kann — ist dann nicht nur menschlich verständlich, sondern sogar zwingend.

Im Dritten Reich war die unmittelbare Bedrohung an Leib und Leben entsetzlich genug; infamer noch aber war das Berufsverbot gegenüber den offensichtlich nicht Regimehörigen und gegenüber den rassisch Inkriminierten. Einem Albert Einstein das Betreten seines Forschungslabors zu verbieten, einem Ernst Barlach die Werkstatt nach frischen Holzspänen zu durchschnüffeln, ob der Mann nun nicht doch wieder skulpturiert hatte, war bereits Entheimatung im vergiftetsten Sinn des

Wortes. Das Aberkennen des Bürgerrechts, die »Ausbürgerung«, war demgegenüber nur noch eine Farce der Machthaber. Nicht der Emigrant also — falls er noch emigrieren konnte — hat versagt, sondern der in jener Zeit korrumpierte Begriff Heimat.

Und geben wir uns nicht der Naivität hin, so eine Pervertierung der Heimat sei heute nicht mehr möglich. Zwar werden die Mittel nicht mehr so unverhüllt brutal angewandt, aber auch hic et nunc kann einem Unbequemen in der Heimat die Luft zum Atmen derart genommen werden, daß eine neue Heimatsuche legitim ist.

Dieser Einschub war nötig, um die Frage »Wann ist das Revier dem Menschen Heimat?« schlüssig zu beantworten. Die Chance, sich im Ruhrgebiet beheimatet zu wissen, ist so lange gegeben, wie die Menschen auch hier sich nach Talent und Wille verwirklichen können. Prämisse hierfür aber ist unabdingbar der Arbeitsplatz.

Der Arbeitsplatz steht schon darum zentriert im Denken des Revierbewohners, weil er seinetwegen einst hierhergekommen und hiergeblieben ist, hiergeblieben trotz aller bereits vorher erwähnten »Vermiesung«, trotz Rußregen und Wohnungsdilemma. Das war der Text der Werbeplakate, die 1887 in den masurischen Wirtshäusern aushingen, um Bergleute für die »Zeche Victoria bei Rauxel« zu erhalten:

»... Masuren, es kommt der Zeche vor allem darauf an, ordentliche Familien in diese ganz neue Kolonie hineinzubekommen. Jede Familie erhält vollständig freien Umzug, ebenso jeder Ledige freie Fahrt. Sobald eine genügende Anzahl vorhanden ist, wird ein Beamter der Zeche sie abholen. Die Zeche verlangt für den freien Umzug keine Bindung, eine bestimmte Zeit dort zu bleiben, wie andere Zechen. Wem es nicht gefällt, kann von dort aus weiterziehen. Die Verwaltung der Zeche hofft aber, daß es den masurischen Familien so gut gefallen wird, daß sie ans Weiterziehen gar nicht denken werden. — Überlege sich also jeder die ernste Sache reiflich. Die Zeche will keinen aus der Heimat weglocken, auch keinen seinen jetzigen Verhältnissen entreißen. Sie will nur solchen ordentlichen Menschen, die in der Heimat keine Arbeit oder nur ganz geringen Verdienst haben, helfen, mehr zu verdienen und noch extra zu sparen, damit sie im Alter nicht zu hungern brauchen ...«

Wie sich die Bilder gleichen! Vor achtzig Jahren die Werbung der Menschen ins Revier hinein, heute — denken Sie an die Anzeige »Wer ist den Mief im Kohlenpott satt?« — die Abwerbung der Ruhrgebietler aus dem Revier hinaus. Angelpunkt der Offerten war und ist der Arbeitsplatz.

Man kann zu diesem Zeitpunkt dem Menschen in Bochum und Gelsenkirchen, in Wanne-Eickel und Castrop-Rauxel, in Herne und Gladbeck nicht mit dem snobistischen Einwand kommen, der Arbeitsplatz sei schließlich nicht alles, und es gäbe außer dem Arbeitsplatz auch noch »andere Werte«. Für den Menschen im Revier bedeutet die Arbeit die Eingangsschleuse zu besagten »anderen Werten«: Familie, Kindererziehung, Verein, Freizeitbeschäftigung, Weiterbildung. Man glaube auch nicht, der Arbeitsplatz sei ablösbar durch Geld. »Man kommt sich ja wie kastriert vor«, sagte einer der vorzeitig zu Rentnern gemachten Ruhrkumpels. »Wenne keine anständige Maloche hass, wirsse ja nirgendwo für voll genommen.«

Die gesicherte Arbeit wird auf die Dauer die entscheidende Klammer sein, die das Revier vor dem Zerfall, vor der stetigen Dekomposition bewahrt. Man wird ungeduldig hierzulande. Diese Ungeduld ventiliert sich nicht so sehr in Zusammenrottungen und Demonstrationen wie in verbissenen Aussprüchen: »Der Schiller soll ma voran machen mit sein Aufschwung nach Maß, sonst sind wir bald alle übertrainiert.« Die Haltung vieler Arbeiter hierzulande ist ein dumpfes Warten, ausgelöst durch den Schock: *Die Kohlen an der Ruhr stimmen nicht mehr!*

In der Tat: Die Kohlen stimmen hierzulande nicht mehr. Kohle, das war mehr als ein Jahrhundert lang im Revier gleichbedeutend mit harter, durabler Valuta. Nicht nur, daß zum Pathos neigende Gemüter die Kohle als »Schwarzes Gold« bezeichnen. Kohle war auch im Sprachgebrauch des sogenannten Mannes auf der Revierstraße das Synonym für Geld. »Wieviel Kohlen hasse denn heute inne Lohntüte?« Auch in Liebeserklärungen des Reviernachwuchses klang es so: »Solln wir nich zusammen die ganzen Kohlen, die ich mit meine Maloche verdien, richtig in Babywäsche veraasen?«

Die Kohle gab dem Industriebezirk an der Ruhr den Status, sie gab den Menschen hierzulande die indirekte Reputation. Kohle war auch gleichbedeutend mit Ereignis, mit Aktion. Solange an der Ruhr die Kohle etwas galt, zog sie Menschen und Geschehnisse an, ja, schrieb sie Geschichte. Positiv und negativ — was hat diese Landschaft und ihre Menschen durch den Katalysator Kohle nicht alles erlebt: Seit man 1837 auf der Mülheimer Zeche »Kronprinz von Preußen« erstmalig die graugrüne Mergelschicht in 99 Meter Tiefe durchstieß und auf eine anscheinend unerschöpfliche schwarze Schatzkammer traf, gab es Menschenmultiplikationen unerhörten Ausmaßes, gab es Kapitalinvestierung und nationales Interesse an diesem Stück Land, gab es Hochstimmung und Krise, gab es Reparationslasten und Ruhrkampf, gab es Waffenfabrikation und Bombenhagel, gab es Zerschlagung und Demontage, gab es Aufstieg und Konsolidierung.

Die Zäsuren der bisherigen zeitweiligen Krisen vernarbten rasch, weil trotz allem die Versicherungspolice namens Kohle blieb. Sogar die Lebenserwartung des Reviers wurde am Kohlebestand vorhergesagt. Die Kohlevorräte jener Zeche würden bis zum Jahre 2018 reichen, die der anderen bis zum Jahre 2027. Also mindestens bis dahin bestand kein Anlaß, am weiteren Progreß des Reviers zu zweifeln. Und dann? Dann würde man weitersehen, mit neuen Maschinen neue Flöze erschließen, vielleicht tiefer, vielleicht nördlicher, auf jeden Fall aber würde die Kommandobrücke für solche Unternehmungen weiterhin im Revier stehen. Man hatte also allen Grund, sich einzurichten im Kohlenpott ...

Und alle diese Theoreme und Prognosen, diese Auspizien und Zusicherungen sollen nun keine Gültigkeit mehr haben, weil das Objekt Kohle an den Börsen einen Kurszusammenbruch erlebt hat, der diesmal nicht temporär, sondern irreparabel zu sein scheint? Kohle plötzlich wohlfeil wie Reichsmark 24 Stunden vor der Währungsreform? Kohle als Störenfried? Kohle, behandelt wie Abraum? Keine Prämie mehr, keine Care-Pakete mehr in Aussicht für Überschichten? Kein jovialer Schulterschlag mehr für den Kumpel von Kaiser oder Präsident, mit der Bestätigung vaterländischer Bedeutung bergmännischen Wirkens? Keine Gleichstellung mehr mit den Theologen, jedenfalls was die Befreiung vom Wehrdienst angeht?

Nein, nichts mehr davon. Achselzucken vom Betriebsrat und Anschlag an der Pforte, verlegener Hinweis auf eventuelle Arbeitsmöglichkeit sieben oder zwanzig Kilometer vom Wohnort entfernt.

Erst wollte der Mensch im Revier nicht begreifen, daß es mit dem Spitzenreiter Kohle auf dem Energiemarkt so gut wie ex ist. Die Kumpels in Gelsenkirchen und Oberhausen begingen die Stillegung ihres Pütts wie die Beisetzung eines Bruders, legten Trauerflors an und befestigten auf dem letzten Förderwagen Kranz und Schleife. Die Zeche, die ihnen solange als unmenschlich geschildert wurde und die sie oftmals auch in ihrer Gefährlichkeit kennengelernt hatten, erhielt nun menschliche Ehrungen. Aber es gab keine Auferstehung! Von den fünf Dutzend Bergwerken, die in den letzten zwei Jahren fallierten, lüpfte keines mehr seinen Deckel. Es gab nur kleinkarierte Nachhutgefechte, klägliches Hick-Hack und Kompetenzgezänk um die künftigen Adressaten von Bergschädenforderungen auf dem Terrain stillgelegter Zechen.

Inzwischen hat man es im Revier begriffen, begreifen müssen, daß es so oder so mit der Herrschaft der Kohle vorbei ist, daß es wirtschaftliche Schizophrenie wäre, mit Unterstützungsgeldern weiterhin das gewohnte Quantum Kohle aus der Erde zu holen und sie dann auf Haldengebirgen verwittern zu lassen. Der Schock weicht allmählich. Aber er gibt weniger Hoffnung als Resignation frei.

Resignation darum: bisher blieben die Versuche, die durch die Schließung der Bergwerke (und der von ihnen lebenden Industriezweige, bis hinauf zum Tante-Emma-Laden nebenan) arbeitslos Gewordenen neu und auf Dauer zu binden, auf halbem Wege stecken. Wenn man auf einem ausgedienten Zechengelände, das vorher bis zu 1600 Mann Arbeit bot, eine Autoreparaturwerkstatt ansiedelt, die 22 Beschäftigte ernährt, dann ist das Flickwerk. Es ist überhaupt die Frage, ob in den auf Kohle zugeschnittenen Gebäudemantel andere Industrien hineinzuzwängen sind oder ob es nicht besser wäre, die einstigen Festungen der Kohle zu schleifen.

Vieles, was zur Zeit von den Städten im hektischen Konkurrenzkampf unternommen wird, Klein- und Mittelindustrie heranzubekommen, steht in keinem Verhältnis zu den Konturen, die vorher vom Bergbau graviert wurden. Daß viele Bergbauunternehmer ein gerüttelt Maß Schuld an dieser Situation haben, sei nicht unterschlagen. Da wurden aus rein optischen Gründen — und um die spätere »Stillegungsprämie« vom Bund in die Höhe zu treiben — Zechen mit Millionenkapital modernisiert und Wochen darauf geschlossen. In diesen Brutalzonen der Wirtschaft spielt offenbar die Hoffnung, die man im Reviermenschen geweckt und dann zerstört hat, keine Rolle. Die Kumpels und Anlieger der Zeche »Prinzregent« in Bochum zum Beispiel wissen, was konkret gemeint ist. Nein, so läßt sich das Revier nicht sanieren, so läßt sich die sinkende Einwohnerzahl des Reviers nicht halten. Setzt der Kohlenpottbewohner angesichts dieser Fakten noch auf andere Gremien, die ihm helfen könnten? – Nach vielen Enttäuschungen begegnet er jeder rhetorischen Zusicherung mit Skepsis. Er sieht eine Diskrepanz zwischen dem, was man sagt, und dem, was man tut. Das ist natürlich auch in Richtung Landschaftsverband Westfalen-Lippe, das ist natürlich auch in Richtung Westfälischer Heimatbund gemeint. Zwar gibt es eine Reihe von Fachstellen dort, aber noch kein funktionsfähiges Gremium, das über Ansätze zum Studium der Schwierigkeiten im Revier hinausgekommen wäre.

Auch markige, holzschnitthafte Worte entbehren für den Menschen im Revier der Überzeugungskraft. Da ist zum Beispiel die Versicherung: »Wir lassen Westfalen nicht anknabbern!« – Eine bedenkenswerte Formulierung, die allerdings nicht dadurch gewinnt, daß man sie dreimal in der Woche wiederholt. Vor allem aber: »Wir lassen Westfalen nicht anknabbern!« kann doch wohl nicht nur eng im Sinne einer möglichen sakrilegischen Grenzsteinverrückung aufgefaßt werden. Denn wer in den letzten Jahren von der Hauptstadt Westfalens aus einmal scharf und mit Sorge ins Ruhrgebiet hineingeschaut hat, dem kann es doch nicht entgangen sein, daß der westfälische Teil des Reviers, für das man doch die Mitsorge übernommen hat, längst angeknabbert wird, und zwar von innen heraus, von der Substanz, von den Arbeitsplätzen her. – Und wenn etwa eine Landesbank vorhat, ins Ruhrgebiet hinüberzusiedeln, dann wird das mit allen Vetos verhindert, die man zur Verfügung hat. Decken sich da noch Wort und Tat?

Auch in Richtung Düsseldorf und Bonn stellt der Mensch im Revier Fragen. Werden Hans Katzers zugesagte 300 Millionen DM für Rhein und Ruhr verstreut oder nach einem Konzept fruchtbar gemacht?

Und das einzige Forum, das identisch ist mit den reinen Problemen des Reviers, der Ruhrsiedlungsverband nämlich, hat keine andere Macht als die Ohnmacht der bloßen Empfehlung. Er gleicht also hier dem ebenfalls auf Rekommandierung beschränkten Europarat gegenüber der zähflüssigen Entwicklung (oder Stornierung) des Modells Europa.

Der Bewohner des bedeutungsärmer gewordenen Kohlenpotts möchte nicht, daß das Revier zu einem ständigen Almosenempfänger wird. Ein Ausnahmezustand über lange Zeiträume hinweg wirkt sich für die demokratische Struktur eines Gebiets nicht zum besten aus – er führt zu Verkrampfungen und Pressuren. Wir erleben das in diesen Monaten zur Genüge in einem anderen partiellen Bereich Deutschlands. Das Revier gefällt sich nicht in der Rolle des Klinkenputzers bei Bund, Ländern und Landschaftsverbänden. Aber wenn man dem Menschen im Ruhrgebiet schon nicht einen neuen, großzügigen Entwurf für seine

Heimat — und jetzt sage ich bewußt *Heimat* — bis zum Jahre 2000 wenigstens geben oder aus dem Revier heraus entwickeln kann, dann soll man ihn nicht über die wahre Lage hinwegtäuschen. Denn Täuschung ist das letzte, was Individuum und Menschengruppe im Ruhrgebiet nach all dem, was hierzulande durchgemacht wurde, verdient haben. Dann soll man informieren! Dann soll man sagen, das Revier kann nur noch vier oder dreieinhalb Millionen Menschen menschenwürdig erhalten. Und dann soll man den Rückzug von der Kohle nicht zügellos und in Panik sich vollziehen lassen, sondern durchdachte Abwanderungs- und Aufnahmemöglichkeiten schaffen, damit eine neue und bessere Beheimatung des Menschen außerhalb des Reviers so gut wie möglich erfolgen kann.

Verweilen wir einen Augenblick bei diesem futurologischen Aspekt einer so einschneidenden Schrumpfung der Ruhrgebietsbevölkerung. Selbstverständlich läßt sich dieser Prozeß nicht ohne Verluste vollziehen. Die deutliche Reduzierung der Ruhrbewohner wäre vor allem aus folgenden Gründen bedauerlich: In den letzten zwei Jahrzehnten begann das Revier endlich, sich neben dem wirtschaftlichen Relief geistig und kulturell so zu artikulieren, daß von Provinz nicht mehr die Rede sein konnte.

In den letzten zwei Jahrzehnten haben es die Revierstädte unter großen Opfern und Anstrengungen vermocht, die Offerten des Theaters, der Schulen, der Museen, des Sports, der Literaturförderung, des Wohnungsbaus nahe an ihr wirtschaftliches Volumen herankommen zu lassen oder dieses sogar überschreiten zu lassen.

In den letzten zwei Jahrzehnten hat sich auch im Ausland der »élan ruhr« als eine spezifische Reviereigenschaft geltend gemacht.

Das alles wäre mit einer andauernden Bevölkerungsevakuierung bedroht und, wie die Zechenruinen, dem Zerfall preisgegeben.

Der Mensch im Revier will seine Umwelt nicht zu einem Mythos aufblähen lassen. Auch nicht zu einem Mythos, der sich durch eine Addierung von für reviertypisch gehaltenen Gewohnheiten ergeben könnte. Wenn man heute von ihm annimmt, daß ihm die Lust am Fußballverein und an der Taubenzucht, am Biergemäß und an der Kneipenbelegschaft seiner Ecke doch da halten würde, wo er ist, dann wird hier Sekundäres überschätzt. Der Ruhrgebietler nimmt diese voreilige Rubrizierung genauso zur Kenntnis, wie er zunächst mit Amüsiertheit, dann mit wachsendem Verdruß die guten und mäßigen Kopisten seines Wortwerkzeuges, seiner Signalsprache hat über Bühne und Bildschirm ziehen sehen. Er wußte dabei, daß er typologisch wohl gemeint, nicht aber getroffen war. Wer meint, daß *Fußball, Bier* und *Taube* den Revierbewohner als eine Art Narkotika über eine aussichtslose Zukunft hinwegtrösten könnten, der ist zum anderen Mal einem kolportierten Klischee dieser Landschaft und ihrer Menschen erlegen.

Das Revier hat im Verlaufe seiner geschichtlich vergleichsweise kurzen, dafür aber bis zum Verglühen intensiven Existenz nie eine Hymne, ein Banner-Signet, ein Wappen nötig gehabt. Das entspricht der Bevölkerung, die auf repräsentatives Dekor unschwer verzichten konnte. Der Mensch zwischen Emscher, Lippe und Ruhr wird auch in Zukunft solche Embleme für entbehrlich halten. Was er aber nicht entbehren kann, ist ein wie auch immer beschaffener Ausblick in seine *Revier-Zukunft,* ist die *Vision.*

Noch ist das Revier lebendig, noch ist es nur »verkröppt«. Noch ist es nicht zu seinem eigenen Museum erstarrt. Ob es aber vital weiterexistieren darf, hängt zum jetzigen Zeitpunkt nicht mehr allein von den Menschen ab, die sich diese Landschaft erarbeitet haben.

Erwin Sylvanus

Wohin?

Er schaute ihnen zu. Vorsichtig. Unruhig. Zögernd. Sie sollten nicht bemerken, daß er ihnen zuschaute. Fast war er verlegen. Jedenfalls nervös. Er wollte, mußte Distanz halten. Seinen Ford hatte er in der Viktoriastraße abgestellt, einer Parallelstraße zur Lindenallee. Vorgestern hatte er die Großbaustelle an der Lindenallee entdeckt, als er zum Funkstudio fuhr. Wegen eines Interviews.
Nach langer Zeit wieder ein Interview. Für die Unterabteilung Wissenschaft der Hauptabteilung Kulturelles Wort. Eine junge Soziologin — seit kurzem verantwortliche Redakteurin — hatte ihn interviewt. Das heißt: hatte ihn sezieren wollen — wie etwas Totes, Vergangenes. Als sei er jemand, den man einfach sezieren könne und dürfe. Mit Worten, Fragen, mit lässig hingeworfenen Fremdworten. Immer noch nicht hatte er gelernt, Fremdworte richtig zu betonen. Vielleicht hatte man ihr das vorher gesagt. Sie gab sich orientiert. Überlegen.
Wie er es haßte, dieses Soziologendeutsch! Er kannte es zu genau. Von vielen, endlosen Diskussionen her. In Hochschulsälen und Kaschemmen, geschlossenen Gesellschaften und literarischen Vereinigungen. Mit knoll-international und Gelsenkirchner Barock. Mit Apo-Leuten, Leuten von sozialen und kirchlichen Akademien und Leuten vom republikanischen Club. Anfangs hatte ihm das gefallen. Sehr sogar. Man hatte geklatscht, wenn er zur Diskussion kam, zugehört, wenn er sich zu Wort meldete. Ein Arbeiter. Ein richtiger Arbeiter. Der sich am Bau hochgeschuftet hat. Der seit seinem vierzehnten Lebensjahr Beton mischt, Steine setzt, der selbst im Traum noch mit Kelle und Hammer umzugehen versteht. Der harte Hände hat. Arbeiterhände. Richtige Arbeiterhände. Wie diese Leute da am Bau. Denen er jetzt zusah.
Er hätte ihnen gern ganz aus der Nähe zugeschaut. Ihn interessierte, wie ihre Gesichter aussahen, welche Worte sie sich zuriefen. Auch die Baugeräte interessierten. Er hätte gern dabei gestanden, wenn der Speis automatisch in die Karren lief, die dann hochgehievt wurden. Von Jahr zu Jahr gab es Verbesserungen. Auch am Bau. Als Lehrling hatte er noch Speisvögel tragen müssen. Der Speis war noch mit Handbetrieb gemischt worden.
Das sind jetzt — Augenblick mal — genau zweiundzwanzig Jahre her. April 1948 hatte er angefangen. Gut zwei Monate vor der Währungsreform. Ein Halbwaise. Vater im Krieg verschollen. Mutter in einem winzig kleinen Haus, einer Kate, mit fünf Hühnern im Waschküchenverschlag, einem Karnickelstall, dem Großvater — nach dem Gesetz war Großvater noch Besitzer des Hauses — und Tante Fienchen. Fast taub. Keine leibliche Tante. Mutter hatte sie von einer Großbauernfamilie zur Pflege übernommen. Gegen Lebensmittel.

Aber das hatte er erst später erfahren. Nach der Währungsreform. Als der Großbauer noch immer meinte, Mutter könne Tante Fienchen gegen Naturalien auch weiter bei sich wohnen lassen. Tante Fienchen blieb weiter wohnen. Ohne Naturalien. Mutter hatte ihren Stolz. Sie ging Putzen zum Gastwirt und half ihm in der Küche. Tante Fienchen versorgte inzwischen den Jungen, wenn er aus der Schule heimkam.

Großvater war Maurer, dreiundsechzig oder vierundsechzig Jahre alt. Fragte man ihn, gab er abwechselnd das eine oder andere Alter an. Ein guter Maurer. Ein verläßlicher Kollege. Abends trank er, vertrank seinen ganzen Lohn. »Mir reichts«, sagte er im Suff, »mir reichts«. Und: »Was ich erlebt habe!!! Mir reichts.« Auf nichts war er ansprechbar. Nicht einmal auf seine beiden Söhne, die im Krieg geblieben waren, wollte er sich ansprechen lassen. »Mir reichts«, das war die einzige Auskunft. Und auch sein Enkel hatte kaum je mehr von ihm gehört als das karge »mir reichts«.

Auf den Baustellen wurde er geschätzt. Er packte richtig an und wußte auch, wo anzupacken war. Während der Arbeit sprach er kaum ein Wort, ohne unfreundlich zu sein. Bei Zoten lächelte er ein wenig. Selbst erzählte er nie eine. Während der Frühstücks- und Mittagspause las er aufmerksam die Kreiszeitung. Aber nie sagte er seine Meinung über das, was er gelesen hatte. Weil er fast seinen ganzen Lohn versoff, neckte man ihn gern. Er ließ es zu, war nicht beleidigt. Ein Sonderling. Sollten sie für ein neues Haus, neue Möbel und eine elektrische Waschmaschine sparen! Er hatte seine Arbeit, seinen Alkohol, sein Bett und seine Schwiegertochter, die ihm die Socken stopfte und sorgte, daß täglich sein Essen bereitstand. Obwohl er keinen Pfennig aus seiner Lohntüte abgab. Sie würde das Haus erben. Sie bekam eine Witwenrente und der Enkel eine Waisenrente. Und dann war Tante Fienchen da. So ungefähr mußte seine Logik aussehen, mit der er begründete, daß er nichts abgab. Er wollte nicht noch einmal von vorn anfangen wie die andern. Januar 1948 war seine Frau gestorben. Ein Jahr älter als er. Auch von seiner Frau sprach er nie in den Kneipen. Nur »mir reichts«, sonst nichts. Und: »Was ich erlebt habe!! Mir reichts!«

Großvaters Frau hatte Tante Fienchen nicht gemocht. Wegen Tante Fienchen war es zu Auseinandersetzungen gekommen, die Tante Fienchen nicht verstand. Seine Frau hatte Tante Fienchen nicht gemocht, so wie Großvater Architekten nicht mochte. War ein Architekt in Sicht, verschwand er. Bauherren ignorierte er. Richtfeste ließ er aus. Was er trank, kaufte er sich selbst. »Mir reichts«, pflegte er auch bei und nach seinen Einkäufen zu sagen. Übrigens brachte er immer seinem Enkel etwas mit.

April 1948 nahm er seinen Enkel mit zum Bau. Allen schien es selbstverständlich zu sein, daß er seinen Enkel mitnahm. Nur seinem Enkel schien es nicht selbstverständlich. Er mochte seinen Großvater nicht. Seinetwegen wurde er gehänselt. Am Bau herrschten rauhe Sitten. Am besten kam man noch mit denen aus, die gerade aus der Kriegsgefangenschaft entlassen worden waren. Man hänselte ihn nicht nur wegen des Großvaters. Auch weil er vier Jahre lang als Meßdiener dem Vikar beim Gottesdienst geholfen hatte. Auf Wunsch der Mutter. Das Dorf war katholisch. Sauerländisch-katholisch.

Gerade jetzt mußte er wieder an seine Meßdienerzeit denken. Ein Arbeiter tauchte den Maurerquast in einen Kunststoffeimer — in seiner Lehrzeit hatte es nur Zinkeimer gegeben — und näßte anschließend ein Stück Putz, vermutlich Probeputz. »Dominus vobiscum. Et cum spiritu tuo.« Der Arbeiter auf dem Gerüst hatte wohl keine Meßdienervergangenheit. Er machte seine Bewegungen gelangweilt genau. Dachte vielleicht an die Raten für das neue Auto, den neuen Fernseher, an die Bundesliga, eher jedenfalls als an Mitbestimmung, den Kampf der Gewerkschaften. . . . an welchen Kampf? Die Leute vom Bau gehören zu den bravsten Arbeitern. Im Heimatdorf hatten sie ausnahmslos auf die Gewerkschaft geschimpft. Beiträge? Eigentlich weggeworfenes Geld. Kirchensteuern hatten sie klaglos bezahlt. In der Großstadt war es nicht ganz so schlimm. Mit achtzehn hatte er das Dorf verlassen, war einfach abgehauen. In der Großstadt spürte man die Gewerkschaft auch mehr.

»Ihr Verhältnis zu den Gewerkschaften?« Eine der dummen Fragen der jungen Soziologin. Als ob man das in einem kurzen Satz ausdrücken könnte. Zudem ließ sich aus seinen Veröffentlichungen unschwer sein Verhältnis zu den Gewerkschaften herauslesen, den vielen Stellungnahmen und Aussagen, die er gemacht hatte, nachdem er mit seinem Theaterstück »Am Bau« einen nachhaltigen Erfolg gehabt hatte. In der Bundesrepublik und in der DDR, in den nordischen Ländern, in Holland und Belgien, England, Italien, Jugoslawien und der CSSR. . . . Wieviel Länder es insgesamt waren, die ihn aufgeführt hatten, konnte er auf Anhieb nicht sagen. Da mußte er zu zählen beginnen wie der Großvater, wenn man ihn fragte, wie alt er sei.

»Sie haben die Entfremdung der Arbeiter in der Bauindustrie erstmals zureichend dargestellt.« Wie gnädig von der jungen Dame, daß sie ihm dieses »zureichend« bescheinigte. Mit Lautgedichten und Prosa mit nicht erzählbarem Inhalt wäre es wohl auch nicht zu schaffen gewesen. Er hatte Arbeiter sprechen lassen, wie sie nun einmal sprechen, hatte den eigenen Unfall, dessentwegen er den linken Fuß noch heute ein wenig nachzog, auf die Bühne gebracht — oder richtiger, der Dramaturg hatte das getan, dem er das Manuskript zugeschickt hatte, der es mit ihm überarbeitet hatte. Eine herrliche Zusammenarbeit, an die er sich gern erinnerte. Nur, daß der ihn später anpumpen wollte, klingende Dankbarkeit forderte.

Er wollte nicht mehr daran erinnert werden. Bis heute hatte er es niemandem gesagt. Nur, daß ihm der Enthusiasmus dieser herrlichen Zusammenarbeit bei allen folgenden Arbeiten gefehlt hatte. Und auch ein vergleichbarer innerer Erfolg. Der äußere Erfolg mochte zunächst noch größer gewesen sein. Aber wen ging das etwas an? Die junge Soziologin schon gar nicht.

Ihr Busen war nicht besonders gewesen. Ihre Hände freilich hatten ihm gefallen. Sehr kleine, fast puppige Hände. Gepflegt. Wächsern. Schon bei der Begrüßung war es ihm nicht unangenehm gewesen, für einen Augenblick diese kleinen, fast puppigen Hände zu halten. Obwohl er die Soziologin nicht mochte. Auf den ersten Blick hin nicht mochte. Er mochte diese Bürgerkinder insgesamt nicht, die im Schutze von Vaters Brieftasche aufgewachsen waren. Gymnasium, Abitur, einige Semester Soziologie, Literaturwissenschaft, Anglistik. Und die dann zur Presse überwechselten, in Lektorate, Dramaturgien, zum Funk oder Fernsehen. Die sich so unheimlich sicher glaubten. Eigene Urteile nie in Frage stellten. Und sich in all ihrer Sicherheit nach richtigen Arbeitern sehnten, Arbeitern mit Arbeiterhänden. Um mit ihnen Gespräche, Debatten zu führen. Um sich bestätigt zu fühlen. Sie verlangten nach Arbeitern, die radikale Mitbestimmung wollten und keinen amerikanischen Faschismus. Die sich nicht nach einem neuen Auto oder einem neuen Fernseher sehnten, die nicht für ein Eigenheim sparten oder für die Urlaubsreise. Nein, sie wollten Arbeiter, die kämpften. Und zwar genau so kämpften, wie das in ihren theoretischen Büchern beschrieben wurde. Diese jungen Herren und Damen, die sich als Gralshüter der marxistischen Literatur verstanden, diese Literatur zitieren und mit ihr überklug argumentieren konnten. Diese jungen Herren und Damen, die so gescheit waren und manchmal nett. Nur: sich mit den Arbeitern identifizieren, ihren Arbeitsalltag teilen, mit ihnen an Tresen stehen, das mochten sie nicht.

»Wie ist Ihre innere Entwicklung seit der Uraufführung ›Am Bau‹ zu sehen?« So hatte sie gefragt. Mit zusätzlichem Fragezeichen in der Frage. Er hatte dieses zusätzliche Fragezeichen gehört, gut gehört. Übersetzte man dieses Fragezeichen in Sätze, dann kam dabei heraus: »Sie haben sich überhaupt nicht entwickelt. Die Entwicklung ist an Ihnen vorbeigegangen. Und wenn Sie sich nicht endlich weiter entwickeln, sind Sie erledigt. Zudem Sie auf die Vierzig zugehen. Von einem, der über Vierzig ist, erwarten wir jungen Menschen nicht mehr viel. Also beeilen Sie sich. Hören Sie auf uns. Auf mich. Aber Sie wollen ja nicht hören. Ihr Marxismus ist veraltet, festgefahren, nicht dynamisch genug.« Es hatte ihn nicht überrascht. Er war auf dieses Mißtrauen gefaßt gewesen. Auf diese lauernden Fragen. Und auch darauf, daß man ihn abschrieb. Nicht offen. Nicht laut. Dokumentieren war jetzt Triumph. Das Sezieren anderer. Er hatte nur von sich selbst gesprochen, von seinen Erfahrungen. Davon, wie man ihn gequält hatte. Einen Arbeiter aus der Provinz, der finstersten Provinz. Aus dem Dorf auch mit Großvater und Tante Fienchen. Und Dominus vobiscum. So etwas nannten junge Soziologinnen heute proletarischen Waschküchenmief. Davon konnte man nicht erzählen, durfte es nicht. »So etwas transportiert für uns nichts«, sagten sie wohl, wenn sie nicht verletzen wollten. Oder ganz einfach: pubertätsbezogene Lyrismen. Und wenn sie bösartig waren, gar: »Blut- und-Boden-Kitsch, mit linker Sahnespritze garniert«.

Er kam jetzt unbefangen näher. Mit einer gewissen Vertraulichkeit. Er wollte den Arbeitern auf ihre Hände schauen können. Er wollte ihre Gesichter sehen. Arbeiter am Bau. Er war ihr Kollege. Noch immer. Kollege auch der Gastarbeiter am Bau. Er hatte sich immer für sie eingesetzt. »Das sind Arbeiter wie wir.« Und war erschüttert, auf Vorurteile zu stoßen. Auf Neid, Verachtung für die Anderssprechenden. Die man am Feierabend sich selbst überließ. Solidarität — auch ein Wort aus der sozialistischen Mottenkiste? Für ihn das erste Wort des Sozialismus, das erste Wort jeder Befreiung. Und das zweite Wort — Identifikation mit allen, die arbeiten, schuften, gequält, verfolgt werden. Das zweite Wort jeder Befreiung. Auch vom Egoismus.

Vielleicht bildete er sich nur ein, daß man ihn möglicherweise erkennen würde. Als den Kollegen, der »Am Bau« geschrieben hatte. Um den sich Funk und Fernsehen gerissen hatten. Sie waren ihm nachgefahren. Hatten ihm Angebote gemacht. Die Illustrierten waren gekommen. Die Magazine. Etliche Verlage. Er hatte mehr gearbeitet als früher am Bau. Mehr noch als in der Zeit, in der er abends an seinem ersten Bühnenstück schrieb. »Du bist verrückt«, hatte Ines gesagt, mit der er damals zusammenwohnte. »Meschugge bist du. Gehen wir lieber aus!« Er hatte geschrieben. Von seinem Unfall geschrieben, der dem Boß zu verdanken war. Die Schutzmaßnahmen hatte der vernachlässigt und lieber neue Maschinen gekauft, immer neuere und noch neuere Maschinen, die eine Stange an Investitionsgeldern forderten — »ich muß konkurrenzfähig bleiben, die größte Firma am Ort!« Auf Kosten der Leute, der Arbeiter im Bau, hatte er es geschafft, der größte zu bleiben.

Eine solche Wirtschaftswundertype hatte er beschreiben wollen. Aber Ines hatte ins Kino gewollt. Zu einem Bierchen mit ihm. Oder sie hatte einfach mit ihm schlafen wollen, wenn er sich hinter den Küchentisch setzte, um zu schreiben, seine Beobachtungen zu Papier zu bringen. Ines war flott im Bett. Sie verstand sich auf allerlei. Als sich der Erfolg einstellte, war es mit ihr einfach nicht mehr auszuhalten. Sie sah nur noch das Geld auf den Überweisungsabschnitten. Sie wollte heiraten. Mit einem weißen Kleid. Mit Pastor und Orgel. Und »Dominus vobiscum«. Er hatte sie verlassen. Verkäuferin war sie gewesen. Plötzlich hatte sie Frau Schriftstellerin sein wollen. Früher hatte sie scherzhaft gesagt »Dummer Maurer«. Und im Streit auch: »Ich bin etwas Besseres. Verkäuferin. Mit sauberen Händen!«

Daß die Leute mit den Lohntüten sich untereinander genau so benahmen wie die Oberen, die Reichen. Vor allem, wenn sie einige Scheine mehr als andere in ihren Tüten hatten. Daß sie unbedingt etwas Besseres sein wollten. Wie er diese Bürgerlichkeit haßte! Aber darüber konnte er nicht schreiben. Aus Solidarität nicht. Man mußte es schlucken. Aus Solidarität schrieb er nicht über die jungen Arbeiterfrauen, die sich in ihren Ansprüchen durch die Werbung manipulieren ließen. Aus Solidarität mit seinen Kollegen schrieb er auch nicht über die Arbeiter, die sich vom Chef aushalten ließen, Zuträger wurden für einige heimlich kassierte zusätzliche Scheine. Er prangerte sie nicht an. Solche Freuden wollte er keinem Chef und keinem Boß billig ins Haus liefern. Eher — die Revolution. Aber ihre Wirklichkeit schreckte ihn ab. Er wußte, er war nicht konsequent. Mittlerweile wußte er das. Seitdem resignierte er, ohne es sich selbst einzugestehen. Wurde müde. Begann seine Schreibmaschine zu fürchten. Sehnte sich zurück. Nach wirklichen Kollegen. Kumpels von damals. Nach Karli zum Beispiel.

Karli war Maurer geblieben und Kumpel. Karli scherte es nicht, daß plötzlich das Gesicht eines Maurers aus seiner Bude im Fernsehen auftauchte und in den Zeitungen. Karli war und blieb Kumpel. Der war auch nicht neidisch. Freute sich, daß es einer aus seiner Bude geschafft hatte. Einer, der sich Gedanken machte und fleißiger war als er selbst. Mit Karli konnte man noch saufen wie früher, wenn es sein mußte. Auf Karli war Verlaß. Am besten, er fuhr noch heute zu Karli. Brachte Karlis Frau eine Riesenpackung Pralinees und ging dann mit ihm in die »Pilsecke«. Karli konnte man alles erzählen und auf seine Verschwiegenheit rechnen. Man konnte ihm auch getrost von der jungen Soziologin erzählen und dem Interview mit ihr. Von ihren kleinen Händen und den dämlichen Fragen. »Konntest Du sie dann nicht vögeln?«, würde Karli fragen. Und das war eine gute Frage.

Bald mußte Feierabend sein. Die Vorfeierabendruhe und Vorfeierabendungeduld kamen auf. Die Männer in den weißen Leinenkitteln und mit den weißen Schutzhelmen peilten den Feierabend an. Ob die kleine Baufirma im Heimatdorf wohl noch existierte? Damals hatte man blaugestreifte Arbeitskluft getragen. Schutzhelme kannten sie nicht einmal vom Hörensagen. In zwei Stunden konnte er im Heimatdorf sein und seine Mutter fragen. Großvater war tot. Tante Fienchen war tot. Mutter bewohnte das kleine Haus allein. Sie war ein wenig wunderlich geworden. Führte zum Beispiel Tagebuch. Seit ihr Junge den großen Erfolg hatte, schrieb sie Tagebuch. »Für Dich, Junge«, gab sie ihm zur Begründung an. Sie schrieb Beobachtungen auf, die sie in der Nachbarschaft machte. Und sie konnte verdammt gut beobachten. Von ihr mußte er die Fähigkeit gelernt haben, zu schreiben. Auch über die Natur schrieb sie, über Tiere, Blumen, den kleinen Garten und seine Pflege.

»Damit Du später weißt, wo Du solche Dinge finden kannst, von denen schon bald nicht mehr gesprochen wird!« Sollten sie das garnierten Blut-und-Boden nennen. Seiner Mutter wegen blieb er in der Kirche, bezahlte Kirchensteuern. Nicht wegen der Meßdienerei. Seine Frau drängte, er solle austreten. »Das viele, sündhaft viele Geld!«, stöhnte sie. »Wo Du doch links bist!« Sie begriff nicht, warum er nicht austrat. Solange seine Mutter lebte — nein! Sie war der Grund, daß er zahlte. Nicht das »Dominus vobiscum«.

Die Männer an der Baustelle begannen, ihre Geräte zu säubern. Auch dabei schaute er ihnen zu. Kam noch näher. Sie erkannten ihn nicht. Vor vier, fünf Jahren noch hätten sie ihn erkannt. Vermutlich vor drei Jahren noch. Es hatte ja genügt, daß einer vom Bau sagte. »Der da . . . das ist doch . . .?!«. Damals erkannten sie den Kollegen, der ihre Arbeit am Bau berühmt gemacht hatte. Wie oft hatte er das erlebt! Sie hatten sein Autogramm gewollt. Sie hatten sich mit ihm unterhalten wollen. »Ich könnte Dir eine Geschichte erzählen. Die ist noch einige Grade brisanter als Deine Geschichte. Die von dem Unfall. Weswegen Du jetzt humpelst. Aber immerhin hat es sich doch gelohnt. Mensch, was Du jetzt verdienst!«

Er hatte Bier kommen lassen. Einige Monate lang war es ihm angenehm gewesen, von seinen ehemaligen Kumpeln erkannt zu werden. Aber bald schon war es ihm nicht mehr angenehm gewesen. Er mußte sich wegen Terminen entschuldigen, die sie nicht verstanden. Wegen Verpflichtungen, die sie nicht verstanden. Rücksichtnahmen, die sie nicht verstanden. Auch stellten sie immer die gleichen Fragen. Aber auch Interviewer stellten immer die gleichen Fragen. »Weshalb schreiben Sie?« Damit fing es an. Darauf wollten sie eine Antwort. Nur einmal hatte er seine Mutter erwähnt, Großvater, Tante Fienchen. »Sozialidylle« hatte der Professor dazu bemerkt, der die angesehenen Fernsehrezensionen schrieb. Ein Professor muß so etwas schließlich beurteilen können.

Es war ein warmer Oktobernachmittag. Aber ihn fröstelte. Er hatte keinen Mantel angezogen. Trotzdem machte er eine Bewegung zum Hals, als könne er den Mantel fester an sich drücken.

Er hatte sich überschätzt. Die Bauarbeiter nahmen den Mann, der da stand und zuschaute, gelangweilt, höchstens ein wenig amüsiert zur Kenntnis, wenn überhaupt. Niemand erkannte ihn. Sie gingen an ihm vorbei. Jetzt wäre es ihm angenehm gewesen, wenn ihn einer erkannt hätte. Fast stand er ihnen im Wege, als sie zu ihren Fahrzeugen gingen. Er gehörte nicht mehr zu ihnen. War irgend jemand. Ob sie ihn erkannt hätten, wenn er gesagt hätte: »Ich bin Schriftsteller. Vorher war ich Maurer wie Ihr. Zwar liegt das schon eine Reihe von Jahren zurück . . .« Er war vorsichtig gewesen. Als das Stück angenommen wurde, hatte er die Arbeit am Bau nicht sofort aufgegeben. Er war gegenüber seinem Start als Schriftsteller mißtrauisch geblieben. Auch noch nach dem spektakulären Erfolg der Uraufführung. Als Redakteure und Dramaturgen sich die Klinke seiner Wohnungstür in die Hand gaben. Als ihn die Firma auf krummen Wegen entließ. Auch als er den Prozeß wegen des Unfalls gewann. Als ihm eine kleine Rente zugebilligt wurde. Er hatte dem Start als Schriftsteller mißtraut. Er war aufgewachsen in Mißtrauen jedem Wort gegenüber. Auch als er heimlich zu schreiben begonnen hatte: das Mißtrauen war nicht gewichen. Drüben, in der DDR, billigte man einem Arbeiter Intelligenz zu, schreiben zu können. Hier aber nicht. Eine Zeit lang hatte er sogar vorgehabt, nach drüben zu gehen. Damals, als er heimlich schrieb und die Sache mit Ines kaputt zu gehen begann. Weil sie ihn auslachte. Von ihrem Verkäuferinnenstandpunkt aus. Auch nach dem Erfolg seines Theaterstückes hatte er noch vorgehabt, nach drüben zu gehen. Aber dann war er drüben herumgereist. Und wenn er die Dramaturgen, Lektoren und Redakteure mit den Dramaturgen, Lektoren und Redakteuren hier verglich, war da ein so großer Unterschied? Auch drüben trat man sich gegenseitig tot, um selbst weiter zu kommen. Auch drüben gab es Zwänge der Konkurrenz, der Leistung. Es war deprimierend, das erfahren zu müssen. Die Revolution wollen. Aber doch nicht so ganz. Das war sein politisches Dilemma. Jahrelang hatte er sich vor diesem Dilemma in die Arbeit am Schreibtisch geflüchtet. Diese Flucht war ihm jetzt nicht mehr möglich. Es machte nicht mehr Freude wie früher, zu schreiben.

Aus Enttäuschung hatte er geheiratet. Das ist die Wahrheit. Nicht ein Mädchen wie Ines, eine Verkäuferin, die nur leben und fröhlich sein will. Er hatte es klüger anfangen wollen und eine Redakteurin geheiratet, ein Mädchen mit Abitur. Hatte er sie geliebt, liebte er sie? Ließ sich darauf eine Antwort finden? Nachträglich? Das Zwillingspaar war gekommen, Dietmar und Rainer, und er hatte geglaubt, es geschafft zu haben, glücklich zu sein. Endlich.

Der letzte Maurer der Großbaustelle, ein Polier wahrscheinlich, schaute ihn an. Erkannte er den Neugierigen im roten Rollkragenpullover, der sich an den Bauzaun lehnte und unentwegt auf den halben Rohbau und das Gerüst blickte? Der Polier schien fragen zu wollen. Ließ es dann aber. Zuckte nur mit den Achseln.

Der ungebetene Besucher machte zwei, drei leicht schleppende Schritte. Diese leicht schleppenden Schritte, die von dem Unfall herrührten, waren einmal eine Art Erkennungszeichen gewesen. Er wollte jetzt erkannt werden. Der Polier wandte sich gleichmütig ab. Ging noch einmal zu der Baubude. Überprüfte die Schlösser. Die Sicherungslampen am Bauzaun. Ging so nah an dem Besucher vorüber, daß sich ihre Kleidungsstücke fast berührten. Verschwand dann.

Der Unfall, von dem der leicht schleppende Gang zurückgeblieben war, hatte es ausgelöst: daß er schrieb. Nicht so sehr der Prozeß, der dem Unfall folgte. Im Krankenhaus hatte er angefangen zu schreiben und die beschriebenen Blätter zunächst vor Ines verborgen gehalten. Er schrieb langsam, wußte nicht, wo die Satzzeichen richtig zu setzen waren. Trotzdem kaufte er keine Grammatik. Er schrieb — als Rekonvaleszent. Der Arzt bescheinigte ihm: achtzig Prozent arbeitsfähig. Die Firma beschäftigte ihn daraufhin als Lagerverwalter weiter. Nach dem Prozeß hatte er noch diese und jene Stellung angenommen, dann hatte er der Dramaturgie des Theaters in der Nachbarstadt sein Stück in den Briefkasten geworfen. Ines hatte ihn verlacht, gedemütigt. Dann war der Dramaturg zu ihm gekommen, hatte ihn beglückwünscht, hatte bald auch einen Verlagslektor mitgebracht. Ines war wie verwandelt gewesen. Aber er hatte Ines nicht mehr gemocht. Dramaturg und Lektor zuckten immer ein wenig zusammen, wenn sie sprach, während sie gemeinsam über dem Stück saßen. Wenn das Fernsehen in seine Wohnung kam, wollte sie unbedingt mit auf den Film. Warum wiederholte er sich diese Situationen immer wieder?

Die Uraufführung wurde zur Sensation. Ein Arbeiter hatte ein Theaterstück geschrieben. Ein Arbeiter vom Bau über die Probleme am Bau. Ein richtiger Arbeiter hatte in der Bundesrepublik ein Stück geschrieben, hart, engagiert, ohne Pathos — kein Nachfahre der Arbeiterdichter vor 1933. Eine Sensation: für die germanischen Seminare, die linken Studenten, für die Soziologen, die Literaten und die Rezensenten. Arbeiter sprachen in diesem Stück so, wie sie eben sprechen. Dabei hatte es nicht einmal einen richtigen Schluß. Der Dramaturg hatte dringend geraten, den im Stück ausgeschriebenen Schluß fortzulassen. Man müsse das Publikum zum Nachdenken bringen. Über die gesellschaftlichen Zustände. Man müsse Nachdenken provozieren. Kein normaler Schluß, bitte! Offene Dramaturgie.

Die Bühne hatte noch das Ihre hinzugetan. Der Intendant hatte selbst inszeniert. Das Stück eines richtigen Arbeiters! Der auf alles schimpfte: die Herren da oben, in den Betrieben und den Gewerkschaften, die Herren da oben in Bonn, die vollgefressenen Wohlstandsbürger, nur darauf bedacht, sich noch mehr leisten zu können. Der Intendant hatte Songs hineingearbeitet und geballte Fäuste. Und nun konnte jeder das Stück auf seine Art fertig schreiben. Die linken Studenten konnten es fertigschreiben, die Soziologen und Germanisten, die vielen Bühnen, die das Stück nachspielten. Es machte Furore.

Ist das nun endgültig Vergangenheit? Warum erinnerte er sich jeden Tag mehrfach an diese Vergangenheit? Suchte sie zu überprüfen, zu befragen. Was hatte er falsch gemacht?

Der Erfolg hatte ihm geholfen, Ines vergessen zu können. Er hatte ihm geholfen, die Journalistin zu heiraten. Kein Typ wie die junge Interviewerin, eher mütterlicher, bürgerlicher. Nach der Hochzeit gab sie ihren Beruf auf. Die Kinder waren gekommen. Er hatte am Stadtrand ein Fertighaus gekauft. Über Nacht war er ins Geschäft gekommen. Ein richtiger Arbeiter. Man ließ sich mit ihm photographieren. Rühmte sich seiner Freundschaft. Auch wenn man hinter seinem Rücken munkelte: Literatur ist das nicht. Aber — es hat Erfolg. Er konnte sich als Schriftsteller etablieren. Und zweifelte, daß er sich etablieren dürfe. Er wollte auch als Schriftsteller Maurer bleiben. Warum ging das nicht?

Er hatte Neid zu spüren bekommen. Die Schriftstellerkollegen benahmen sich in der Mehrzahl untereinander viel unkollegialer als sich die Kollegen vom Bau untereinander benommen hatten. Er hatte böse Erfahrungen machen müssen. Insgesamt hatte es am Bau mehr Solidarität gegeben.

Vor etwa zwei Jahren hatte es angefangen: daß er morgens nicht mehr begierig war, sich vor die Schreibmaschine zu setzen. Schreiben wurde Pflicht. Gewiß fiel ihm noch immer Neues ein. Gewiß erfuhr er noch Faktisches von den Zuständen in den Betrieben, wenn er sich mit Arbeitern an Tresen stellte. Aber — ihn verließ das Drängen, aufzuschreiben, was weh tat, was andern weh tat. Nicht das Engagement für die Forderungen der Arbeiter verkümmerte. Es verkümmerte die Begierde, sich mittels der Worte und Sätze zu engagieren. Er versuchte, sich in der Politik zu engagieren. Und scheiterte. Er war zu ehrlich. Man sagte: er haut und stößt und kämpft nach allen Seiten. Das können wir nicht gebrauchen. Wir brauchen besonnene Köpfe. Für einen langen Marsch zur Macht. In der von uns vorgezeichneten Richtung. Macht — ohne Disziplin läßt sie sich nicht erreichen. Du bist undiszipliniert, Genosse, vielleicht sogar anarchistisch.

Er stand nun allein vor der Baustelle. Der Boden zementgrau. Seine Frau würde schimpfen. Sie verstand nicht, daß er immer wieder Baustellen aufsuchte, fremde Baustellen, die ihn   nichts angingen. Und zuschaute. Den Arbeitern am Bau zuschaute. Hatte er sie verraten, als er sich ein Fertighaus kaufte? Oder gab es einen andern Grund?

Er war seiner Frau nicht gram, wenn sie nicht verstand, daß er fremde Baustellen aufsuchte — aufsuchen mußte aus einem Zwang, für den er selbst keine plausible Erklärung wußte. Auf jeden Fall war es nicht ihretwegen, wenn er oft allein sein wollte. Er hatte keinen Fehlgriff gemacht, als er sie heiratete, er bereute nicht, sich von Ines getrennt zu haben. Er liebte seine Kinder. Hatte keine finanziellen Sorgen. Noch nicht.

Früher hatte er gern geschrieben. Heute wußte er, daß er früher sogar aus Leidenschaft geschrieben hatte. Dann war der unerwartete Erfolg gekommen. Er war verwöhnt und verhätschelt worden. Immer wieder kehrten seine Gedanken zu diesen ersten Monaten des Erfolges »Am Bau« zurück. Er hatte ein neues Leben beginnen können. Noch immer hatte er aus Leidenschaft geschrieben. Gewiß auch für Geld. Der eigentliche Antrieb aber — da konnte er vor sich selbst ehrlich sein — war die Sucht gewesen, Unrecht, Mißstände aufzudecken, für größere soziale Gerechtigkeit einzutreten, und: die Armut der Kindheit vergessen zu können. Das alles freilich hatte er der jungen Soziologin nicht gesagt, als sie ihn fragte: »Warum schreiben Sie?« Wie ihn diese Frage anekelte, die ihm schon hundertfach gestellt worden war.

Ekelte sie ihn eigentlich noch an? Er war doch dankbar gewesen: endlich wieder ein Interview! Lesungen, Interviews, Einladungen zu Podiumsgesprächen waren seltener geworden. Sein zweites Stück hatte kaum noch Resonanz gefunden. Ein Roman war leidlich verkauft worden. Das dritte Stück mochte er nicht mehr schreiben. Es gab neue Namen, mit denen man sich beschäftigte, die man verhätschelte. Gewiß, sein Name galt noch immer etwas. Freunde hielten noch zu ihm. Sender gaben ihm Aufträge. Er hatte Einfälle wie früher. Nur führte er sie nicht mehr immer aus. Er hatte begonnen, sich vor seinen Einfällen zu drücken. Er mochte nicht mehr schreiben. Das war es.

Er hätte schon das Stück nicht schreiben sollen, das ihn berühmt machte. Aber er konnte nicht mehr zurück. Nun war er Schriftsteller und mußte es bleiben. Für seine Frau und die Kinder. Für die Öffentlichkeit. Er war ja nicht gescheitert. Er hatte einen guten Namen, konnte sich ausruhen, wann er wollte, aussetzen. Vielleicht in drei, vier Jahren ein Come-back wagen.

Er ging zu seinem Auto in der Viktoriastraße. Jetzt müßte ein Nieselregen kommen, dachte er. Ein richtiger — literarisch einwandfrei zu beschreibender — Nieselregen. Aber der Himmel blieb fast klar. Ein unliterarischer Abendhimmel. Kein Ansatz von irgendwelcher Röte. Er schaute sich um. Daß er den Wagen in der Parallelstraße zur Lindenstraße abgestellt hatte, war das einzig Literarische, das zu entdecken gewesen wäre. Kitschig bin ich nun auch schon, dachte er vor sich hin. War ich vielleicht immer kitschig? Wenn ich schrieb — war das Unrecht? Er konnte sich nicht verdammen. Seine Anfänge nicht. Seine Erfolge nicht.

Er saß vor dem Steuer und wußte nicht, wohin er fahren sollte. Zu seiner Mutter? Zu Karli? Oder zu seiner Frau? Oder sollte er die Soziologin anrufen, sie zu einem privaten Gespräch bitten? Er würde es bei ihr leicht haben.

Er saß vor dem Steuer und konnte sich nicht entschließen, irgendwohin zu fahren. Wohin gehöre ich, fragte er sich.

Er steckte sich eine Zigarette an. Morgen würde er sich wieder zwingen, einen Auftrag auszuführen, ein feature über linke Studenten. Vielleicht würde es übersetzt werden. Andere Anstalten würden es bestimmt übernehmen. Und dann? Dann?

Er bedachte, wie stolz seine Mutter war. Immer noch. Wie sie Tante Fienchen versorgt hatte. Ohne Naturalien. Sie würde ihn verwöhnen, wenn er zu ihr führe. Aber seine Sorgen nicht verstehen. Sie würde ihm die Sorgen wohl glauben. Aber seine Frau dafür verantwortlich machen. Das mochte er nicht. Weil es Unrecht war.

Zu Großvater konnte er nicht mehr fahren. Mit dem wäre er ausgegangen, hätte sich von Großvater den Alkohol bezahlen lassen. Nur um zu hören »Mir reichts«. Das war das Wort! »Mir reichts! Was ich erlebt habe. Mir reichts!« Die Redakteure und Dramaturgen und Lektoren und Soziologen. »Mir reichts!« Ich verkrafte das nicht mehr. Und langsam, ganz langsam rücken sie von mir ab. Suchen eine neue Sensation, einen neuen Hit. Den neuen Namen. Der sich konsumieren läßt. Nur ein ehemaliger Bauarbeiter darf es diesmal nicht sein. Den hatten wir schon. Erledigt. Dieses Kästchen ist gefüllt.

Nach Hause, zu den Kindern, zu — nein. Zu Hause, das hieß auch Schreibmaschine.

Wo mochte Ines jetzt leben? Er hatte sie aus den Augen verloren. Sollte er — nein.

Erledigt. Diese Kästchen sind gefüllt.

Er ließ den Motor an.

Klaus Tscheliesnig

Fragwürdigkeiten am Arbeitsplatz

1. LEHRE

1.1. Wie kam es zu dem Entschluß, diese Lehre zu ergreifen
1.2. Welche Hoffnungen wurden in diese Lehre gesetzt
1.3. Wann wurde man in diesen Hoffnungen und Erwartungen enttäuscht
1.4. Welche Ereignisse trugen dazu bei
1.5. Oder hat die Lehre den gestellten Erwartungen Genüge geleistet
1.6. Welcher Beruf wird erlernt
1.7. Wird dieser Beruf Zukunft haben
    a) in der Form wie er im Betrieb gelehrt wird
1.8. Wird in der Lehre hauptsächlich nach Betriebsinteressen ausgebildet
    a) wieso / wieso nicht
    b) wie sieht diese Ausbildung aus
1.9. Könnte man mit dieser Ausbildung auch bei anderen Betrieben arbeiten
1.10. Oder wäre das Arbeiten beim anderen Betrieb mit großen Umstellungen in der eigenen Arbeitserfahrung verbunden
1.11. Mußte nach dem Ende der Lehre eine zweite Lehre begonnen werden, da die Arbeitsweisen im erst erlernten Beruf teilweise automatisiert sind oder in nächster Zeit automatisiert werden
1.12. Oder mußte man nach Beendigung der Lehre Umschulungs- oder Aufbaukurse besuchen, die einen auf den neuesten Stand brachten
1.13. Besteht die Gewißheit, später weiter im erlernten Beruf bleiben zu können
1.14. Lernt man in der Lehre mehr für sein Leben oder ist man nur eine billige Arbeitskraft und ist das, was man gelehrt bekommt, nur dazu da, daß man die jeweiligen Hilfsarbeiten machen kann
1.15. Was sagen die Kollegen darüber
1.16. Wieviele Kollegen arbeiten in dem Beruf, den sie erlernt haben
1.17. Welche Arbeiten müssen verrichtet werden
1.18. Hilfsarbeiten, Serienarbeiten, mußt du inoffiziell am Band arbeiten (aus Strafe)
1.19. Oder mußt du die Arbeiten eines Ausgelernten verrichten
1.20. Welche Arbeiten überwiegen
1.21. Wieviel haben diese Arbeiten mit meinem Berufsbild zu tun
1.22. Wird der Ausbildungsplan eingehalten

2. MEISTER UND AUSBILDER

2.1. Wie ist das Verhältnis zum Meister
2.2. Ist der Meister freundlich

2.3. Oder befiehlt der Meister mehr

2.4. Wie macht er das Befehlen

2.5. Teilt der Meister Strafen aus

2.6. Welche Strafen teilt er aus

2.7. Was berichten die Kollegen in der Berufsschule darüber

2.8. Betrachtet sich der Meister als Kollege oder mehr als Vertreter der Geschäftsleitung

2.9. Was sagt der Meister, wenn ein Lehrling krank wird

2.10. Erlaubt der Meister das Sprechen der Kollegen untereinander

2.11. Achtet der Meister darauf, daß man etwas lernt

2.12. Oder achtet er mehr darauf, daß man seine Arbeit macht

2.13. Sind die Ausbilder jünger oder älter

2.14. Wie sind die pädagogischen Fähigkeiten der Ausbilder

2.15. Haben die Ausbilder oder Meister für einen Zeit, wenn man irgendetwas nicht verstanden hat

2.16. Was sagt der Meister, wenn man sich kritisch über die Verhältnisse im Betrieb äußert

2.17. Was sagt er, wenn man sich im Betrieb politisch betätigt

2.18. Wie steht der Meister zu den Gewerkschaften

3. *BETRIEB UND GEWERKSCHAFT*

3.1. Was weißt du als Lehrling von deiner Gewerkschaft

3.2. Inwieweit ist die Gewerkschaftsjugendvertretung im Betrieb bekannt

3.3. Was tut sie

3.4. Wann tritt sie in Aktion

3.5. Wie stehst du zum Jugendvertreter

3.6. Wie stehst du zum Betriebsrat

3.7. Wie stehen die Kollegen zur Gewerkschaft und deren Vertretern

3.8. Wann wurden Gewerkschaften, besonders die Jugendvertretung am Arbeitsplatz, aktiv

3.9. Kümmert sich der Jugendvertreter um einen

3.10. Kümmerst du dich um sie

3.11. Kann man sich an sie wenden, wenn man irgendeine Sorge hat

3.12. Geht das nicht, weshalb nicht

3.13. Wer, außer dem Jugendvertreter, hilft einem bei Unstimmigkeiten mit dem Meister

3.14. Wird die Arbeit der Gewerkschaft von der Firma gefördert oder behindert

3.16. Lesen die Kollegen regelmäßig die Gewerkschaftszeitung

3.17. Diskutieren sie darüber

3.18. Wird manchmal unter den Kollegen von Streik gesprochen

3.19. Wann unter welchen Voraussetzungen wird davon gesprochen

3.20. Wann unter welchen Bedingungen würdest du streiken

3.21. Hört man im Zusammenhang Streik vom Werkschutz der Firma

3.22. Gibt es überhaupt in der Firma einen Werkschutz

3.23. Oder ist das nicht bekannt

3.24. Hat man schon gehört unter welchen Bedingungen der Werkschutz in Aktion tritt

3.25. Ist irgendeine Aktion des Werkschutzes innerhalb der Firma bekannt

3.26. Welche Leute sind in diesem Werkschutz

3.27. Wie stellt sich der Gewerkschaftsvertreter zum Thema Werkschutz

3.28. Oder verwechseln viele »Werkschutz« und »Werkselbstschutz«

3.29. Was weißt du vom Werkselbstschutz

3.30. Unter welchen Bedingungen tritt der Werkselbstschutz in Aktion

3.31. Was wissen die Kollegen vom Werkselbstschutz

3.32. Hört man im Betrieb davon, daß der Werkselbstschutz oder aber vielleicht auch der Werkschutz im Notfall gegen Streikende vorgehen würde

3.33. Wie würde das getan

4. *LOHN UND ARBEIT*

4.1. Entspricht das, was du als Lehrling arbeiten mußt, dem monatlichen Geld, was du dafür bekommst

4.2. Was wird nach offizieller Verlautbarung der Firma für eine Lehrlingsstunde verrechnet

4.3. Was sagen die älteren Kollegen was für eine Lehrlingsstunde verrechnet wird

4.4. Wieviele Lohngruppen gibt es an der Arbeitsstelle

4.5. Was verdienen die Kollegen

4.6. Verdienen die Kolleginnen, welche die gleiche Arbeit machen, genausoviel

4.7. Darf man über seinen Lohn reden

4.8. Oder steht sogar in der Arbeitsordnung, daß man nicht über Lohn sprechen darf

4.9. Entsprechen die Lohnunterschiede der tatsächlichen Arbeitsleistung

4.10. Nach welchen Arbeiten ist man abends besonders müde

4.11. Macht einen die Serienarbeit gerade als Lehrling nervlich fertig

4.12. Zu was hat man nach solch einer Arbeit am meisten Lust

4.13. Wie ist der Lärm an der Arbeitsstelle

4.14. Kann man ihn ertragen

4.15. Oder mußte man sich erst daran gewöhnen

4.16. Ist der Lärm notwendig oder könnte er verringert werden

4.17. Wie sind die Arbeitsbedingungen im Betrieb überhaupt

4.18. Wie ist das Werkzeug, mit dem man als Lehrling arbeitet

4.19. Wie ist die Entlüftung und das Licht in der Werkshalle

4.20. Gibt es eine Kantine oder muß man am Arbeitsplatz an einem Tisch essen

4.21. Wie ist das Essen in der Kantine

4.22. Wie häufig wechseln die Kollegen im Betrieb

4.23. Warum wechseln sie oder wechseln sie nicht

4.24. Was passiert einem Kollegen, wenn er krank wird

4.25. Gibt es eine Krankheit, die du dir durch eine Arbeit im Betrieb zugezogen hast

4.26. Wie war es am Anfang deiner Lehre mit deiner Gesundheit

4.27. Was sagt der Arzt bei der Nachuntersuchung nach einem Jahr, wurde sie überhaupt durchgeführt

4.28. Wie geht es dir jetzt gesundheitlich

4.29. Gibt es viele Betriebsunfälle

4.30. Welche Art, wodurch entstanden diese Unfälle

4.31. Ist es richtig, daß gerade nach tagelanger Akkordarbeit viele Unfälle entstehen

4.32. Gibt es tödliche Unfälle im Betrieb

4.33. Wie ist die ärztliche Untersuchung im Betrieb

4.34. Hilft der Betriebsarzt

4.35. Oder will er einen nur los werden

4.36. Oder soll man möglichst an seinen Arbeitsplatz zurück auch wenn man nicht gesund ist

4.37. Wie ist das mit »dem krankgeschrieben werden«

4.38. Welches Vertrauen kann man zum »Vertrauensarzt« wirklich haben

4.39. Was sagen die Kollegen zu diesem Problem

4.40. Wie ist es mit der Akkordarbeit im Betrieb

4.41. Wird man als Lehrling durch irgendeine geschickte Art gezwungen Akkord zu arbeiten

4.42. Wie ist es mit der Serienarbeit

4.43. Mußt du als Lehrling öfters Serienarbeit machen

4.44. Mußt du als Lehrling am Band arbeiten

4.45. Wie werden Zeitnehmer von den Kollegen beurteilt

5. *BERUFSSCHULE*

5.1. Wie sind die Lehrer auf der Berufsschule

5.2. Gibt es mehr ältere oder jüngere Lehrer

5.3. Wie wird der Unterricht gestaltet

5.4. Wird stur nach Lehrplan vorgegangen

5.5. Wird einem erklärt was man nicht verstanden hat

5.6. Ist der Lehrstoff veraltet, stimmt er nicht mehr mit der Praxis überein

5.7. Worin ist das hauptsächlich der Fall

5.8. Wie verhalten sich die Lehrer, wenn sie einen Schüler bestrafen

5.9. Wodurch bestrafen sie ihn

5.10. Welche Lehrer erzählen gerne vom »Krieg« und stellen das Leben in dieser Zeit als beispielhaft hin

5.11. Welche Lehrer legen Wert auf Zucht und Ordnung

5.12. Wie schaffen sie Zucht und Ordnung in der Klasse

5.13. Welches Fach müßte deiner Meinung nach verstärkt in der Berufsschule gelehrt werden.

5.14. Welche Fächer müßten verändert werden, welche Fächer sollten wegfallen

5.15. Sollte deiner Meinung nach das Fach Religion im Berufsschulunterricht beibehalten werden

5.16. Warum / warum nicht

5.17. Was findest du am Deutschunterricht schlecht

5.18. Was gut

5.19. Sollte man deiner Meinung nach im Deutschunterricht mehr Wert darauf legen, sich ausdrücken und sprechen zu lernen, anstatt hauptsächlich Rechtschreibung und Regeln zu lernen

5.20. Wie können sich Kollegen im Betrieb durchsetzen die gut sprechen können

5.21. Was meint der Lehrer zu diesem Problem

5.22. Wie verhält er sich, wie gestaltet er den Deutschunterricht

5.23. Wie ist der Unterricht in Gemeinschaftskunde

5.24. Gibt es überhaupt einen solchen Unterricht in der Schule oder wird er von den anderen Fächern in den Hintergrund gedrängt

5.25. Was bekommt man im Gemeinschaftsunterricht am meisten gelehrt

5.26. Wird im Gemeinschaftskundeunterricht diskutiert

5.27. Diskutieren die Schüler untereinander, wobei ihnen der Lehrer Hilfestellung gibt

5.28. Oder diskutiert der Lehrer mit den Schülern, wobei der Lehrer die Diskussion jederzeit abwürgen und verdrehen kann

5.29. Was ist deiner Meinung nach an den Lehrmitteln schlecht

5.30. Wie sind die jeweiligen Fachbücher, kann man sie für den Unterricht gebrauchen

5.31. Stehen genügend Lehrmittel zur Verfügung

5.32. Müssen manchmal Lehrlinge aus dem Betrieb irgendein Material mitbringen, um einen Versuch durchzuführen

6. ELTERNHAUS

6.1. Wie ist das Verhältnis zu den Eltern

6.2. Wann unter welchen Umständen befehlen sie

6.3. Was verbieten sie

6.4. Wie reagieren sie, wenn der Meister oder die Geschäftsleitung anruft und das Verhalten am Arbeitsplatz kritisiert

6.5. Was sagen die Eltern wie man sich in der Lehrzeit zu verhalten hat

6.6. Welche Ratschläge geben sie einem im Anfang der Lehrzeit und kurz vor der Lehre

6.7. Meinen die Eltern, daß man in der Lehrzeit fürs Leben lernt

6.8. Verstehen es die Eltern, wenn man sich im Betrieb politisch betätigt

6.9. Oder lehnen die es ab — warum?

6.10. Was sagen die Eltern, wenn man Mitglied bei der Gewerkschaft oder bei einer sozialistischen Organisation ist

6.11. Raten sie einem, nicht mehr dorthin zu gehen oder verbieten sie es sogar

6.12. Wem glauben die Eltern eher, den Argumenten des Geschäftes oder deinen eigenen Argumenten

6.13. Meinen die Eltern, daß man in der Lehrzeit nur eine billige Arbeitskraft ist, oder daß eben »Lehrjahre keine Herrenjahre« sind

6.14. Wie ist das Wohnverhältnis zu Hause

6.15. Hast du alleine ein Zimmer oder schläft jemand aus der Familie im gleichen Zimmer

6.16. Wie hoch ist die Miete

6.17. Wie groß ist die Wohnung

6.18. Welche Arbeit macht der Vater

6.19. Welche Arbeit macht die Mutter

6.20. Kannst du zu Hause die Hausaufgaben aus der Berufsschule in Ruhe machen

6.21. Sollte man überhaupt Hausaufgaben aufbekommen

6.22. Sollte man die Aufgaben in der Schule machen, mit entsprechend extra dafür zur Verfügung gestellten Zeit

ALFRED B. *Werkzeugmacher*

Ich habe bei BBC-Werkstattskontakt Heidelberg Werkzeugmacher gelernt. Gerade an meinen Ausbildern habe ich zu kritisieren, daß sie pädagogisch vollkommen unausgebildet waren und sich somit als Ausbilder überhaupt nicht qualifizierten. Die Ausbilder wiederum hatten am Tag nur zwei Stunden, ein Viertel ihrer Arbeitszeit, für Ausbildung der Lehrlinge zur Verfügung. Z. B. war der Ausbilder gezwungen, seine Werkzeuge in einer vorgeschriebenen Zeit fertigzustellen. Diese Zeit mußte er notieren. Also muß er genau 6 Stunden für sein Werkzeug in Anspruch nehmen und nur die restlichen 2 Stunden hat er Zeit für die Lehrlinge. Dabei hat er meistens 8 oder 10 Lehrlinge auszubilden und dazu sind eben 2 Stunden wirklich zu wenig, um sich mit den Problemen der Lehrlinge rein technischer Art, von den menschlichen ganz zu schweigen, intensiv zu befassen.

Dies führte natürlich zu schweren Konflikten. Z. B. kam es vor, daß ein Lehrling zum Ausbilder ging und fragte: »Wie ist das Stück? Was mache ich falsch? Was mache ich richtig? Was muß ich ändern?« Und der Ausbilder sagte (vielleicht weil er selbst keine Zeit hat und mit seiner Arbeit sich beeilen mußte): »Geh' aufs Klo oder rauch' eine Zigarette oder irgendwas, aber ich habe jetzt keine Zeit für dich«. Durch dieses ständige abgewiesen werden, war natürlich Interesselosigkeit die Folge. Was sollte auch mehr dabei herauskommen, wenn ein Lehrling, statt ihm zu helfen, angeschrien wurde, etwa: »Was machst du denn da wieder für einen Scheiß! Ich habe es dir doch schon zweimal gezeigt! Jetzt mach' doch endlich was, oder fang ein neues Stück an. Oder mach' doch was du willst. Das ist doch mir egal. Das ist dein Leben!«

Und der Meister, was sollte der da schon machen. Der war sowieso schon älter. Der ist höchstens mal durchgelaufen und hat geguckt, ob irgendwo Dreck lag und dann hat er noch die Berichtshefte korrigiert. Aber sonst hat er sich kaum intensiv mit Lehrlingsproblemen beschäftigt.

Anhand solcher und ähnlicher Vorkommnisse wäre fürs erste einmal zu fordern:
Daß die Ausbildung außerhalb des Betriebes erfolgen müßte. In staatlichen Schulen. Hierzu müßte der Staat natürlich das Organ des ganzen Volkes und nicht ein Vollzugsorgan von wenigen reichen Bonzen sein. Diese staatlichen Schulen könnten polytechnisch aufgebaut sein, es könnte bei Wahrung von Chancengleichheit Stipendien gegeben werden usw. Doch diese Dinge lassen sich bis ins letzte auch in bezug auf das daraus neu entstandene Verhältnis zur Arbeit nur durch eine grundlegende gesellschaftliche Veränderung verwirklichen. Doch zurück zur Wirklichkeit.

In Heidelberg ist es bei der Gesellenprüfung immer ganz kraß. Die Lehrlinge aus den größeren Betrieben, die öfters Zwischenprüfung hatten, öfters mündlich geprüft wurden und Routine in Prüfungen hatten (abgesehen davon, daß Prüfungen in dieser Starre sowieso überholt sind) schnitten immer besser ab, als die Lehrlinge aus den Kleinbetrieben, die sowieso mehr ausgenutzt wurden als wir und am laufenden Band niedere und berufsfremde Arbeiten machen mußten.

Doch auch bei uns ist die Qualifikation nur durch ein Angstklima zustande gekommen. Weil eben der Ausbilder seine Stellung immer ausnutzte und dem Lehrling sagte: »Das ist Scheiße, was du machst! Wer bist du denn? Was kannst du? Nichts! Seh' doch mich an! Guck, daß du auch was wirst.« Aber geholfen hat er einem im Grunde genommen nicht. Von Ausbildung keine Spur. Im Gegenteil, die sogenannte Ausbildung war nichts anderes als reiner Leistungszwang. Meiner Meinung nach ist es sowieso ein vollkommenes Hindernis, wenn alles auf reiner Leistung aufgebaut ist und die Leistung nicht der Fähigkeit des Lehrlings angepaßt ist. Leute, die weniger fähig sind, bestimmte Leistungen zu vollbringen, gehen dabei menschlich ganz kaputt. Da geht überhaupt alles kaputt. Gerade die Ausbildung ist dafür ein gutes Beispiel. Der Mensch wird zu einem reinen Leistungstier gemacht. Es ist klar, daß es davon schwerwiegende nervliche Krankheiten gibt. Aber heuzutage werden eben nervliche Krankheiten nicht so beachtet, wie eine Erkältung oder so. Gerade bei mir konnte ich z. B. beobachten, daß ich von diesem Leistungszwang und seinen Folgen vollkommen deprimiert war, daß ich das Denken der Ausbildung in mich aufnahm und mich anfing zu fragen: ›Was kannst du denn eigentlich? Du bringst nichts! Du kannst nichts! Du bist überhaupt eine Null. Im Betrieb, im Leben und überhaupt.‹ Wenn man aus diesem Leistungsdenken nicht irgendwie herausfand, konnte das zu einer wirklichen Depression führen.

Aufgrund dessen gibt es Leute, die blind sterben, ohne darüber nachzudenken, woher, warum, sondern nur arbeiten, Geld, Auto usw. Die anderen, die sich in diesen Leistungszwang nicht fügen wollen, werden auf den Stundenlohn gedrückt. Vielleicht auch noch darunter, indem sie beim selben Stundenlohn plötzlich etwas mehr arbeiten müssen. Bei Lehrlingen äußert sich das so: Einer bekam nach der Ausbildung DM —,10 mehr in der Stunde und der andere 10 Pfennig weniger; und derjenige mit 10 Pfennig weniger bekam immer gesagt, was sich der mit 10 Pfennig mehr alles leisten kann. So wird der einzelne am Ende immer durch irgendeine Art gezwungen, sich dem Leistungszwang anzupassen. Überhaupt ist das ja schon in der ganzen jetzigen Gesellschaft festgelegt. Da kommt man in die Schule, dann kommt man in den Betrieb, dann kommt man zum Bund, dann heiratet man und dann braucht man Geld. Da ist im Grunde genommen gar kein Platz, um dieses Leistungsprinzip zu kritisieren und vor allem, ihm sich nicht anzupassen.

Die Berufsschule, in der ich war, war somit das härteste und autoritärste, was ich bis jetzt erlebt habe. Das war die Gewerbeschule I, Heidelberg, Bergheimerstraße. Gerade die Ausbildungsmethode unseres 62jährigen Lehrers Baumann möchte ich dazu als Beispiel schildern.

In der ersten Stunde zeigte er uns, wie man eine Tafel putzt. Dazu stellte er sich besonders hin. Beine gespreizt, Arm hoch und dann waagerecht geputzt. Als der Unterricht zu Ende war, sagte er zu einem: »Putz' mal die Tafel!« Der ging raus und wischte die Tafel ab. Plötzlich knallte der Lehrer Baumann dem drei oder vier, nur weil er die Tafel nicht waagerecht geputzt hatte.

Das war wirklich im wahrsten Sinne des Wortes vormilitärische Erziehung, was dieser Mann gemacht hat. Mit Stehaufübungen, dabei mußte man beim Aufstehen gerade stehen. Wer krumm stand, war von vorneherein verloren. Alle Aussagen, die er später im Unterricht machte, wurden dadurch schlecht, weil er krumm gestanden hatte. Mit Stehaufübungen für einen eventuellen Besuch des Direktors. Und natürlich auch, wenn dieser kam. Wer bei diesen Besuchen etwas zu langsam aufstand, der wurde angebrüllt.

Mit genauen Regeln, wie man Zahlen schreiben muß. Welcher Abstand zwischen Zahlen und Zeichen ist. Wie lang diese Zeichen sind. Also Regeln über Regeln, von vorne bis hinten. Und zwar so, daß der Schüler in seinem Denken eingeschränkt wurde (wiewohl er durch Regeln von oben überhaupt nichts lernt). Man machte eben irgendetwas Formales, ohne groß dabei zu überlegen. Man wußte, das muß ich jetzt so und so machen, dann krieg' ich eine gute Note. Ohne sich dabei je richtig mit dem eigentlichen Stoff beschäftigen zu können. Man machte eben was der Lehrer wollte, rein aus der Angst vor seiner Macht, und diese Macht haben die Lehrer im Zeugnis oder in der Beurteilung des Lehrlings dem Meister gegenüber auch angewandt.

Gemeinschaftskunde gab es bei uns im Unterricht nicht. Wie es auf dieser Art Berufsschulen gar keine politische Bildung gibt, und wenn es eine politische Bildung gibt, dann nicht richtig. Über gesellschaftliche Zusammenhänge und menschliche Beziehungen, denen man ja unterliegt, wird einem nichts erzählt. Da blickt man eben weniger durch, was die Reaktion einer Gruppe auf das Verhalten einer anderen (vielleicht größeren) Gruppe in der Gesellschaft ist. Diese Unwissenheit wird ja im Grunde genommen bewußt betrieben.

Aufgelockert wurde der Unterricht von Lehrer Baumann durch einschlägige Kriegserzählungen. Er war Major im Krieg gewesen.

Die Fehler liegen natürlich nicht nur bei diesem Lehrer, sondern beim ganzen Ausbildungssystem der Schule und dadurch wiederum in der ganzen Gesellschaft.

Mit der Ablösung dieses Lehrers wäre nur den Betroffenen geholfen, ohne dabei zu fragen, wieviele durch diesen Lehrer schon fertiggemacht worden sind, ohne auf das gesellschaftliche System zu verweisen, das solche Leute duldet und auch fördert, und das in seiner ganzen Falschheit weiter besteht.

Günter Wallraff

Brauner Sud im Filterwerk

Melitta-Report

»Hygienische und saubere Fabrikations- und Verwaltungstrakte rufen immer wieder bei den Besuchern aus dem In- und Ausland Erstaunen hervor. ›Das hätten wir hinter dem Namen Melitta nicht erwartet!‹ hören wir immer wieder. Der Satz ›außen hui, innen pfui‹ trifft bestimmt nicht zu.« (aus der Melitta-Werkzeitschrift »rund um Melitta«, Dezember 69)

Davon wollte ich mich überzeugen, jedoch nicht als »Besucher«. Ich borgte mir von einem Arbeiter die Arbeitspapiere und fuhr nach Minden. Auf einem Schild vor den Werkstoren waren zwar nur »Nachtwächter«-Stellen ausgeschrieben, ich versuchte es trotzdem.

Der Melitta-Konzern zählt mit seinen insgesamt 8500 Beschäftigten zu den 100 größten Firmengiganten der Bundesrepublik. Die »Melitta-Gruppe« im Inland: Hauptwerk Minden, Zweigniederlassungen Rahling und Uchte; Carl Ronning, Bremen; August Blase GmbH, Lübbecke; Gustav Geber GmbH, Hamburg; D. Hansen & Co, Hamburg; Deutsche Granini GmbH & Co, Bielefeld; Altländer Gold in Buxtehude, Krefeld, Bissingen; Wein Ellermann; Faber-Kaffee, Bremen; Vox-Kaffee Münster; — im Ausland: Schweden, Dänemark, Holland, Belgien, Frankreich, Schweiz, Österreich, Großbritannien, Kanada, USA, Brasilien, Kolumbien, Mexiko. In über 90 Länder wird exportiert. Der Jahresumsatz der »Melitta-Gruppe« liegt bei 650 Millionen DM. Das Firmengebäude macht von außen nicht den Eindruck einer düsteren Industrielandschaft, der übermannshohe Drahtzaun führt nur um die Produktionsstätte herum, den Angestelltentrakt umfriedet eine gepflegte Hecke. Von außen entsteht auf den ersten Blick nicht unbedingt der Eindruck einer Fabrik, eine Altenheimstätte einer Großstadt oder der neugebaute Teil des »Heims zum guten Hirten« in Aachen etwa (ein Heim für sogenannte schwererziehbare Mädchen), könnte es ebenfalls sein.

Als ich den Werkschutzmann an der Pforte nach der Personalabteilung frage, versteht er mich nicht. Als ich sage, daß ich mich als Arbeiter bewerben will, schickt er mich zur »Sozialabteilung«. Der Dame auf der Sozialabteilung sage ich, daß ich eine Stelle als Arbeiter suche. Sie sagt, daß es am einfachsten sei, als »Hilfswerker« anzufangen, um dann nach 10jähriger Melitta-Zugehörigkeit »Stammarbeiter« zu werden.

Bevor sie mich einstellen könne, müsse ich am nächsten Tag zum Vertragsarzt des Werkes, gesund müsse ich sein, dann könne man weitersehen. Der Vertragsarzt untersucht mich, als ob er im Akkord arbeite. Er schaut mir ins Maul, befühlt die Festigkeit der Muskulatur und sucht das Knochengerüst in einer durchgehenden Bewegung nach schadhaften Stellen ab. Dann quetscht er mich in ein Durchleuchtungsgerät.

Innerhalb weniger Minuten hat er meine Verwendungsfähigkeit herausgefunden. »Keine Bedenken«, sagt er und schickt mich wieder zur »Sozialabteilung«.

Die Dame in der Sozialabteilung sagt, »50 Mark« koste das Werk die Untersuchung, im Versand sei noch was frei. Der Leiter des Versands, ein Herr Ostermeyer, wird über Lautsprecher herbeigerufen, um mich in »Augenschein zu nehmen«. Er will wissen, was ich vorher gemacht habe, und als ich die Ausrede vorbringe, ich hätte bisher Kunst studiert, könne davon jedoch nicht meine Familie ernähren und wolle nun auf einen soliden Beruf umsatteln, schüttelt er nur bedenklich den Kopf. »Das kenn' ich, das kenn' ich. Die Maler, Maurer und Seeleute sind die schlimmsten. Die kommen und versprechen, daß sie bleiben wollen, und im Frühjahr, wenn's wärmer wird, türmen sie wieder.« Er hat ernsthafte Bedenken gegen meine Einstellung. Ich muß ihm versprechen, daß ich hier wirklich eine Lebensstellung antreten will, dann will er's mit mir versuchen. Stundenlohn »4,71« sagt er noch und »morgen Beginn mit Frühschicht 6.00 Uhr«.

Wer bei »Melitta« arbeitet, unterwirft sich einem Gesetz, das mit »Block und Blei« überschrieben ist.

Der Verfasser dieses Gesetzes verkündet darin vorweg, daß es »nach eigenen, besonderen Grundsätzen aufgebaut« sei, um alles »noch straffer zu gestalten«. Er »verlangt«, daß »alle« jenes Gesetz »restlos beherrschen und immer danach handeln«. »Ordnung und Disziplin« schreibt dieses Gesetz in der Einleitung vor, und später in den Ausführungsbestimmungen ist von »Erziehung« und »gründlichem Generalräumen« die Rede, von »Anmarsch« und »Anmarschwegen« und von einem »besonderen Appell«, den man den Neueinrückenden angedeihen läßt.

Von Tätigkeitsworten kommt »zwingen« besonders häufig vor, ebenso wie »kontrollieren«, jedoch auch die Kombination »zwingende Kontrolle« wird einige Male verwandt.

»Melden« kommt in vielen Variationen vor; wie z. B. »sich melden müssen«, »Meldung erstatten«, bis hin zur Forderung: »Nichts selbst einführen, sondern melden.«

Weiter im Sprachgebrauch dieses Gesetzes sind: »scharf prüfen«, »Ruhe gebieten«, »ohne Rücksicht«, »kein Kompromiß«, »kameradschaftlich«, »tadellos«, »unantastbar«, »sauber«, »gründlich«, »ordentlich«, »streng«, »Arbeitseinsatz«, »Abkommandierung«, »überwachen«, (auch gebräuchlich mit der Verstärkung: »laufend überwachen«), »bestraft werden«.

Verlangt wird: »Alles strikt befolgen, bis anders angewiesen«, und noch unmißverständlicher: »Jede Anweisung ist strikt zu befolgen! Niemand darf von sich aus Anweisungen ändern, selbst wenn sie ihm völlig sinnlos erscheinen.«

Das Gesetz gebietet: »Jeder soll immer auf seinem Platz sein«, und wenn das einmal nicht der Fall ist, fragt der Vorgesetzte Untergebene, »die er unterwegs, d. h. nicht an ihrem Platz antrifft, nach ihrem Weg und Auftrag«.

Ansonsten sorgen Lautsprecher dafür, daß jeder jederzeit überall auffindbar ist: »Wir legen Lautsprecher in alle Arbeitsräume, in Gemeinschaftsräume, auf die Grünplätze, auf die Höfe«, um so alles »innen und außen besprechen zu können«.

Die »Führung« des Territoriums macht die ihr Unterstellten ausdrücklich darauf aufmerksam: »Wie alles überwachen wir auch das Telefonieren. Es geschieht durch Mithörer, die an einigen Plätzen angebracht sind. Vorurteile hiergegen sind vollkommen unberechtigt«.

Mehrmals weist die »Leitung« die Untergebenen darauf hin, daß die Anordnungen des Gesetzes dazu da sind, die »Schlagfertigkeit« der Organisation zu »erhöhen«.

»Ein Passierschein kontrolliert, so daß keinerlei Lücken in der Kontrolle aller Beschäftigten entstehen können.«.

Darüber hinaus »muß der Pförtner mit aufpassen . . ., wenn wir unabgemeldet zu ›türmen‹ versuchen«.

Die Betriebsordnung, Ausgabe Mai 1970, ist gültig für die 8500 Beschäftigten des »Melitta«-Konzerns, Minden. Verantwortlich: Konzernherr Horst Bentz, 66, Alleinherrscher der Unternehmensgruppe.

»Wir alle können stolz darauf sein, durch diese Organisationsanweisung (»Block und Blei«) nicht nur eine so ausgezeichnete Ordnung in unserem Betrieb erreicht zu haben, sondern auch eine außerordentliche Schlagkraft. Damit verdanken wir ›Block und Blei‹ einen erheblichen Teil unseres wirtschaftlichen Erfolges.« (Horst Bentz in der hauseigenen Zeitschrift »rund um Melitta«, 15. Oktober 1970).

Die ersten 14 Tage transportierte ich mit zwei anderen Arbeitern mit Hubwagen Lagerbestände aus dem Keller in den Versand. Nach einer Woche wird mir bewußt, daß unsere Arbeit mit den Preissteigerungen zu tun hat, die Melitta für Anfang des neuen Jahres angekündigt hat und die mit gestiegenen Produktions- und Lohnkosten motiviert werden. Wir müssen die zu alten Produktions- und Lohnbedingungen hergestellte Ware zu einem Sammelplatz befördern, wo die Packungen einzeln mit neuen Preisen versehen werden, um dann wieder auf Lager zu kommen.

Lange Zeit warb Bentz für sein ständig in der Expansion befindliches Unternehmen neue Beschäftigte mit scheinbar verlockenden Angeboten, verlangte dafür allerdings auch überdurchschnittliche Leistungen. Durch ein besonderes Punktsystem animierte er besonders hohe Arbeitsleistungen, forderte zu besonders niedrigen Fehlerquoten heraus und drückte außerdem noch beträchtlich den Krankheitsstand. Er versetzte seine Arbeiter in den Glauben, sie seien am Gewinn beteiligt und der Mehrwert, den sie erarbeiteten, käme ihnen selbst zugute, was indirekt sogar zutraf, allerdings nur zu einem mikroskopisch geringen Teil. Den Bärenanteil des Gewinns der so herausgeforderten Mehrarbeit schluckte er, und Arbeiter, die krank wurden, überlegten sich, ob sie sich nicht dennoch gesundmelden sollten: bei Erkrankung entfiel die Ertragsbeteiligung, die im Monat bis zu 150 DM betragen konnte. Damit nicht genug, mußte die gleiche Zeit, die man gewagt hatte, krank zu

sein, auch noch ohne Ertragsbeteiligung gearbeitet werden. »Nach Fehlzeiten infolge Erkrankung muß eine gleichlange Zeit gearbeitet werden, in der keine Stundenpunktzahlen gutgeschrieben werden.« (Aus: »Unsere Ertragsbeteiligung«) »Jeder Deutsche, gleich ob Mann oder Frau, hat die Pflicht, gesund zu bleiben.« (Aus »Melitta-Echo« 1940). »Nur stärkste Selbstdisziplin bei Dir, Deinen Angehörigen, Deinen Mitarbeitern kann Erhöhung der Beiträge oder Minderung der Leistungen vermeiden.« (Beilage zu »Rund um Melitta« 1965). Folglich kann Kranksein für »Melittaner« eine Art Strafe bedeuten. »Der Arzt schrieb mich krank. Das tun Sie mal nicht, sagte ich«, berichtet eine Arbeiterin. Weil man ihr zuvor unbezahlten Urlaub verweigert hatte, befürchtete sie, Arbeitsunfähigkeit könne ihr als »Bummeln« ausgelegt werden. Aber der Arzt schrieb die Frau dennoch krank; und was sie befürchtet hatte, trat ein. »Ich komme jetzt nicht als Krankenbesucher«, erklärte der Werkskontrolleur der Arbeiterin bei seiner Visite, »sondern von Ihrem Schichtbüro. Sie haben keinen Urlaub gekriegt, und jetzt ist man der Meinung, daß Sie bummeln.« Der schlechte Gesundheitszustand der Frau ist jedoch so offensichtlich, daß selbst der Kontrolleur einräumt: »Ich glaube, daß Sie krank sind; aber wenn ich denen in der Firma das mal klarmachen könnte ...«
Als die Arbeiterin ihre Tätigkeit wieder aufnimmt, fühlt sie sich von ihrem Schichtleiter laufend schikaniert. Von sitzender Arbeit an der Maschine wird sie — kaum zurück und von der Krankheit noch geschwächt — in Akkord ans Packband versetzt, wo sie stehen muß. »Als es hieß, die sortieren schon wieder aus im Büro, die schmeißen die raus, die viel krank gewesen sind«, erzählt die Arbeiterin, »konnte ich mir denken, jetzt bist du auch dabei, falls du nicht vorher selbst kündigst.« Sie war dabei. »Aus betrieblichen Gründen«, hieß es im Entlassungsbescheid.
»Das Ende der Arbeitsunfähigkeit sollte nicht davon abhängen, daß einem etwa das ›Krankfeiern‹ auf die Dauer schließlich zu langweilig wird ... Die Lohnfortzahlung kann und darf nicht dazu führen, die Zügel schleifen zu lassen.« (Aus »Rund um Melitta« — Beilage »Der Krankenbesucher bittet um Aufmerksamkeit«).

Da es ein patriachalisch geführtes Unternehmen ist, erhalten die im Konzern beschäftigten ca. 70 Prozent Frauen häufig für die gleiche Arbeit weniger Lohn als die Männer, — bis zu 50 Pfennig weniger pro Stunde. Dafür gestattete man den Frauen 12-Stunden-Nachtschichten von abends 6 bis morgens 6, auch 17jährigen Mädchen darunter und ältere Frauen, die bis zu drei Wochen hintereinander nach diesem Marathonrhythmus schufteten. (Das Gesetz, das Frauen vor Nachtarbeit schützt, wurde umgangen, und erst nach mehrmaliger Beschwerde der Gewerkschaft schritt das Gewerbeaufsichtsamt ein und verhängte eine »Ordnungsverfügung mit der Androhung eines Zwangsgeldes bei erneutem Verstoß«.)
Nicht selten tut sich Melittachef Bentz als Mäzen hervor. Als ehemaliger Fußballspieler unterstützt er Sportvereine und hat aktive Sportler unter

besonders günstigen Bedingungen bei sich eingestellt. So wurde bei einem aktiven Fußballspieler, der nur als Hilfsarbeiter bei ihm arbeitete, ein Lohnstreifen mit der beachtlichen Monatsabrechnung von 1750 DM gefunden.

Handballnationalspieler Lübking, prominentester Torjäger des von Bentz geförderten Bundesligahandballvereins Grünweiß Dankersen, arbeitete bis vor einigen Monaten bei Melitta. Als er es wagte, aus beruflichen Gründen den Verein zu wechseln, verzieh ihm das Bentz nicht. Er »beurlaubte« ihn fristlos und verhängte Hausverbot über ihn, obwohl sich Lübking auf seiner Arbeitsstelle nichts hatte zuschulden kommen lassen.

Unter dem Motto »Einer für alle, alle für einen« erwartet er von seinen Getreuen auch Opfersinn, wenn es ihm nützlich erscheint. Als das »Melitta-Bad« gebaut wurde, sollte sich jeder Arbeiter mit einer »Spende« in Form eines Stundenlohnes daran beteiligen. Wer sich ausschließen wollte, hatte das schriftlich zu begründen. Der Arbeiter Wilhelm P., der nichts spendete, weil er gerade sein Haus baute und mit dem Pfennig rechnen mußte, bekam sein »unsoziales Verhalten« sehr bald zurückgezahlt. Als er 25jähriges Jubiläum hatte, war der Jubel nur noch halb so groß. Das zu diesem Anlaß übliche Firmengeschenk in Höhe von 700 DM wurde bei ihm wertmäßig um die Hälfte geschmälert.

». . . innerhalb des Werksgrundstückes, im Freien und in allen Räumen einschließlich Toilette ist das Rauchen grundsätzlich streng verboten. Jede Übertretung dieses Verbots wird mit sofortiger fristloser Entlassung ohne Ansehen der Person geahndet.« (Aus der erweiterten »Melitta-Hausordnung«). Selbst auf den Toiletten des Werks hat der passionierte Nichtraucher Bentz Schilder anbringen lassen: »Auch hier ist das Rauchen verboten!«, was nicht mehr mit »Feuergefährdung« zu motivieren sein dürfte. In »Rund um Melitta«, Oktober 1970, missioniert der Firmenchef denn auch zu dem Thema: »Abgesehen davon weiß ich, von Dutzenden, vielleicht Hunderten von passionierten Rauchern, die dankbar sind, durch das Rauchverbot im Betrieb vom Rauchen abgekommen zu sein.« ». . . als leidenschaftlicher Nichtraucher griff der Melittachef zur Zigarre. Das war 1965. Erstaunen in der Branche. Bentz kaufte die Zigarrenfabrik August Blase (Hauptmarke: Erntekrone), baute in Lübbecke die modernste Tabakaufbereitungsanlage des Kontinents, wurde fast über Nacht auf jenem schwierigen Feld unserer Wirtschaft zum drittgrößten Hersteller.« (Aus »Die Westdeutsche Wirtschaft und ihre führenden Männer«, Bd. 1; in dem Band können sich Industrielle für 2400 DM pro Seite entsprechend würdigen; Bentz-Würdigung = 6 Seiten.)

»Ebenso sind viele Nichtraucher (bei Melitta) dankbar, nicht vom Rauch der anderen belästigt zu werden.« (Aus »Rund um Melitta«, Okt. 1970, »Horst Bentz nimmt Stellung«.) »Blase-Zigarren mögen eben auch Nichtraucher gern. Ihr Rauch bezaubert.« (Werbespruch aus dem »Melitta-Kundenkalender 1971«.)

Die Arbeit ist körperlich ziemlich anstrengend. Es kommt vor, daß bei allzu heftigem Ziehen ein Podest mit Filtern oder Filterpapier umkippt; da ist ein Spanier, mit dem ich zusammenarbeite, der sagt, »ist mir am Anfang auch schon passiert« und mir beim Aufstapeln hilft. Er macht mich auch auf Unfallgefahren, die die Karren mit den Eisenrädern mitsichbringen, aufmerksam.

Ich hole mir einige Prellungen an den Füßen; und die meisten hier haben schon Fußverletzungen gehabt, wenn ihnen ein schwer beladener Hubwagen über den Fuß gerollt ist. Sicherheitsschuhe mit Eisenkappen, die das verhindern würden, werden vom Werk nicht gestellt, und darum trägt sie auch keiner hier. Dafür hängt jedoch ein Aushang aus, in dem die Firma die steigende Unfallquote beklagt: »Bei Verstößen gegen die allgemeinen Unfallverhütungsvorschriften durch Unternehmer oder Versicherte, werden die Strafbestimmungen des § 710 RVO angewendet. Die Ordnungsstrafen können bis 10 000 DM betragen . . . Die Berufsgenossenschaft Druck und Papier hat in zwei Schreiben auf das Tragen von Sicherheitsschuhen hingewiesen. Es darf zumindest erwartet werden, daß festes Schuhwerk grundsätzlich bei der Arbeit getragen wird.« Die Praxis beweist, daß »festes Schuhwerk« kein Ersatz für Sicherheitsschuhe ist. Der Spanier, von einigen »Amigo«, von anderen »Ganove« genannt, ist sieben Jahre bei Melitta. Seine Frau auch. Sie bewohnen zwar dieselbe Wohnung, sind aber nur sonntags wirklich zusammen. Wenn er Frühschicht hat, macht seine Frau Spätschicht. Wenn er nachts um halb zwölf von der Spätschicht kommt, muß er leise sein, um seine Frau nicht zu wecken. Sie muß vor 5 Uhr aufstehen, um pünktlich zur Frühschicht zu erscheinen. Ihr Problem: sie finden für ihr Kleinkind keinen Kindergarten und müssen darum in Wechselschicht selber darauf aufpassen.

Viele, vor allem die jüngeren Arbeiter, sind zu dem Spanier nicht anders als zu ihren deutschen Kollegen. Andere wieder suchen jede Gelegenheit, ihn anzupöbeln. Einige bringen ihre eigene ungesicherte Existenz zum Ausdruck, indem sie ihm frohlockend erklären: »Bald kommt der Tag, da schiebt Euch Bentz von einem über den andern Tag alle nach Hause ab.« (Vor einigen Jahren hatte der oberste Chef seinen Arbeitern ins Gewissen geredet: Wenn jeder deutsche Arbeiter wöchentlich 2 Stunden mehr arbeiten würde, könnte von der Beschäftigung der Ausländer Abstand genommen werden.) Andere werden ihre Aggressionen los, indem sie den »Amigo« mit »Kommunist« beschimpfen, obwohl der Spanier den Papst verehrt. Ein älterer »Stammarbeiter« von Melitta deutet ihm während der Arbeit einmal genüßlich die Geste des Halsabschneidens an, während er sagt: »Alle werden wir Euch killen, wenn Ihr unserm Konsul auch nur ein Haar krümmt.«

Der Spanier versucht in solchen Situationen meistens mit einer scherzhaften Bemerkung, den Kontrahenten milde zu stimmen. Wenn es gelingt, lachen beide, wenn die Anfeindung weitergeht, kommt es vor, daß sich der Spanier — im Bewußtsein seiner Ohnmacht und seines Ausgeliefertseins — zwischen die Podeste verkriecht, die Zähne aufeinanderbeißt und am ganzen Körper zittert. Der Spanier ist sehr nervös. Er schreibt es dem wenigen Schlaf — 5 Stunden in der Regel —, dem ständigen »Pflichtsamstag« und den Sonnabenden, die häufig noch als Überstunden gearbeitet werden, zu.

Auf allen Werkstoiletten für Arbeiter sind Pappschilder angebracht: dort steht in sechs Sprachen: »Nach Benutzung der Toilette bitte unbedingt die Hände waschen.« Auf einer Toilette hat jemand das »unbedingt« durchgestrichen und mit rot eine Deutung daruntergeschrieben: ». . . nicht nötig, wir sind schon Schweine. . .« — Auf einem anderen obligatorischen Toilettenwandspruch »Auch hier ist das Rauchen verboten« hat jemand das »Rauchen« durch »Denken« ersetzt.

»Pflicht« wird groß geschrieben bei »Melitta«. Der militärische Leitsatz: »Ein guter Soldat vergißt über seinen Pflichten seine Rechte« scheint hier verinnerlicht.

Ein älterer Arbeiter an der Ballenpresse z. B. erscheint täglich eine Stunde früher zum Dienst, um durch Säuberung und Wartung seine Maschine in den Bestzustand zu versetzen: das macht er ohne Bezahlung. 1970 zahlte Bentz seinen »Melittanern« ca. 230 DM Weihnachtsgeld bar aus. Angeblich soll ein weiterer Teil des Weihnachts-, ebenso wie Urlaubsgeldes, im normalen Lohn versteckt sein, der von diesen angeblichen Extras befreit, jedoch äußerst kläglich wäre. Arbeiter, die längere Zeit durch Krankheit ausgefallen waren, büßten dafür an Weihnachtsgeld ein. Besonders ältere, die einige Monate krank oder zur Kur verschickt waren, mußten mit ca. 50 DM Weihnachtsgeld vorliebnehmen.

»Wie sagte doch Hans Keil bei seinem Vortrag auf der KD-Großkonferenz anläßlich des Ronning-Jubiläums in Bremen: ›Fußkranke, Lahme und ängstliche Marschierer sind unerwünscht‹.« (Aus: »Rund um Melitta«, 12/69.)

»Urlaub habe ich nie gekannt. Während meiner 50jährigen Tätigkeit — die nur durch meinen Wehrdienst unterbrochen war, habe ich nicht einen einzigen Tag gefehlt«, und mit einem Augenzwinkern fügt er hinzu: »Ich will mal ehrlich sein, einen halben Tag habe ich mir einmal frei genommen. Das war der Tag, an dem ich heiratete.«

(Aus: »Rund um Melitta«, August 1970, Aufmacher S. 1 zum 50jährigen Betriebsjubiläum des Arbeiters Friedrich Dirksmeier.)

Was dem Arbeiter durch Gesetz zusteht, wird auch bei »Melitta« noch unter »sozialen« Gesichtspunkten gesehen. Wer das Werk verlassen will, kündigt nicht einfach, wie es üblich ist, sondern hier läßt man ihn erst einen »Kündigungsantrag« stellen. Die Abteilung, die woanders Personal- oder Einstellungsabteilung genannt wird, wird bei »Melitta« unter »Sozialabteilung« geführt. Dafür wird man im Einstellungsbogen nach Militärdienst und Kriegsgefangenschaft und nach »Gewerkschaftszugehörigkeit« gefragt, und Frauen haben Auskunft über den Zeitpunkt ihrer letzten Periode zu geben.

Obwohl die 40-Stundenwoche bei vollem Lohnausgleich in der Branche längst üblich ist, hält Bentz noch die 42-Stundenwoche aufrecht. Bentz in einem Schreiben vom 25. 8. 70 an die IG-Druck und Papier: »Hier sehe ich praktisch überhaupt keine Möglichkeit, in der nächsten Zeit etwas zu ändern; denn wenn wir 2 Stunden weniger arbeiten, das sind 5%, würde das bei 4000 Mitarbeitern eine zusätzliche Neueinstellung von 200 Mitarbeitern bedeuten, was überhaupt nicht zur Debatte steht.«

Der »Betriebsrat« der Melittawerke wird von den wenigen Arbeitern, die es wagen, weiterhin der Gewerkschaft anzugehören, spöttisch »Geschäftsrat« genannt. Die Leiterin der »Sozialabteilung«, eine Cousine von Bentz, gehört ihm an und u. a. einige höhere Angestellte. Zweimal wöchentlich empfängt dieser Betriebsrat für jeweils 2 Stunden in der Bücherei der »Sozialabteilung«.

In einem Interview in der neuesten »Rund um Melitta«, vom 21. 12. 1970, gesteht der Betriebsrat seine Funktionslosigkeit ein. »Seit ich im Mai gewählt worden bin, waren ganze fünf Leute bei mir.« Er scheint das so in Ordnung zu finden und preist die »Sozialabteilung«, die angeblich »viele Aufgaben« erfüllt, die in anderen Betrieben der Betriebsrat wahrnähme.

In einer früheren Werkszeitung wird stolz verkündet: »Fritz Sinock e i n -s t i m m i g zum Betriebsratsvorsitzenden gewählt.« Auch bei anderen Abstimmungen im Hause »Melitta" wird so manches »einstimmig« beschlossen, wobei offen gelassen wird, ob es sich um »Einstimmigkeit« oder um die eine Stimme des Herrn Bentz handelt. Die Maschinenarbeiterin Frau S. berichtet, wie so ein Betriebsentscheid durchgeführt wurde, als die tarifliche Arbeitszeit sich auf 40 Stunden verkürzte, Bentz jedoch seinen »Melittanern« die 42-Stundenwoche nicht so ohne weiteres wieder nehmen wollte: »Die Belegschaft sollte darüber abstimmen. Mit einem weißen Blatt gingen die Vorgesetzten durch die Abteilungen. Auf der einen Seite stand ›ja‹, auf der anderen Seite stand ›nein‹. Ich weiß genau, bei uns in der Abteilung waren es nur ein paar Ausländer, die ›ja‹ angekreuzt hatten. Die anderen haben gesagt, wir lassen uns doch den Sonnabend nicht nehmen. Auf der Liste, ich hab' extra draufgeschaut, stand eine lange Reihe ›nein‹, ein paarmal nur ›ja‹.

Später hing dann ein Aushang am Schwarzen Brett, Herr Bentz bedanke sich, daß wir soviel Verständnis hätten und die 42-Stundenwoche freiwillig machen würden. Von anderen Abteilungen habe ich gehört, daß da überhaupt nicht gefragt worden ist. Allgemein hieß es, daß der Betriebsentscheid fast einstimmig zustandegekommen sei.«

Wenn es eben geht, hält Bentz von seiner Belegschaft »Ungemach« fern. Als die Gewerkschaft vor den Fabriktoren Flugblätter verteilte, hatte Bentz die besseren Argumente, indem er seine Arbeiter beschenkte. An den Werksausgängen ließ er Melitta-Erzeugnisse 2. Wahl aufstapeln; jeder konnte soviel mitnehmen, wie er tragen konnte, und die meisten waren so bepackt, daß sie ihre Hände nicht auch noch nach Flugblättern ausstrecken konnten.

Nicht nur vor ideellem, auch vor materiellem Schaden bewahrt der Konzernherr seine Belegschaft (in einer Rede im vorigen Jahr an die »lieben Mitarbeiter«): »Und Sie müssen sich auch die Frage vorlegen, wofür sollen Sie Gewerkschaftsbeiträge bezahlen! Ich habe die Verträge und alles durchgearbeitet . . . und muß feststellen, daß die Beiträge in keinem Verhältnis zu den Leistungen stehen. Aber Sie werden sich das genau ausrechnen und dann selber entscheiden, ob Sie Ihr Geld sinnvoll ausgeben wollen.«

»Das wirtschaftliche Ergebnis war verhältnismäßig erfreulich. Um so unerfreulicher waren die gemeinen Angriffe, die in diesem Jahr gegen unser Werk und mich persönlich geführt wurden. Was dabei an Gehässigkeiten und Unwahrheiten aufgebracht wurde, überschreitet jede vorstellbare Grenze. Ich frage mich oft, wie traurig und leer es in solchen Menschen aussehen mag, die nichts anderes tun, als mit Haß und Gemeinheit Unfrieden zu stiften versuchen und zerstören wollen.« (Horst Bentz in »Rund um Melitta«, 21. 12. 1970)

Sie waren gemeinsam von Dresden nach Westdeutschland übergesiedelt, die Familien Bentz und Winkler. Ab 1950 traten sie in enge Geschäftsbeziehungen. Bentz-Freund Winkler lieferte »Melitta« Papier. Das Geschäft blühte. Winkler: »Bentz hatte uns schließlich eröffnet, wir brauchen immer mehr.« Der Papierhersteller steigerte seine Kapazität. In Koppenheim bei Rastatt entstand ein neues Werk. »Bentz hatte uns zu diesem Neubau ermutigt. 1958 — von einem Tag auf den anderen — ließ er mich unvermittelt auf Neubau und Papier sitzen.« »Melitta« hatte über Nacht eine eigene Papierfabrik in Ostfriesland errichtet. Winkler ging in Konkurs. In Liebenzell im Schwarzwald stieg er später in die Kaffee-Filter-Herstellung ein. Nach seiner Frau Brigitte benannte er die Filtertüten »Brigitte-Filter«. Kaum war das neue Produkt auf dem Markt, leitete Bentz gegen die Winklers gerichtliche Schritte ein. Winkler: »Er hatte seinerzeit — das wußten wir nicht — cirka 120 Warenzeichen gehortet, darunter war auch der Name ›Brigitta‹. Er wollte uns die Produktion unter diesem Zeichen untersagen lassen. Er ließ uns ausrichten, die Kampfpackung Brigitta-Filter stünde im Werk Minden »schon ewig und drei Tage Gewehr bei Fuß«. Vor Gericht wurde dem Antrag von Bentz stattgegeben; in einem Vergleich blieb Winkler nichts anderes übrig, als sich mit 5000 DM abfinden zu lassen. Der ehemalige Papierfabrikant Winkler: »Zutrauen tun wir Bentz mittlerweile alles. Wie ist es zum Beispiel dem Keramik-Werk Brauer in Porta ergangen, das auch einmal für Bentz gearbeitet hat? Denen wurde zuerst auch geraten, einen größeren Brennofen aufzustellen; dann wurde ihnen nichts mehr abgenommen. Schließlich konnte Bentz die ganze Anlage aus dem Konkurs ersteigern. Wenn's um Geld geht, kennt der kein Grüß Gott mehr.«

»Die Geschichte der ersten 50 Jahre unseres Werks zeigt, daß es nicht Glück, Zufälle oder Tricks sind, wodurch schließlich ein großer Erfolg erzielt wird. Entscheidend ist allein, daß ein Werk eine Idee hat . . .« (Horst Bentz anläßlich des 50jährigen Firmenjubiläums)

Zur Jahreswende 1970 erwirbt die »Melitta-Gruppe« im Röstkaffee-Bereich nach Ronning und Faber-Kaffee das kurz vor seinem 50jährigen Jubiläum stehende Familienunternehmen »Vox-Kaffee Groneweg und Meintrup« aus Münster. Trotz steigender Umsätze (65 Millionen DM für 1970) muß sich das Unternehmen von »Melitta« schlucken lassen. In vor-

nehmer Zurückhaltung kaschiert Bentz den erbarmungslosen Konkurrenzkampf, in dem der Stärkere dem Schwächeren die Bedingungen diktiert, der Öffentlichkeit gegenüber als »gedeihliche Zusammenarbeit«; Melitta-Presseinformation vom 30. 12. 70: »Konzentration im Kaffeebereich. Für das kommende Jahr wurde von den Firmen ›Melitta-Werke‹ Bentz & Sohn und ›Vox-Kaffee Groneweg und Meintrup‹, Münster, eine enge Zusammenarbeit der Vertriebsorganisation für die von den beiden Firmen vertriebenen Röstkaffee-Marken beschlossen . . . Durch gezieltes Marketing und Wettbewerbsmaßnahmen soll den Erfordernissen moderner Absatzplanung Rechnung getragen werden.« Die Vox-Außendienstmitarbeiter, die bisher das Kontaktnetz zur Geschäftswelt hielten, werden von Bentz voll übernommen. Der Großteil der 220 beschäftigten Arbeiter muß sich nach neuen Arbeitsplätzen umsehen. Bentz zur Pressemitteilung: »Also juristisch haben wir die Firma nicht gekauft . . . Zusammenarbeit ist vielleicht etwas zuwenig gesagt, wir haben sozusagen die Federführung, . . . Es war auch so, der Herr Groneweg . . . das ist ein Mann, der seinen Betrieb in 50 Jahren aufgebaut hat und jetzt zwei Herzinfarkte hinter sich hat, der Mann ist 68, dem Mann ins Gesicht zu sagen: ›Hör zu, der Betrieb ist pleite‹ und Du mußt verkaufen; das wollen wir einfach nicht so sagen, das ist eine reine Formulierung . . . Er macht ja auch noch etwas weiter, seinen Kaffeersatz . . .«
Ebenfalls zum Jahresende 1970 setzte Horst Bentz die 250 Beschäftigten des vor 5 Jahren von ihm erworbenen Porzellanwerks Rehau in Oberfranken unter Mißachtung gesetzlicher Vorschriften in einer Massenentlassungsaktion auf die Straße. Weder wurde ein Sozialplan erstellt, noch der Betriebsrat um Zustimmung gebeten. Eine Diskussion über einen Interessenausgleich zwischen Belegschaft und Arbeitgeber erscheint Bentz als »völlig indiskutabel«. Für die Weiterbeschäftigung der Maschinen ist gesorgt. Sie werden vom Zweigwerk Rahling in Oldenburg übernommen. Gleichzeitig mit der Werkstillegung in Rehau wird die Anlagenkapazität im »Melitta«-Porzellan-Zweigwerk Rahling/Oldenburg erheblich ausgeweitet.
»Diesen beispiellosen Aufstieg erreichte Bentz mit recht unorthodoxen Mitteln . . . Doch die Gegner des Melitta-Chefs reiben sich nicht nur an seiner in den Grundgedanken 40 Jahre alten Fibel: vielmehr ärgern sie sich über andere Rationalisierungseinfälle des Unternehmers — weil sie so modern sind.« (Laudatio der »Bild-Zeitung« vom 11. Dez. 1970, »Was ist los bei Melitta?«) Im selben Artikel zeigt »Bild« ein Foto: »Entspannung beim Skat; ›Melitta‹-Chef Horst Bentz spielt mit seinen Angestellten.« Das Foto soll die Einheit zwischen Arbeitgeber und Angestellten dokumentieren. Nur ist dieses Dokument eine der üblichen »Bild«-Fälschungen: Bentz spielt mit seinesgleichen Skat: mit Bäckereibesitzer Buchheister, Stadtbaumeister Dessauer und dem ehemaligen »Schriftwalter« des »Melitta-Echos« aus der NS-Zeit, Altkamerad Walter Herfurth, dem Bentz eine Betriebsrente von ca. 1000 DM zahlt.
»Treue-Urkunde — Frau F. E. ist heute zehn Jahre Mitarbeiterin der Firma Bentz & Sohn. In guten wie in schlechten Zeiten hielt sie treu zu

unserem Werk. Wir gratulieren ihr herzlich zu diesem Arbeitsjubiläum und danken ihr durch die Aufnahme in den Kreis unserer Stamm-Mitarbeiterinnen. Melitta-Werke Bentz & Sohn, 1958.« Die Frau, die dieses Dokument in andächtiger Frömmigkeit vorzeigt, ist inzwischen 23 Jahre bei »Melitta« beschäftigt, hat sich vom Packband zur Angestellten im Verkauf hochgearbeitet. Angesprochen auf die angebliche Bentz-Spende von 140 000 DM an die NLA, bringt sie ihre Ergebenheit zum Ausdruck: »Das glaube ich gar nicht, wenn der Chef sein Ehrenwort gibt darüber. Ich habe nur gesagt, die Gefolgschaft gibt ihm ja auch keine Rechenschaft ab. Es hat eine Angestellte gesagt: ›Und wenn er das Geld in der Toilette abspült, geht das auch keinen was an.‹ Der Chef lebt ganz bescheiden. Er hat mal am Mittagstisch gesagt: ›Warum kriege ich denn das nicht, was die anderen auch kriegen?‹ Man hatte ihm etwas Besseres vorgesetzt. Jawohl, Salate hatten Sie ihm vorgesetzt. Aber er verlangte Eintopf. Er raucht nicht und trinkt nicht.«

Frau E. erzählt von einem persönlichen Erlebnis mit ihrem Chef, als er bei ihr Gnade vor Recht hat ergehen lassen:

»Ich gehöre zu der Gemeinschaft der 7.-Tags-Adventisten. Als ich bei Melitta anfing 1948, wurde dort samstags nicht gearbeitet. Dann kam's aber so, daß gearbeitet wurde. Dann bin ich an den Betriebsrat herangetreten und habe um den freien Samstag gebeten, weil wir an dem Schöpfungstag — am Samstag — nicht arbeiten. Der Betriebsrat und der Betriebsleiter haben meine Bitte abgelehnt, samstags zu Hause bleiben zu dürfen. Da habe ich gedacht: Jetzt bleibt mir nur noch ein Weg: zu Herrn Bentz zu gehen. Man hat mir gesagt vom Betriebsrat aus, ich sollte das nicht tun. Herr Bentz könnte sich mit solchen Lappalien nicht abgeben. Obwohl mir von allen Seiten abgeraten wurde, habe ich aber doch ein Herz gefaßt und bin zu ihm gegangen. Ich habe mich unten angemeldet, die Verwaltung war damals im ›Kurfürsten‹, dann wurde ich auch raufgelassen. Der Mann im Sekretariat hat meinen Namen aufgeschrieben, reingebracht und Herr Bentz hat gesagt: Bitteschön, ich sollte dann reinkommen. Er war ganz zuvorkommend. Er kam mir entgegen bis zum halben Raum und reichte mir die Hand und hat mich begrüßt.

Nehmen Sie Platz, hat er gesagt. Und dann habe ich gesagt: Herr Bentz, ich komme mit einer sehr großen Bitte zu Ihnen. Ich sage, ich habe einen anderen Glaubensweg; wir feiern den Samstag, wie es in der Heiligen Schrift steht. Dann hat er mich ausgefragt, Familienverhältnisse usw., und wo ich her bin. Und ich habe ihm gesagt: Sie als Arbeitgeber und unser Chef erwarten von Ihren Mitarbeitern Pünktlichkeit, Ehrlichkeit und Gehorsam, was ja Grundbedingung ist. Ich sage: Und genau so erwartet Gott es von uns, daß wir doch seinen Geboten treu sein sollen. Er war sehr bewegt, ja. Und er sagte zu mir, er sorgte dafür, daß ich meinen Samstag frei kriege. Wie der mir entgegenkam, werde ich nie vergessen. Nie. Und mir hat das leid getan, als er hier im Fernsehen sprach. Ich habe auf der Couch gelegen. Mir ging es damals nicht gut, mir sind die Tränen gelaufen.«

In Ungnade war der Arbeiter H. S. gefallen, als er sich in einer Meinungs-
umfrage gegen die Einführung von Wechselschicht aussprach. Und das,
obschon er seit Jahren zum privaten Schachkreis von Horst Bentz zählte.
»Kurz und bündig ließ man mich wissen«, berichtete er, »Sie müssen
Schicht machen oder Sie kommen in die Hofkolonne; Hofkolonne ist das
letzte«, sagt er, »die in der Hofkolonne müssen alles machen – Straf-
kompanie!« Er versuchte es noch einmal bei der »Sozialabteilung«. »Ich
hab' gefragt, ob ich denn nicht was anders arbeiten könnte. ›Es bleibt
Ihnen nichts anderes übrig‹, sagte man mir, ›Sie müssen kündigen‹.
Und das nach all' den Jahren – es waren sechse.« Auf die Frage, warum
er sich nicht an den Betriebsrat gewandt hätte: »Das sind ja hier doch
nur Marionetten!«
»Verschweigen Sie Ihrem Betrieb nicht das Ei des Kolumbus. Unser Tip
des Monats: Mit guten Vorschlägen lenken Sie das Interesse der Vorgesetzten auf sich. Nach qualifizierten Mitarbeitern hält man immer Aus-
schau. Also: Betriebliche Verbesserungsvorschläge einreichen.« (»Rund
um Melitta«, Dez. 1967)
Im Januar 1968 erfand der Arbeiter R. eine neue Fertigungsmethode zur
qualitativen Verbesserung der Kaffee-Filter-Tüten. Der Betriebsleiter
trug die neue Idee – an der R. in seiner Freizeit anderthalb Monate zu
Hause getüftelt hatte – Firmenchef Bentz vor. »Ingenieur Wilking sagte
mir,« erzählt R., »das sei ein Patent. Er sagte, auf diese Idee wäre noch
keiner gekommen.« Nach fünf Monaten eröffneten die Betriebsleiter und
der Werks-Justitiar dem Arbeiter, sein Vorschlag sei zwar ohne Zweifel
»patentreif«, seine Verwirklichung allerdings würde »Melitta« große
Kosten verursachen. Und falls er selbst seine Erfindung als Patent an-
melden wolle, müsse man erst nachsehen, ob »Melitta« nicht schon vor
Jahren etwas ähnliches entwickelt hätte. R.: »Man bot mir schließlich
an, meine Idee für 400 Mark abzutreten; und später, wenn sie verwirklicht würde, sollte ich auf Prozentbasis an der Produktion beteiligt werden. Für mich war der Fall erledigt, nach ein paar Wochen habe ich dann
selbst gekündigt.« »Melitta« hätte die Idee des Arbeiters R. wahrscheinlich nie in die Tat umgesetzt, ihre Durchführung hätte die Umstellung
eines Teils der Produktionsanlagen bedingt. Aber eine, für eine kleinere
oder neuzugründende Firma völlig umwälzende Fertigungstechnik zur
Herstellung von Kaffee-Filter-Tüten sollte um den Preis eines Trink-
geldes vor dem Zugriff einer möglichen Konkurrenz geschützt werden.
Auch der Arbeiter A. hatte einen brauchbaren Verbesserungsvorschlag,
der seiner Meinung nach dem Werk ca. 3000 – 4000 DM Kosten ersparen
würde, eingereicht, 150 Mark wurden ihm dafür geboten, die er sich noch
mit einem Kollegen teilen sollte. A., dem das zu wenig war, gab das
Geld aus Protest zurück. Daraufhin wurde er von der Verlosung ausgeschlossen, die für alle betrieblichen Ideenspender und Erfinder durchgeführt wurde.
Und so rollt die Kugel, rollt das Glück bei der »Auslosung« der Preise,
und wie es der Zufall so will, fielen die Haupttreffer – eine Urlaubsreise,
ein VW, ein Fernsehgerät – ausschließlich an Angestellte der höchsten

Gehaltsstufe. Eine Kaffeemaschine, einen Fotoapparat, eine Bohrmaschine und einen Grillautomaten spielte das Los Vorarbeitern und Schichtleitern zu. Selbst Arbeiter und Hilfswerker ließ das Glück nicht im Stich; einige gewannen als Trostpreise ein Kaffeeservice.

Mehreren SS-Rängen, die der ehemalige Obersturmbannführer Bentz nach Kriegsende in Sold nahm, fühlt er sich durch gemeinsame Vergangenheit verbunden. Wenn die teilweise angeschlagenen Kriegsveteranen intelligenz- und leistungsmäßig auch nicht mehr so auf der Höhe sind und teilweise aus ihren Spitzenpositionen von jüngeren Kräften verdrängt wurden, garantieren sie durch ihr militärisch straffes Auftreten Zucht und Ordnung bei Melitta. Der ehemalige Obersturmbannführer Tarneden z. B., jetzt Hauswachtleiter, hat von seinem militärischen Schliff nichts eingebüßt. Wenn er strammen Schritts durch die Werkshallen patrouilliert, kann es vorkommen, daß er Nachwuchs-Melittaner zusammenstaucht: »Stellen Sie sich erst mal gerade hin.«

Ein anderer, ein ehemaliger Obertruppführer der Waffen-SS, zeigt den »Arbeitskameraden« (Anrede von Bentz) in sentimentalen Minuten hin und wieder ein liebgewonnenes Kleinod vor: ein ihm von Heinrich Himmler verehrter Totenkopfring mit der Widmung: »Für besondere Verdienste«.

Bentz selbst, wegen seiner militärischen Hausordnung »Block und Blei« öffentlicher Kritik ausgesetzt, beruft sich in dieser Situation vorzugsweise auf die »Kapazität« Prof. Reinhard Höhn, Leiter der »Akademie für Führungskräfte der deutschen Wirtschaft« in Bad Harzburg, der Deutschlands Manager nach den gleichen Prinzipien ausrichte, wie er auch und auf seinen Lehrgängen seinen Spitzenkräften den letzten Schliff verleihe. Als Prof. Höhn einmal den »Musterbetrieb« von Bentz inspizierte, meinte er, daß sich hier innerhalb anderthalb Jahren nach seinen Wirtschaftsführungsprinzipien das Werk zur Höchstproduktivität organisieren lasse.

Bentz verblüffte den Wirtschaftsspezialisten mit der Feststellung, das Plansoll nicht erst in anderthalb Jahren, vielmehr »in bewährtem Melittatempo bereits in einem halben Jahr« erfüllt zu haben.

Aus dem Schulungsprogramm des Prof. Höhn: »Großunternehmen lassen sich durchaus mit Armeekorps, mittlere Unternehmen mit Bataillonen vergleichen. Da sowohl der militärische wie auch der wirtschaftliche Führer mit einem Gegner zu tun hat, dort der Feind, hier die Konkurrenz, treten stets Umstände und Gegenzüge des Gegners auf, die nicht vorauszuberechnen sind.«

Höhn, im Dritten Reich Berater von Heinrich Himmler, als Generalleutnant der Waffen-SS mit dem Ehrendegen des Reichsführers-SS ausgezeichnet, bekannte noch im Jahre 1944 in der Goebbels-Wochenzeitung »Das Reich«: »Der Eid auf den Führer verpflichtet nicht nur zu Lebzeiten des Führers, sondern über dessen Tod hinaus zu Treue und Gehorsam gegenüber dem neuen, von der Bewegung gestellten Führer ...«

Bentz eigene Vergangenheit wurzelt gleichfalls in dieser Zeit: er war Obersturmbannführer der SS, sein Betrieb wurde im Dritten Reich als besonders stramm und vorbildlich mit der goldenen Fahne ausgezeichnet. Er führte Rüstungsaufträge aus, u. a. Teile von Gasmaskenfiltern, Teile von Patronenkästen und Maschinengewehrgurte und er beschäftigte Polen und Russen als Zwangsarbeiter. Nachdem er nach 2½ Jahren aus dem Internierungslager der Engländer entlassen wurde, konnte er erst 1958 wieder seine Firma übernehmen.

Wie Prof. Höhn, legte auch Bentz sich in jener Zeit mit Treueschwüren auf das faschistische System fest: »Führer, wir gehören Dir!« (»Melitta-Echo«, 1941)

»Mit dem Gelöbnis, unseren Betrieb dem Führer zur Verfügung zu stellen, schloß Herr Horst Bentz seine Festrede.« (»Melitta-Echo«, 1939)

Am 1. Mai 1941 wurde ihm von den Parteispitzen die damals begehrte Auszeichnung »Nationalsozialistischer Musterbetrieb« verliehen, die zuvor im Gau Westfalen-Nord nur die Oetker-Werke »für sich buchen« konnten. Mit dem »Melitta-Lied« auf den Lippen: »Gleicher Sinn bringt Gewinn, überwindet auch den schlimmsten Berg, Einigkeit alle Zeit, Heil Melitta-Werk« wurde die mit diesem Prädikat verbundene »Goldene Fahne« im Triumphzug von Augsburg ins Mindener Werk heimgeführt. »Sauber ausgerichtet, stand die Gefolgschaft am Bahnhof, um die Goldene Fahne zu empfangen. Einige zackige Kommandos unseres Betriebsführers (Horst Bentz), die jedem alten Soldaten alle Ehre gemacht hätten, und mit Schingbumm ging's durch die Stadt.» («Melitta-Echo«, 1941)

In jener Zeit war es Betriebsführer Bentz vergönnt, an der unternehmerischen Heimatfront zwei weitere Betriebe zu erobern: eine Keramikfabrik in Karlsbad und eine Papierfabrik in Düren.

Mit nazistischen Haß- und Hetzparolen sollte die damalige Melitta-Werkszeitung die Gefolgschaft auf Vordermann bringen. Das Betriebskampfblatt von Bentz beschränkte sich keineswegs auf die betrieblichen Belange. Da war der Aufmacher auf Seite 1 den »armen Juden« gewidmet: ». . . in der Judenfrage hat das Herz zu schweigen! Auch das zieht nicht, wenn man uns sagt: denkt an die armen Kinder. Jeder Juden-lümmel wird einmal ein ausgewachsener Jude . . .« (»Melitta-Echo«, 1938)

Da ist von »Judengesocks« und »Bestien« die Rede, und auf dem Betriebsappell am 5. 7. 1938 läßt es sich Horst Bentz nicht nehmen, noch vor der »Reichskristallnacht« zum Boykott jüdischer Geschäfte aufzurufen: »Über die Judenfrage heute noch sprechen zu müssen, erscheint überflüssig und ist es doch nicht. Wir haben neulich eine Arbeitskameradin erwischt, als sie ein jüdisches Geschäft betrat. Sie erzählte uns nachher, daß sie lediglich eine dort beschäftigte Verkäuferin besucht habe. Ob das stimmt, ist leider nicht nachprüfbar. In Werkszeitung Nr. 5 dieses Jahres haben wir bekannt gemacht, daß jeder, der beim Juden kauft, fristlos entlassen wird. Der vorerwähnte Fall macht es erforderlich, die Grenzen enger zu ziehen. Wer künftig überhaupt noch in jüdischen Geschäften gesehen wird, einerlei ob er kauft oder nicht, gehört nicht zu uns und muß fristlos entlassen werden.«

Günter Wallraff

In der Melitta-Werkszeitung Nr. 5: »Damit keiner kommen kann, er habe nicht gewußt usw., führen wir nachstehend alle Juden in Minden, die ein Geschäft ausüben, auf.« Es folgen 30 Namen, mit Berufsangabe und genauer Anschrift. – Von den 30 Genannten des Dritten Reiches überlebt keiner.

Bentz heute, zu dem Vorwurf, er habe neben seinen SS-Leuten auch einen Kriegsverbrecher auf Abteilungsleiterebene bei sich beschäftigt (Bentz): »Der ist begnadigt worden, sonst wäre er gehängt worden in Landsberg ... ich habe immer, nicht nur in diesem Fall, früher Dutzende, da gibt es sogar so eine Organisation, die Leute, die straffällig geworden sind, vermittelt. Und ich habe Dutzende von diesen Leuten im Hause eingestellt, ich habe also immer doch die Tendenz gehabt, zu helfen.«

Nach dem Leitspruch »Führer befiehl, wir folgen Dir« wurde seit jeher bei Bentz gehandelt. So wie in den 50er Jahren die »Gefolgschaft« auf eine Verärgerung von Bentz hin geschlossen aus der Gewerkschaft austrat und man die Mitgliedsbücher widerstandslos dem Betriebsrat (seitdem »Geschäftsrat« genannt) aushändigte, trat in den 30er Jahren die damalige »Gefolgschaft« auf Geheiß des Betriebsführers und SS-Sturmmannes Bentz einer anderen Organisation bei: der NS-Partei. Eintrittsgebühren und Mitgliedsbeiträge für die bis dahin noch Parteilosen zahlte Bentz aus eigener Tasche. Der Bleischneider Otto Haar, der sich der damaligen Anweisung widersetzte, mußte die Konsequenzen ziehen und den Betrieb verlassen.

Der Pensionär K. H., damals Schriftsetzer bei Bentz und überzeugter Sozialdemokrat, unterwarf sich seinerzeit dem Bentz-Diktat: »Wir als Drucker, von der Tradition her links, waren ohnehin damals bei Bentz als schwarze Schafe verschrien und bekamen darum auch 2 Pfennig unter Tarif bezahlt. Stellen Sie sich vor, Sie müssen für Ihre Familie das Geld reinbringen und bekommen dann derartig die Pistole auf die Brust gesetzt.«

Daß der NS-Geist bei »Melitta« keine Ausnahmeerscheinung ist, sondern durchaus üblich in der bundesdeutschen Industrie, kann man auch der Einschätzung des bekannten Industrieberaters M. Schubart entnehmen: »Ich kann natürlich keine Namen nennen ... Aber ich habe ein paar Elitegruppen festgestellt, die tatsächlich – zwar unsichtbar, aber doch evident – bis in die heutige Zeit hinein existieren. Da ist einmal die Mars-Merkur-Gruppe der ehemaligen Generalstäbler, die heute zum Teil führende Rollen in der Wirtschaft spielen. Dann Abkömmlinge der Adolf-Hitler-Schulen, der Reiter-SS und der Waffen-SS. Ich würde sagen, in der Altersgruppe von 45–60 stammen 65–70 Prozent aller heutigen Führungskräfte aus solchen Organisationen. Und die überwiegende Zahl – sagen wir 98 % – jener Altersgruppe stammt aus einer Erziehung, die eigentlich im Dritten Reich ihre Grundlage findet.«

Als der Alterspräsident des Bundestages William Borm (FDP) die Öffentlichkeit erstmalig über Finanziers und Hintermänner der neuen rechten

Sammlungsbewegung »NLA« informierte und sich auf in seinem Besitz befindliche Dokumente berief, war unter anderem von einem bekannten Mindener Kaffee-Filterproduzenten die Rede.

Als dann die »Monitor«-Fernsehsendung, wie zuvor schon Zeitungen, den Verdacht aussprach, Bentz habe der »NLA« 140 000 DM gespendet und gehöre ihr als Vorstandsmitglied an — MONITOR: »... Diese Behauptung stützt sich auf die in Bild und Ton festgehaltenen Aussagen des Notars Franz Mader. Mader ist NLA-Bundesvorstandsmitglied und Landtagsabgeordneter. Er hat seine Erklärung abgegeben in Gegenwart des Landtagsabgeordneten Wilhelm Maas,« — ihm außerdem unsoziales Verhalten und Unterdrückung jeder gewerkschaftlichen Betätigung im Betrieb vorwarf, fürchtete Bentz eine Beeinträchtigung seiner Geschäfte. Ehemals gute Kunden stornierten Aufträge, so die Kantinen der Dürrkoppwerke in Bielefeld und der Städtischen Betriebe in Berlin. Helmut Brade, Betriebsrat der Berliner Stadtreinigung: »Bislang haben wir bei ›Melitta‹ für 500 000 DM Kaffee und Filter gekauft. Das ist nun vorbei.«

Bei »Monitor« bekundeten hunderte Fernsehzuschauer in Zuschriften, daß sie von jetzt an keine Artikel dieses Unternehmens mehr zu kaufen gedächten, und Bentz erhielt nach eigenen Angaben tausende Briefe, in denen ihm Verbraucher das gleiche mitteilten.

Bentz schritt zur Tat.

Im Wissen, daß die Öffentlichkeit nicht über die besondere Funktion oder besser Funktionslosigkeit seines Betriebsrats informiert sein würde, ließ er ihn dafür herhalten, in einer großangelegten Anzeigenkampagne die angeblich »unwahren Behauptungen von ›Monitor‹ richtigzustellen.« Die 350 000 DM, die die ganzseitigen Anzeigen- u. a. in »Bild« — kosteten, zahlte Bentz.

Bereits anläßlich früherer Presseangriffe hatte Bentz gedroht »zurückzuschlagen«, sobald damit eine »wirtschaftliche Schädigung unserer Werke« verbunden sein sollte. Dieser Zeitpunkt schien gekommen. Mit seinen Rechtsberatern machte er sich zum WDR auf, konferierte mit Fernsehdirektor Scholl-Latour und Monitor-Chef Casdorff und drohte mit einem Schadenersatzprozeß, der in die Millionen gehen könne. Die »Monitor-Redaktion«, die bereits eine neue »Melitta«-Sendung fast sendefertig hatte, mit noch härteren Vorwürfen und Belegen (u. a. sollten wegen gewerkschaftlicher Betätigung mit Repressalien bedrohte ehemalige Belegschaftsmitglieder zu Wort kommen), wurde durch den prozeßentschlossenen Milliardär in die Knie gezwungen.

Ein neuer Beitrag fiel unter den Tisch, dafür durfte sich Bentz in der folgenden »Monitor«-Sendung lang und breit auslassen, er hatte das letzte Wort und pries sich so sehr, daß sich am nächsten Tag im Betrieb sogar sonst treu ergebene Melittaner kritisch über ihren Chef äußerten: sie hätten sich bei seiner Gegendarstellung des Eindrucks nicht erwehren können, daß Bentz manches selbst nicht geglaubt hätte und es ihm peinlich gewesen sei, was er da verzapft habe.

Auf einer Belegschaftsversammlung in seinem Betrieb hörte es sich einige Nuancen anders an. Angestellte hatten erklärt: »Wir sorgen uns

um den Betrieb. Denn die Abbestellungen häufen sich,« und verlangten Einsicht in die Geschäftsbücher, was Bentz empört zurückwies. Bentz: »Und wenn ich in der ›NLA‹ bin! Wenn sich Rosenthal in einer bestimmten politischen Richtung engagiert, so kann ich mich genauso gut in einer anderen politischen Richtung betätigen.«
Und er betätigt sich; zumindest über Geschäftsbeziehungen hält er Kontakt zu NLA-Kreisen.
Als ich auf gut Glück bei der Papierfabrik Anton Beyer in Lippborn als »Melitta-Bestellabteilung« anrufe, erfahre ich: Seit langem bestehen engste Geschäftsbeziehungen. Beyer-Bestellabteilung: »Wir haben doch von Ihnen eine Subvention laufen. 20 Millionen Hauptseiten bei Tragetaschen. Außerdem steht ja jetzt noch der neue Auftrag von 300 000 Tragetaschen für Ihren eigenen Gebrauch zur Auslieferung an.« — Papierfabrikant Beyer hatte bekanntlich kürzlich den Bundestagsabgeordneten Fritz Geldner mit zwei sogenannten Beraterverträgen in Höhe von 400 000 DM von der FDP in die CSU abzuwerben versucht. Damals zweifelte man allgemein daran, daß der verhältnismäßig kleine Unternehmer diese Summe so ohne weiteres aus der eigenen Tasche zu zahlen in der Lage war. Hier könnte Bentz, dessen Konzerngruppe zu den 100 größten der Bundesrepublik zählt, durch Subventionen oder fingierte Aufträge z. B. sich als indirekter Spender erwiesen haben. Es ist kaum zu vermuten, daß diese Geschäftsbeziehung eine rein zufällige ist, es gibt hunderte von Papierherstellern in der Bundesrepublik.
Auch Werbeagenturen gibt es zahlreiche. Ist es auch ein Zufall, daß Horst Bentz mit der »Interpunkt«-Werbeagentur des ehemaligen SS-Hauptbannführers und jetzigen NLA-Vorsitzenden Siegfried Zoglmann gute Geschäftsbeziehungen pflegt und ihn seinen »Freund« nennt?
Bentz bestritt in der »Monitor«-Sendung mit der Maske eines Biedermannes, daß in seinem Betrieb jemals ein Gewerkschaftler mit Repressalien bedroht worden sei. »Wenn das wirklich wahr wäre, dann habe ich eine Frage: Warum hat die Gewerkschaft bis heute nicht einen einzigen Namen genannt ...«
Die Betriebswirklichkeit bei »Melitta« sieht so aus: »Seien Sie ja vorsichtig, wir überwachen Sie!« hatte Prokurist Herziger dem Mustermacher Günter Bender angedroht. »Sie sind mir kein Unbekannter mehr und schon das dritte Mal bei mir,« herrschte Betriebsleiter Runte den Mustermacher an, weil der sich über eine Lohneinbuße beklagte, die ihm durch eine seiner Meinung nach schikanöse Versetzung ohne Änderungskündigung entstanden war.
Gewerkschaftler Bender kündigte: »Es war mir klar geworden, daß meine Einstellung zur Gewerkschaft nicht in das Konzept dieser Herren paßte und man es darauf anlegte, mich fertigzumachen.«
Ohne Änderungskündigung wurde auch der Drucker Bauer versetzt. Lohneinbuße je Stunde: 40 Pfennig. Bauer war Vertrauensmann für die Gewerkschaft und Werber für seine Organisation. Er und sein Kollege Rüdiger Schellhase zogen die Konsequenzen und kündigten: »Uns war klar, daß wir um jeden Preis diszipliniert werden sollten.«

Gewerkschaftler Fischer wurde von seinem Abteilungsleiter Schmidt sogar mit körperlicher Gewalt aus dem Betrieb entfernt. Der Arzt bescheinigte ihm Kratzwunden, die ihm von seinem Vorgesetzten beigebracht worden seien. Dreher Fischer: »Seit ich auf einer Gewerkschaftsversammlung war, wo die Firmenleitung wahrscheinlich Spitzel hin entsandt hatte, war es um mich geschehen. Ich konnte mir noch so Mühe geben, habe täglich von morgens 7 bis abends 5 nach 6 gearbeitet und jeden Samstag von 6 bis 20 vor 3, ich kam auf keinen grünen Zweig mehr. Kollegen, die neu waren und keine Überstunden machten, bekamen plötzlich 20 Pfennig mehr in der Stunde. Als die Gewerkschaft vor dem Tor Flugblätter verteilte, habe ich dann noch mal den Fehler gemacht, dem Bezirksvorsitzenden, der mitverteilte, die Hand zu geben, und das hatte die Betriebsleitung beobachtet. Obwohl ich später, wenn noch mal Aktionen der Gewerkschaft stattfanden, immer bewußt in entgegengesetzter Richtung ging, war ich bekannt wie ein bunter Hund. Ich hatte zuvor schon einen Warnbrief vom Abteilungsleiter bekommen, ich sei ein Störenfried und mache mir laufend Notizen; und zu guter Letzt kam's so, daß mich Abteilungsleiter Schmidt in den Klammergriff nahm und mich anschrie, sofort diesen Laden zu verlassen. Als er mich zum Ausgang hinzerrte, taten sich noch einige ›Kollegen‹ bei ihm dicke, indem sie mir ›Verräter‹ und ›Lump‹ nachschrien. Ich wollte von der Pförtnerei wegen des tätlichen Angriffs die Polizei anrufen, aber der Abteilungsleiter Schmidt war ständig hinter mir, hat mir den Telefonhörer aus der Hand gerissen und gesagt: ›da müssen Sie schon zu Fuß hingehen‹.«

»Man kann nur hoffen, daß diese ungerechtfertigten Angriffe nicht von anderer Seite unterstützt werden und daß man uns endlich wieder unseren Betriebsfrieden läßt, der 40 Jahre lang niemals gestört war.« (Horst Bentz: »Dank zum Jahresende« »Rund um Melitta«, Dez. 70)

Im Werk selbst ist es kaum möglich, mit Arbeitern über die Firma zu sprechen. Sie blicken sich um, ob auch keiner zuhört, und wenn überhaupt, sprechen sie nur, wenn kein anderer Kollege in der Nähe ist. Einer scheint im anderen einen potentiellen Spitzel der Firmenleitung zu sehen. Einige sagen das auch offen: »Du kannst hier nie genau wissen, wo Du bei wem d'ran bist.«

Nach zweimonatiger Zugehörigkeit zur Melitta-Belegschaft wird mein Name plötzlich über Lautsprecher ausgerufen: »Herr G. zur Sozialabteilung.«

In der Sozialabteilung erwartet mich eine Art Firmengericht. Die Cousine von Horst Bentz, Frau Melitta Feistkorn, Leiterin der Sozialabteilung, blickt mißbilligend zu mir herüber. Herr Ostermeyer, der mich einstellte, sitzt mit in der Runde, ein noch Jüngerer im grauen Kittel blättert gelangweilt in einem Büchlein, das die Aufschrift »Betriebsverfassungsgesetz« hat. Ein graues gewitztes Männlein mit scharfer befehlsgewohnter Stimme fordert mich mit einer Handbewegung auf, mich auf den noch freien, von den anderen etwas entfernt stehenden Stuhl zu setzen. Dann wendet er sich an die versammelte Runde: »Jetzt werde ich Ihnen das mal vorführen.« Und er beginnt eine Art Verhör. Keiner hat sich mir vorgestellt, das scheint hier so üblich zu sein, Standgericht.

Der kleine Graue, Betriebsleiter Runte, wie ich später erfahre, leitet die Vernehmung. Er wirft mir Disziplinlosigkeit und fehlende Arbeitsmoral vor. Ich hatte gewagt, mir einige Tage unbezahlten Urlaub zu nehmen. Zwei Tage war ich krank und lag mit Fieber im Bett, ließ mich jedoch nicht krankschreiben, sondern zog es vor, den das Werk nicht belastenden unbezahlten Urlaub zu nehmen. Kollegen hatten mir das dazu geraten, da »Krankfeiern« auch mit ärztlichem Attest in der Probezeit Entlassung bedeuten würde. Einige Tage hatte ich mir freigenommen, indem ich einen Umzug von Köln nach Minden vorschob, verbunden mit Wohnungsrenovierung. Die direkten Vorgesetzten, zwei Schichtführer, hatten Verständnis und bewilligten das Fehlen unter Verzicht auf Bezahlung. Betriebsleiter Runte, dessen Aufgabe es ist, alle Belange des Betriebs pedantisch wahrzunehmen, schien den entgangenen Mehrwert meiner dem Werk vorenthaltenen Arbeitsleistung als eine Art Diebstahl zu empfinden. Er sagte, schon aus Abschreckungsgründen den anderen Kollegen gegenüber sei ich für das Werk ab sofort untragbar. Ich sei ein Bummelant, wer schon so anfange, was sei dann erst später zu erwarten. Als ich mich zu rechtfertigen versuche, gerade der Anfang, die Umstellung, verbunden mit dem Umzug und Wohnungswechsel, müsse in einem Betrieb, der sich »sozial« nenne, doch Verständnis hervorrufen, werde ich ausgelacht. Herr Runte ist nicht umzustimmen; er nimmt meine Argumente lediglich als Bestätigung seines einmal gefaßten Entschlusses auf.

Routinemäßig stellt er an den Mann mit dem kleinen Büchlein, der während des ganzen Verhörs nicht ein Wort gesagt hat, — und der Betriebsratsvorsitzender Sinock ist, wie ich nach meinem Rausschmiß erfahre — die Frage: »Von hier noch Einwände?« Wie abwesend antwortet der Betriebsratsvorsitzende mit einer verneinenden Kopfbewegung.

Zuletzt sagt Herr Runte noch, man sei hier bei Melitta zwar hart, aber gerecht . . . Vor Weihnachten schmeiße man keinen auf die Straße. Also sei mein letzter Arbeitstag der 28. Ich hätte die Großzügigkeit dem Werk nicht gedankt, immerhin hätte ich doch auch sogar schon Weihnachtsgeld erhalten. Als ich das verneinte, tritt Herr Runte in Aktion. Er demonstriert allen die Macht seines Amtes, indem er den Leiter der Lohnabteilung über Telefon anbrüllt, was das für eine Schlamperei sei, die 50 Mark Weihnachtsgeld, die jedem zustünden, an mich noch nicht ausgezahlt zu haben. »Händigen Sie das dem Mann zustehende Geld sofort aus«, brüllt er in den Hörer. Und Meister Ostermeyer erhält den Befehl, mich zur ordnungsgemäßen Auszahlung zu begleiten. »Sehen Sie, so sind wir hier, selbst das Weihnachtsgeld zahlen wir Ihnen noch«, sagt Runte vorwurfsvoll. Ich bin sehr verunsichert, beinah gerührt und komme nicht umhin, mich bei ihm zu bedanken. Um so erstaunter bin ich, als ich bei Empfang der Endabrechnung die 50 Mark wieder abgezogen finde.

Für Betriebsleiter Runte war es eine Demonstration seiner Macht und was nicht nur für Melitta gilt: Gnade ist kein Recht!

»Natürlich kann die Stadt stolz darauf sein, daß die ›Melitta‹-Erzeugnisse den Namen Mindens in alle Welt hinausgetragen haben und täglich hinaustragen. Sicher ist es ein wesentlicher Faktor für die Volkstümlichkeit von Melitta, daß heute 3600 Menschen der über 8000 Belegschaftsmitglieder in Stadt und Land Minden zu Hause sind! Rechnet man die Familienangehörigen dazu, dann ergibt sich, daß rund ein Viertel der Bevölkerung Mindens in direktem Kontakt zu dem Melitta-Werk steht.«

(Aus der Melitta-Werbeschrift: »Minden und die Melitta-Werke«)

»Sagen Sie um Gottes Willen keinem, daß ich Ihnen Auskünfte über Herrn Bentz gegeben habe, ich wäre hier für immer erledigt.« (Ein führendes Mindener-SPD-Mitglied, Mitglied im Stadtrat. Die SPD ist die stärkste Partei Mindens.)

Peter-Paul Zahl

literatur und revolutionärer kampf

>wir machen lieber einen fehler, um die revolu-
tion zu machen, wenn es augenblicklich keine
chancen gibt, als den fehler zu machen, die
revolution nie zu machen.«

Fidel Castro

I

der internationale Vietnam-kongreß in Westberlin im Februar 1968 markiert innerhalb der außerparlamentarischen bewegung den wendepunkt
ihrer legitimation. er markiert den bruch mit der moralischen protest-
haltung und den beginn des politischen widerstandes. die neuen revolutionäre in den metropolen erkannten sehr bald, daß der kampf um ein
schöpferisches leben ohne krieg, hunger und repressive arbeit auf der
ganzen welt der kampf gegen das kapitalistische system bedeutete. sie
erkannten, daß dieser kampf zusammen mit den proletarischen klassen
und zusammen mit den ländern der dritten welt geführt werden muß.
»zwei, drei, drei, viele Vietnams schaffen«, hieß für sie, »die wesentliche
grundlage des kapitalismus anzugreifen: den profit«.
(PSIU)
die ›neue linke‹ begann die diskussion über organisations- und kampf-
formen. es war und ist bezeichnend, daß, von einigen ausnahmen abgesehen, diese diskussion kaum oder gar nicht von literatur- und kunst-
produzierenden aufgenommen wurde. Trotzkis these, daß sich die bourgoisie die literatur schnell dienstbar gemacht hat (»literatur und revolution«, gerhardt verlag) wurde erneut bestätigt. eine umfrage des SPIE-
GEL (»der SPIEGEL fragte — 42 antworten auf eine alternative von Hans
Magnus Enzensberger«) zeigt in bedrückender klarheit, daß die mehrzahl prominenter westdeutscher schriftsteller einer revolutionierung,
geschweige denn einer revolution, äußerst unwillig gegenüberstehen.
die skala ihrer ›politischen‹ meinungen geht von der ›linken‹ SPD bis
zum ›linken flügel‹ anderer parteien. (auch die NPD wird wohl demnächst dergleichen aufzuweisen haben.) dümmliche ignoranz wechselt
sich ab mit frommem optimismus, Bonner linguistik mit Godesberger
progromen. der forderung »es wird hiergeblieben!« des Es-Pe-Trarca
Grass gehorchen sie gerne. sie sind für »männliche geduld« (Schallück),
»reparaturen« (Torberg), »systematische unterwanderung durch anständige menschen« (Hochhuth) »geduld und toleranz« (Hagelstange),
»kleine, vom willen zur veränderung im großen geleitete schritte« (Jens),
»verfassungsmäßig entschlossene opposition« (Kesten)«, rostabklopfen,
die notstandsgesetze zu fall bringen, die kpd zulassen, den linken flüge!
der spd starkmachen« (Schnurre) — »schon sehen wir klarer« (Schnurre).

warum Erhard teutsche dichter einst »pinscher« nannte, ist und bleibt unverständlich. handelt es sich bei den so beschimpften doch zumeist um massenfeindliche, vollgefressene, verhätschelte möpse eines »stinkenden leichnams« (Rosa Luxemburg), der sogar im grab die muse nicht missen will. sie üben kritik, jawoll, diese herren, aber mäßig. bis hin zum von kapitalismus gegrabenen massengrab. diese deutschen poeten haben mit den arbeitenden menschen nicht viel gemein. sie haben zeit. aber nur »die satten haben zeit« (Bebel). es ist zu fragen, wann man ihnen ihre filzpantinen ausziehen wird und ihre, das herrschende system stabilisierende ramschware zu den modernden knochen ihrer geldgeber wirft — den zu miesesten kleinbürgern degenerierten bourgoisen, die zur zeit n o c h an der macht sind.

II

> »wenn in unserer zeit etwas helfen soll, so ist
> es gewalt. wir wissen, was wir von unseren fürsten zu erwarten haben. alles, was sie bewilligten, wurde ihnen durch die notwendigkeiten abgezwungen ... man wirft den jungen leuten den gebrauch der gewalt vor. sind wir denn aber nicht in einem ewigen gewaltzustand?«
>
> Georg Büchner

das obige zitat läßt sich ohne weiteres auf die heutige zeit anwenden. ersetzt man »fürsten« durch »parlament«, »bundesregierung« o. ä. genau da aber fängt die debatte der linken akademiker und schriftsteller gerade an. dem gebrauch revolutionärer gewalt (steine, molotowcocktails, bomben, stadtguerilla, gefangenenbefreiung) stehen sie ablehnend gegenüber. ihr zumeist bürgerliches elternhaus präparierte sie dazu, individuell ausgeübte gegengewalt oder terror abzulehnen, damit sie um so besser die öffentlich ausgeübte gewalt, den terror des kapitals und seines handlangers, des staates, billigen. unwidersprochen nehmen sie das monopol von gewalt durch besitzende und herrschende klasse hin.

als akademiker und schriftsteller durch erziehung und beziehung, liebgewordene tradition und bürgerliche tariffähigkeit in den wenigen, gewaltfreien nischen des apparates nistend, sind sie unfähig, das ganze ausmaß an gewalt zu sehen, das ein spätkapitalistisches system an seinen unterdrückten ausläßt. in ihrer beschränktheit sehen sie im handkantenschlag gewalt, nicht aber im fließband und der wohnung in einer trabantenstadt.« hinter den eltern stehen die lehrer, das jugendamt, die polizei. hinter dem vorarbeiter steht der meister, das personalbüro, der werkschutz, die fürsorge, die polizei. hinter dem hauswart steht der verwalter, der hausbesitzer, der gerichtsvollzieher, die polizei. was die schweine mit zensuren, entlassungen, kündigungen, mit kuckuck und schlagstock schaffen, schaffen sie damit. klar, daß sie zur dienstpistole greifen, zu tränengas, handgranaten und mp's, klar, daß sie die mittel eskalieren, wenn sie anders nicht weiterkommen«. (»883« nr. 62, 1970, »die rote armee aufbauen«.)

die von den herrschenden ausgeübte gewalt, von fehlenden mutter-schutzgesetzen bis zum fehlenden kindergarten, von der taufe bis zum arbeitsplatz, von der sonderschule bis zur teuren wohnung in der miets-kaserne neuen stils, dem hochhaus in der trabantenstadt, von der kon-sumanheizung durch milliarden verschlingende werbung bis zur inter-vallmusik am fließband, von der fehlenden vorsorge für körperlich und geistig behinderte kinder bis zur schaffung tödlicher konkurrenzkampf-ideologie (allerdings nur beim individuum, denn bei den konzernen haben marktabsprachen und konzentrationen den konkurrenzkampf längst abgeschafft), vom leistungsprinzip über die sexualfeindlichkeit bis hin zu einer entmenschenden presse, diese ›indirekte‹ gewalt wird von den meisten intellektuellen und schriftstellern nicht sinnlich emp-funden. sie existiert für sie nicht. ihre spätbürgerliche ideologie ver-bietet es ihnen sogar, diese gewalt als die wirklich ausgeübte gewalt anzusehen. ihre interessen sind andere als die der arbeitenden massen.

III

> »obwohl der bewaffnete kampf der fundamen-tale weg ist, ist es ebenso notwendig, die ande-ren politischen kampfmittel anzuwenden, so-lange und sofern sie — einander zugeordnet oder zusammen — verwendet werden unter dem ziel und mit der bestimmung, was als primär erkannt worden ist.«

> 1. OLAS-konferenz, Havanna

linke studenten, akademiker und schriftsteller pflegen der revolutionä-ren gewalt im allgemeinen die ›basisarbeit‹ entgegenzustellen, wobei sie meist vergessen, daß beide in einem dialektischen zusammenhang stehen.

die arbeit an der basis, die tägliche agitation und propaganda im be-trieb, im wohnhaus, im stadtteil, in der bundeswehr und anderswo widerspricht nicht im geringsten der gewalt, die gegen das angewandt wird, was der basis schadet. im gegenteil, die spezifischen bedingt-heiten der revolutionären basisarbeit müssen eng verflochten werden mit der revolutionären gegengewalt. der gefahr, daß der revolutionären gewalt die vermittlung fehlt, wird durch gezielte basisarbeit begegnet. der anschlag auf das wohnhaus und den mercedes eines fabrikdirektors in Westberlin (Linnhoff), der es mit seinen kumpanen von senat und bankenkonsortium gewagt hatte, durch eine pleite von einem tag auf den anderen hunderte von arbeitern und angestellten arbeitslos zu machen, wurde von den betroffenen sehr gut verstanden. die vermittlung der aktion durch flugblätter und eine zeitung (»883«) war nahezu über-flüssig. aufgabe der basisarbeit kann da nur sein, das bewußtsein der zenden auf keinen fall nur durch eine bombe beizukommen ist. die schaffung von solidarität unter den betroffenen ist die bombe unter dem arbeitenden menschen soweit zu bringen, daß dem komplott der besitarsch der bourgoisie. die arbeiterschaft muß wissen, daß ihr g e m e i n - s a m geführter kampf den rahmen der legalität sprengen muß, das jetzige system durch ein humanes zu ersetzen.

die zur zeit ausgeführte basisarbeit ist meistens nur so angelegt, das durch die zerschlagung der arbeiterbewegung durch den faschismus abhanden gekommene klassenbewußtsein zumindest auf den stand der zwanziger jahre zu bringen. dies dürfte zur zeit der größte fehler der theoretiker der basisarbeit sein. basisarbeit artet oft, wie die geschichte der arbeiterbewegung zeigt, in reformerischen eifer und revisionismus aus. aufklärung bietet oft genug denen ein alibi, gegen die aufgeklärt wird. so erfolgreich und neuartig die recherchen eines Günter Wallraff sind, darf man nicht vergessen, daß durch die beseitigung der miß-stände, die er in seiner arbeit aufzeigt, nicht nur den betroffenen, son-dern auch dem ausbeutenden system geholfen wird. es ist nicht un-denkbar, daß ein ›aufgeschlossenes‹ kapital durch den bundesverband der deutschen industrie auf eigene faust rechercheure durch die fabri-ken schickt, die augenfälligsten mißstände in der ausbeutung beseitigen zu lassen. das liegt durchaus im interesse eines spätkapitalismus, der sich immer noch auf den knochen der unterdrückten konsolidieren will. dieses interesse gebietet es auch, die ausbeutung taktisch-psychologisch immer raffinierter zu verschleiern. dann streicht man die wände der produktionsstätten in den freundlichen farben, die eine dienstwillige psychologie als leistungsfördernd ertestet hat, da führt man die glei-tende arbeitszeit ein, um die unterdrückten selbst dazu zu bringen, ihre wirklich produktivsten stunden der profitmaximierung der kapitalisten zu widmen, da werden zur not noch zeitgenössische kunstwerke über den fließbändern aufgehängt (SPD-unternehmermachenschaften), da er-klingen in verschiedenen abständen in den werkshallen die melodien Léhars und Ray Conniffs, wenn es die leistungsbewertungsspezialisten für angebracht halten, da dürfen deutsche poeten während der mittags-pause ihre jüngsten werke in der kantine vorstellen (das mutete man der Dortmunder gruppe 61 in Schweden zu, die jedoch darauf nicht ein-ging), da treten nach feierabend zwischen sauber abgedeckten maschi-nen sopranistinnen und tenöre auf, um die sauber gewaschenen und gekämmten ausgebeuteten durch Orff's »kluge« die abgeschlafftheit vergessen zu lassen. (Deutsche oper Berlin bei AEG-Telefunken).

so wird es immer schwerer, durch basisarbeit die so manipulierten zu agitieren. die von Marx beschworenen »zyklischen krisen« des kapita-lismus werden durch staatlich geplante und geleitete »rezessionen« ab-gelöst, die den ausgebeuteten, von massenmedien, erziehung und staat manipuliert, ›ganz natürlich‹ vorkommen. gegen eine seit 1933 geschaf-fene »volksgemeinschafts«-ideologie, in der ausbeuter und ausgebeu-tete »in einem boot sitzen«, läßt sich mit den herkömmlichen methoden der basisarbeit schwer angehen. man sehe sich nur die altgenossen der

Peter Paul Zahl

illegalen kpd an, wie sie nach jahrelanger ›basis- und untergrundarbeit‹ zunehmend frustiert sind. ehemalige revolutionäre gewöhnten sich bald an, in kleinen zugeständnissen des monopolkapitals wie pfennigweisen tariferhöhungen, verbesserten bedingungen der medizinischen betreuung (an kranken läßt sich schlecht verdienen), arbeitsdirektoren und werksheimen wahrhaftige änderungen des systems zu sehen.

ausgehend von der tatsache, daß in den letzten jahren sogar in der brd der arbeitskampf wieder aufgenommen worden ist, daß deutsche arbeiter zunehmend von ihren französischen und italienischen kollegen gelernt haben, muß die basisarbeit ihre prämisse ändern. der ›revolutionäre kleinkrieg‹ muß forciert werden. in Frankreich und Italien ist man in den letzten jahren zunehmend dazu übergegangen, die basisarbeit durch die »direkte aktion« (Arnold Roller) anzureichern. der revolutionäre streik, der ökonomische terror, die sabotage und der boykott finden nach langer zeit wieder den weg ins arsenal der kampfmaßnahmen des proletariats. die delegiertenbewegung in Italien mit ihrer praxis der ›guerillastreiks‹ (streikmaßnahmen kleiner gruppen in einem großbetrieb an entscheidenden stellen legen die gesamte firma lahm, ohne daß die kapitalisten möglichkeiten zum ›arbeitskampf von oben‹, zur aussperrung, haben) bringt durch ihre bisherigen erfolge das problem der doppelherrschaft als übergang zum sozialismus in das bewußtsein der proletarischen massen.

mißstände, bisher durch flugblätter, betriebszeitungen oder überregionale zeitschriften der öffentlichkeit preisgegeben, werden in naher zukunft nicht mehr von den ausbeutern durch zugestandene reförmchen abgeändert, sondern durch revolutionäre maßnahmen der betroffenen beseitigt. reformen müssen mehr denn je zuvor daraufhin überprüft werden, ob sie systemstabilisierend sind (immanent) oder »systemdehnend« (v. d. Vring), daß reformen nicht systemändernd sind, ist nahezu jedem klar.

ganz gleich, wie die Bolschewiki seinerzeit den revolutionären terror beurteilen mochten (Lenin lehnte ihn als »kleinbürgerlich« ab, wenn er auch selbst in briefen an die partei dazu aufforderte, Trotzki gestand ihm immerhin wegbahnende funktion zu), »die terrorbrigaden Gerschunijs, die führende reaktionäre minister und ausbeuter beseitigten, zeigten durch ihre theorie und praxis, daß der aufstand, der widerstand gegen die bourgoisie möglich ist. sie waren es, die die russische revolution vorbereiteten und entscheidend mitbestimmten« (vorwort zu »die direkte aktion« von Arnold Roller, »underground press«, Berlin).

die direkten aktionen der jungen arbeiter in Turin und Mailand, in Flins bei Paris und in der Borinage sind die antwort auf jahre-, ja, jahrzehntelange abwiegelei der parteikommunisten und gewerkschaften. die aufgabe der neuen linken auf dem campus und in den schriftstellerstuben kann es nur sein, diese antwort zu unterstützen.

(»wilde energie und nochmals energie sind notwendig. ich bin entsetzt, mehr als entsetzt, daß über ein halbes jahr mit reden über bomben verstrichen und keine einzige bombe fabriziert worden ist. wendet euch an die jugend, oder, bei gott, ihr werdet zu spät kommen (ich erkenne das aus allen anzeichen) und werdet wahrscheinlich massenhaft gelehrte denkschriften, pläne, blaupausen, entwürfe, ausgezeichnete vorschriften, aber keine organisation haben. geht zur jugend. bildet sofort kampftruppen unter den studenten und besonders unter den arbeitern. laßt sie sich sofort bewaffnen mit den waffen, die ihnen zur verfügung stehen: einem messer, einem revolver, einem petroleumgetränkten lappen, um brände zu verursachen. besteht nicht auf der verpflichtung, der sozialdemokratischen partei beizutreten. (...) einige können unternehmen, einen spitzel zu ermorden oder ein polizeigebäude in die luft zu sprengen — andere können eine bank angreifen, um dort die mittel für einen aufstand zu enteignen. jede abteilung muß lernen und wäre es nur, um die polizei zu verprügeln. die paar dutzend opfer werden mit zinsen aufgewogen durch die ausbildung von hundert erfahrener kämpfer, die berufen sind, morgen hunderttausende anzuführen«.

diese aufforderungen stammen nicht von anarchisten, nicht von den tupamaros in Uruguay, nicht von der »roten armee« in Westberlin der heutigen tage. diese aufforderungen schrieb am 26. 10. 1917 ein gewisser Lenin, wenn auch seine heutigen schmalspuranhänger das nicht wahrhaben wollen.)

IV

>»wenn die, die sich kommunisten nennen, ihre
pflicht nicht tun, werden wir die unterstützen,
die im kampf wie kommunisten handeln.«

Fidel Castro

nun meinen einige linke theoretiker und schriftsteller, die »eskalation der gewalt« könne nur den herrschenden nützen (SEW, DKP, »Rote Presse Korrespondenz«, Wallraff u. v. a.); sie schreiben ernstlich, die eskalation der g e g e n g e w a l t der jungen revolutionäre schaffe erst die zustände, die sie abzuschaffen angetreten ist. abgesehen davon, daß ein Prometheus-plan, eine notstandsverfassung und ein handgranatengesetz längst vorhanden waren, bevor gegengewalt angewandt worden ist, ja, bevor die akademische linke und einige schriftsteller gegengewalt überhaupt diskutiert hatten, beweist diese these nur, wie unmarxistisch ihre verfasser sind. einen faschismus provoziert man nicht, indem man seinen anfängen wehrt. einen faschismus kann man gar nicht provozieren. der faschismus ist nach wie vor »die fortsetzung des kapitalismus mit anderen mitteln«. ein Hitler ist ohne das Rhein-Ruhrkapital undenkbar. in hochindustrialisierten ländern entstehen rassismus (1933 in Deutschland, heute in Großbritannien und USA) und faschismus erst, wenn der ›friedliche weg‹ des kapitalismus sich aus seinen inneren, systemimmanent ökonomischen fehlern und krisen nicht weiterentwickeln kann. daran hilft auch nicht das liberale geschwätz, ›links‹ würde »rechts hochschaukeln«, ausgesprochen von jenen liberalen, die heute für reformen eintreten und morgen vielleicht schon im zuge von

»vernunft und ordnung« für ein neues ermächtigungsgesetz eintreten. (wie seinerzeit die liberalen wie Th. Heuß u. a.) sozialdemokratie und kommunistische partei kamen in den faschistischen jahren n i c h t in die kz's, weil sie vorher z u v i e l gegen kapitalismus und dessen logische frucht, den faschismus, getan hatten, sondern z u w e n i g.

die heutigen sozialisten müssen lernen, gerade diese, wenig ruhmreichen traditionen zu kritisieren. »eine revolutionäre bewegung, die, durch falsches bewußtsein geblendet, nicht in der lage ist, sich zu begreifen, hat wenig chancen, eine alternative zu dem darzustellen, was sie kritisiert und bekämpft« (Ciafaloni/Donolo).

V

> »es hat keinen zweck, den falschen leuten das richtige erklären zu wollen.«
> »883« nr. 62. »die rote armee aufbauen«

»die rolle der intellektuellen, die die situation analysieren, besteht darin, sich in diesem bürgerkrieg zu engagieren«, sagte Jean Paul Sartre in einem fernsehinterview, das am 12. 7. 1970 in der bundesrepublik ausgestrahlt wurde. als einer der wenigen schriftsteller und intellektuellen der älteren generation besteht für ihn kein zweifel daran, daß durch die aktivitäten der neuen linken in ländern wie Italien, Frankreich und der BRD der bürgerkrieg herrscht. er wurde nur noch nicht von offizieller seite ausgerufen. ebenso ist für Sartre klar, daß der schriftsteller oder bürger, der »die auffassung vertritt: ›ich will gerne kritisieren und meine kritik niederschreiben, aber gewalt ist für mich etwas primitives und barbarisches‹, ein komplize des regimes ist«.

was bedeutet es für einen schriftsteller, sich in diesem bürgerkrieg zu engagieren? kann er das, indem er schreibt? gewiß kann er das, muß aber wissen, daß, ganz gleich, wie revolutionär und ›links‹ seine bücher auch sein mögen, die leserschaft zumeist nicht in den zu revolutionierenden besteht. nach wie vor ist die bourgoisie, der mittelstand und, wenn es hoch kommt, das kleinbürgertum stamm der leserschaft von belletristik oder sachbuch. (wobei zu beachten ist, daß im allgemeinen proletarisierungsprozeß der gesamtgesellschaft der degradierte mittelstand, der kleinhändler, der kleinbauer und die schicht der technischen intelligenz durchaus zu handelnden revolutionären subjekten werden können, wie der kampf in Frankreich es zeigt). muß dann zwangsläufig der schriftstellerische revolutionäre elan angesichts des meist falschen adressaten verpuffen? er muß es nicht, kann doch ein schriftsteller sein handwerkszeug, seine phantasie, in den dienst der revolutionären phantasie stellen. er kann durch seinen Beruf, der nicht mehr und nicht weniger bedeutet als andere berufe, sein wissen, seine analysen und dokumentationen in den dienst der ›zweiten aufklärung‹ stellen. er kann, vor allen dingen, wenn er versucht, in den zeitgemäßen massenmedien (fernsehen, zeitung, zeitschrift, schallplatte, rundfunk) zu arbeiten, in seinem »überbauberuf« der »revolutionären list« zum siege verhelfen. er kann und muß dort, wo er seine brötchen verdient, der reaktion, der konterrevolution entgegenwirken. er muß sich immer wieder ins gedächtnis zurückrufen, das priesterähnliche image des poeten abzubauen und sich als einen proletarier betrachten, der durch seine arbeit eine ganze industrie, die ›bewußtseinsindustrie‹ mit milliardenumsätzen am laufen hält.

dabei darf es aber nicht sein bewenden haben. sein talent, seine schreibfähigkeit muß er in den dienst von flugblattaktionen stellen. er kann in die produktion gehen und in der betriebsbasisgruppe mithelfen, den manipulierten über die manipulation die augen zu öffnen. ist er jung genug, kann und muß er sich, anderen jungen revolutionären gleich, üben in den künsten des steine- und molotowcocktailwerfens, der subversiven aktion, der waffenkenntnis, der chiffrierung, des bombenbauens, der funkerei, karate, boxen und judo, der illegalen flugblatt- und zeitungsverbreitung, des rufmords, der verunsicherung — in der vorbereitung auf den bewaffneten kampf.

er muß sich und anderen klar machen können, daß der kampf in unseren breiten erst beginnt, daß viel zu wenig steine geworfen sind, viel zu wenig mollies und bomben, viel zu wenig amerikanische firmen in brand gesteckt, viel zu wenig polizeiagenturen gestürmt worden sind, daß hier bislang leider noch kein ausbeuter oder obertan entführt worden ist, daß viel zu wenig gefangene befreit, viel zu viele unnütze resolutionen unterzeichnet worden sind, daß noch viel geschehen muß, bis sachautorität nicht mehr machtautorität ist, bis nicht mehr repressive arbeit ausgeführt werden muß, bis jegliche art von imperialismus zerstört worden ist, vom kulturimperialismus des Goethe-institutes bis zum bewaffneten imperialismus der US-faschisten in Indochina.

VI

> »unter den pflastersteinen beginnt der Strand.«
> sgraffito im Pariser Mai

der am meisten vorgebrachte vorwand gegen den beginn des revolutionären illegalen kampfes in den metropolen ist der, es sei »zu früh«. abgesehen davon, daß diese ausrede älter ist als die französische, geschweige denn die russische, chinesische, algerische und cubanische revolution, gibt es keinen stichhaltigen beweis dafür.

dieses »zu früh« zeigt keineswegs eine historische analyse, sondern schlicht und einfach die unfähigkeit, in den historischen prozeß einzugreifen, bevor es z u s p ä t ist.

die cubanische revolution war für orthodoxe marxisten ein »abenteuer einiger wildgewordener kleinbürger (anarchisten)«, die chinesische revolution hätte nach dem willen der Moskowiter gar nicht stattfinden dürfen, die vietnamesische scheint vielen nach wie vor (wegen oder trotz der unglaublich dürftigen unterstützung durch sozialistische länder) »ein wunder«.

einer der großen theoretiker der heute stattfindenden revolutionen, Erneste Che Guevara, hatte seinerzeit erkannt, was heute revolutionäre der gesamten welt konsequent weiterführen, nämlich, ».... daß es grundsätzlich die revolutionäre aktion ist, welche revolutionäre situationen ermöglicht« (Carlos Nunez, »die tupamaros«). revolutionäre aktionen, das bedeutet in unseren breiten: stadtguerilla. der illegale, bewaffnete kampf ermöglicht erst, zusammen mit machtvollen guerillatechniken in den produktionsstätten, was der literatur schlechthin unmöglich ist: das zerschlagen des spätkapitalistischen systems, beginnend bei seinen wundesten punkten. jeder revolutionäre akt gegen niederlassungen des imperialismus, jeder schlag gegen firmen der rüstungsindustrie und die magnaten, die dahinterstehen, ist in den metropolen manifeste solidarität mit den kämpfenden völkern der dritten welt, ist ein schritt weiter zur revolution in den hochindustrialisierten ländern. der schriftsteller als schriftsteller vermag dabei zur zeit nur hilfestellung zu leisten. als mitglied clandestiner organisationen, als guerrillero vermag er mehr. dann erst befindet er sich in der gesellschaft jener revolutionäre, die (unter anderem und weil es zum natürlichen schöpfertum des menschen gehört) auch schrieben: Marx, Bakunin, Mao, Ho Tschi-Minh, Marighella, Che Guevara und ungezählte andere.

sieg im volkskrieg!
alle macht dem volk!

Diskussion

Diskussion

F. C. Delius / H. L. Arnold / Max von der Grün

Briefwechsel in Sachen Gruppe 61 und eine Anmerkung

21. 9. 70

Lieber Lutz,

Deinen Brief und die Einladung zu dem Standardwerk habe ich erhalten. Daß ich nicht gleich enthusiastisch meine Mitarbeit bestätigt habe, liegt ganz einfach daran, daß ich mich der Gruppe überhaupt nicht richtig zugehörig fühle. Die Gruppe besteht 10 Jahre, aber ich war nur 7 oder 8 Stunden dabei. Ich bin mit keinem der Autoren befreundet, kenne Grün, Zahl, Wallraff nur flüchtig. Im letzten Herbst wurde ich, weil ich mit einigen Leuten, die die Gruppe verändern wollten, auf der Sympathisanten-Liste stand, als einziger — neben Tscherliesnig — gewählt, aber diese Wahl hat mich nicht besonders glücklich gemacht. Ich mache keine oder fast keine Literatur aus der Arbeitswelt, sondern Literatur aus der Akademikerwelt. Natürlich, wenn die mit revolutionärem Bewußtsein und agitatorisch arrangiert ist, kann die zuweilen auch für den Arbeiter nützlich sein oder die »Arbeitswelt« deutlicher machen — aber das kommt eben sehr selten vor, denn ich bin bis auf weiteres bloß ein linker Intellektueller, der die Produktions- und Lebensbedingungen des arbeitenden und angestellten Proletariats nur aus Büchern und einigen Gesprächen kennt. Und ich bin in die Gruppe gewählt worden, weil ich im gerade noch akzeptablen Rahmen prominent bin und weil ich zwei Nachdichtungen (Volker Braun und Christopher Logue) und eine publikumswirksame Zugabe über Hertha BSC schön artikuliert vorgelesen habe und damit die Voraussetzung, um gewählt werden zu können (nämlich bloß: vor dem Auditorium gelesen zu haben — eine lächerliche formale Voraussetzung, die die Kritiker der Gruppe, sogar wenn die auch noch Autoren sind, aussperrt wie Schütt, Schöfer usw.), erfüllt habe.

Nun könnte es mir ja, trotz meiner Klassenzugehörigkeit, eine Ehre sein, mich zur Gruppe rechnen zu dürfen. Aber ich finde, die Gruppe hat, wenn sie so unverbindlich weiter macht, keine Zukunft, keine sinnvolle Funktion, sie wird höchstens ein spezifisches Objekt am Rande des Literaturbetriebs bleiben. Im Schöfer-Papier vom vorigen Jahr, das gewiß noch nicht das Gelbe vom Ei war, sah ich einen Ansatz, die gesellschaftliche Funktion der Gruppe endlich einmal zu reflektieren und daraus Folgerungen für die literarische Praxis zu ziehen. Das Papier wurde ziemlich schroff abgetan. Wenn sich bei der nächsten Tagung (die hoffentlich bald sein wird, weißt Du Genaueres?) nichts Entscheidendes ändert bzw. wenn wir keine entscheidenden Änderungen durchsetzen können, trete ich wieder aus. Ich schließe mich fast allen Argumenten der Werkkreis-Leute gegen die Gruppe an.

Andererseits bin ich mir über den Werkkreis, was seine Selbstdarstellung und was seine Praxis angeht, noch nicht recht im klaren. Auch da sehe ich bloß eine reformistische Perspektive, oft riecht es mir zu sehr nach Gewerkschafts-Revisionismus (bei allem Verständnis für eine gewisse Taktik, die man bei der Betriebsarbeit braucht). Trotzdem: der ohnehin bescheidene Anspruch der Gruppe wird, meiner leider oberflächlichen Ansicht nach, vom Werkkreis viel konsequenter und politischer erfüllt als von der Gruppe selbst.

Ich weiß also nicht recht, was ich in dem Band zu suchen habe. Ich kann mich nicht mit der Gruppe identifizieren, das wäre glatter Schwindel. Und deshalb auch keine Intern-Polemik verfassen, was, wenn ich ein gestandenes Mitglied wäre, im Moment der einzig mögliche Beitrag wäre. Was sagen Wallraff, Tscherliesnig u. a. zu Deinen Plänen? Was ist mit Erika Runge?

Überleg Dir mal, ob ich wirklich da rein gehöre (ich tus auch noch mal). Und sonst viel Glück bei dem Monumentalwerk.

Grüße,

Dein F. C. Delius

23. 9. 70

Lieber F. C.,

herzlichen Dank für Deinen ausführlichen Brief. Ich habe mir etwas ähnliches schon gedacht. Tatsächlich neigt ja die Gruppe ein bißchen dazu, nach der Prominenz zu schielen — mit Erika Runge, die Du erwähnst, ist es ähnlich wie mit Dir. Daß Du so denkst, wie es Dein Brief offenlegt, zeigt immerhin, daß Du Dir über die Gruppe vermutlich mehr Gedanken machst als einige andere Mitglieder, die ihr schon länger angehören.

Dennoch scheint mir die Gruppe eher noch der Ort für Dich als der Werkkreis, mit dessen Arbeit man ja durchaus sympathisieren kann, der aber doch eine ganz andere Aufgabe erfüllen will als die Gruppe. Der Werkkreis nun scheint mir besonders mit der Arbeitswelt liiert, eher noch als die Gruppe, die ja in ihren Intentionen über die Arbeitswelt hinauszielt, also durchaus, nun sagen wir: die Situation des Menschen in einer allgemeinen Arbeitswelt, zu der auch Dein Bereich gehört, beschreibend sichtbar machen und — aber das ist fast utopisch — verändern, in jedem Falle aber bewußt machen möchte. Zahl, Mechtel, Wallraff — sie haben die Gruppe in diesem Sinne erweitert; ohne sie wäre die Gruppe allerdings wenig hoffnungsvoll. Vielleicht solltest Du, da Du ja Unbehagen verspürst, Dir einmal überlegen, in welcher Richtung die Gruppe besser zu binden und effektiver zu machen wäre.

Du kannst Dich also nicht mit der Gruppe, wie sie überkommen ist, identifizieren; das sollst Du doch auch nicht. Aber Du kannst mit den anderen: Wallraff, Zahl, Mechtel, das Bild von der Gruppe verändern. Gewiß, es ist lächerlich, einen, wie Du es nennst, ›formalen Akt‹ an den Anfang Deiner Gruppenmitgliedschaft als einzige Begründung zu setzen. Aber man kann den formalen Akt konkretisieren.

Vielleicht, wenn Du tatsächlich bei der Meinung bleiben solltest, daß Du nicht zur Gruppe gehören solltest, könnten wir korrespondierend die Gründe dafür sichtbar machen und damit zugleich eine Kritik an der Gruppe versuchen, für die Dein Beispiel mir mustergültig erscheint. Es könnte der Gruppe zur Selbstverständigung helfen, wie es der Gruppe, so glaube ich doch, auch hilft, daß der Werkkreis mit einer Teamarbeit über seine Arbeit, Absichten und theoretische Fundamentierung in dem Band stehen wird. Es soll ja doch kein ›Standardwerk‹ werden; sondern vielmehr der kritische Versuch einer Orientierung. Insofern gehörst Du hinein.

Ich gehöre ja nicht der Gruppe an und kann vielleicht weniger emotional argumentieren — wer weiß.

Laß bitte bald von Dir hören, wie Dein Entschluß ausgefallen ist.

Herzlich Dein Lutz Arnold.

14. 11. 70

Lieber Lutz,

entschuldige meine späte Antwort, erst war ich 3 Wochen weg und dann gabs hier viel Kram.

Also noch mal: ich hab mit der Gruppe, in ihrem jetzigen Zustand, wenig oder nichts zu tun. Und Deine Gründe sind die eines um sein Buch besorgten Herausgebers, die mich nicht überzeugen.

Du meinst, die Gruppe sei noch eher ein Ort für mich als der Werkkreis (ich stell mich hier mal dieser Alternative und laß andere Organisations- und Arbeitsmöglichkeiten linker Schreiber jetzt außer acht). Dazu mindestens drei Bemerkungen. Einmal ist die Gruppe überhaupt kein Ort, kein Zentrum, keine Produktionsstätte, sondern ein Markenzeichen, unter dem sich einmal im Jahr ein paar Schreiber mit ziemlich unterschiedlichen Interessen und Ideologien zusammenfinden — an 364 Tagen im Jahr gibt es die Gruppe nicht, in diesem Jahr sogar überhaupt nicht. Im Werkkreis dagegen wird permanent, halbwegs systematisch und mit politischem Anspruch gearbeitet — die Mitglieder der Gruppe scheinen nicht einmal einen gemeinsam reflektierten literarischen Anspruch zu haben, sondern eher einen individualistischen literarischen Ehrgeiz. Im Werkkreis geht es, das alles sag ich bewußt vereinfacht, um solidarische Arbeit und um Texte zur Verbesserung des politischen Bewußtseins, in der Gruppe um individuelle Arbeit und um Texte zur Verbesserung des literarischen Bewußtseins. Im Werkkreis lernen Teile des Proletariats sich artikulieren, in der Gruppe sitzt noch immer das Gespenst des bürgerlichen Schriftstellers als Ehrenmitglied im Saal. Schon deshalb ist diese Alternative, die Du mir anbietest, nicht von meiner Schreiberei oder von meinem widersprüchlichen Status als linker Schreiber, sondern von meinen Vorstellungen über die zukünftige literarisch-politische Praxis zu entscheiden.

Zweitens gehst Du davon aus, die Gruppe habe einen literarischen Anspruch und der Werkkreis einen politischen. Diese schematische Teilung kann ich nicht mitmachen. Denn die Gruppe kann nur dann eine sinnvolle Funktion haben, wenn sie sich politisiert – und der Werkkreis andererseits kann die Hilfe von linken Literaten brauchen. Auf beiden Seiten könnte man viel tun. Und wenn man mich schon vor so eine Alternative stellt: ich halte eine Auferweckung der Gruppe für weniger wichtig und aussichtsreich – und vom Werkkreis weiß ich wenigstens, daß er vernünftig arbeitet und daß ich einigen seiner Mitglieder vielleicht nützlich sein kann.

Drittens steckt die Gruppe meiner Ansicht nach in einer tiefen Lethargie, die natürlich objektive Ursachen hat und die mit ein paar Impulsen der von Dir genannten neuen Leute sicher noch nicht behoben ist. Eh man da was ändert, muß man sich über die Klassenposition der links-bürgerlichen Autoren (vgl. Piwitt, Schriftsteller – über, unter oder auf dem Strich?, konkret vom 5. 11. 70), über ihre Produktionsbedingungen und ihre Produktionskrise gründlich klar werden (»Die Produktionskrise der Künstler, die sich an der Änderung der Welt zu beteiligen beginnen, ist eine Begleiterscheinung des Expropriationsakts, der hier in riesigem Maße stattfindet, die Zerstörungen sind unvermeidbar, und sie lohnen sich.« (Brecht.) Das beste wäre Auflösung und neuer Anfang.

Du spürst diese Widersprüche doch selbst, wenn Du mich mit dem Argument werben willst, die Gruppe ziele über die Arbeitswelt hinaus, wolle »die Situation des Menschen in einer allgemeinen Arbeitswelt« beschreibend sichtbar machen. In dieser von Dir nur ins Extrem getriebenen Allgemeinheit des Anspruchs offenbaren sich Dilemma und Kriterienlosigkeit der Gruppe. Nach dieser Formulierung könnte man alle 200, 300 Autoren von Achternbusch bis Zwerenz in die Gruppe 61 holen. Vor allem aber: die Formel Mensch – Arbeitswelt kann man doch nicht mehr so naiv nehmen wie vielleicht noch vor 10 Jahren, d. h. ohne auf den Hauptwiderspruch dieser Gesellschaft einzugehen und ohne die Notwendigkeit zu sehen, hier für die unterschiedlich ausgebeuteten Lohnarbeiter und gegen das Kapital Partei zu ergreifen. Dies Engagement widerspricht der politischen und literarischen Naivität der Gruppe (ebenfalls objektiv verständlich, trotzdem abzuschaffen), mit der die Arbeiter als Objekt und nicht als Subjekt der gesellschaftlichen Veränderung hingestellt wurden. Diesen Widerspruch und die Notwendigkeit der Entscheidung haben bis heute, fürchte ich, nur drei, vier Leute aus der Gruppe begriffen.

Und das ist nicht anders mit dem andern Aspekt, von dem Du sprichst, mit der Bewußtmachung dieser »Situation«: ohne marxistische Theorie, Phantasie und Praxis ist solch ein Vorsatz für die Katz bzw. fürs Kapital, das immer wieder neue Tricks ausheckt, dies Bewußtsein zuzudecken. Und das kann man nur vermeiden, wenn man eine politische Strategie hat, die auf die Tricks des Kapitals gefaßt ist.

Wenn die Gruppe noch zu beleben ist (wenn nicht, muß man eben andere Organisationsformen suchen), dann meiner Meinung nach so:

1. Mindestens drei, vier Treffen im Jahr.
2. Lokale, regionale Gruppen, die sich mindestens einmal im Monat treffen.

3. Verständigung über ein literarisch-politisches Programm.
4. Aufnahme von Kritikern und jungen Schreibern.
5. Arbeitsgemeinschaften (Fernsehspiel/Reportage/Lyrik/Agitprop/Hörspiel/Literaturkritik).
6. Unterstützung der linken Organisation (welcher, muß natürlich diskutiert werden) und ihrer Presse, auch Werkkreis, Straßentheater, Arbeiterkorrespondenten usw.
7. Koordination eines Teils der literarischen Arbeit mit der politischen Arbeit dieser Organisationen (Informations- und Leseveranstaltungen in Verbindung mit politischen Kampagnen/ Beschaffung von dokumentarischen und literarischem Material für die Agitation/Unterstützung der Flugblattproduktion usw.)
8. Klärung der Lesebedürfnisse der Arbeiter und Angestellten und der Möglichkeiten, ihnen per Literatur/Fernsehen/Theater ihre Klassenposition zu veranschaulichen.

Ich kann mir denken, daß die meisten das für utopisch halten werden. Trotzdem, erst wenn solche oder ähnliche Initiativen ergriffen werden, wenn das Gespenst des bürgerlichen Schriftstellers aus dem Saal gewiesen ist, seh ich in der Mitgliedschaft in der Gruppe einen Sinn. Ich werd versuchen, bei der nächsten Tagung das alles zu diskutieren, und schick, damit das nicht ganz unvorbereitet kommt, einen Durchschlag dieses Briefs an Max von der Grün.

Schöne Grüße, Dein

F. C. Delius

Anmerkung . . .

Gemessen wird die Gruppe an den Produkten, die sie vorlegt, und die, so glaube ich, sind politischer Natur.

Es gibt also nur die Möglichkeit, entweder zu schreiben oder aber aktiv politisch tätig zu sein, wobei Schreiben ebenso politisch sein kann.

Ob es im Werkkreis eine effektivere Solidarität gibt, sei dahingestellt, das weiß ich nicht; aber ich weiß, daß es in der Gruppe Solidarität gibt, wenn es darum geht, andern Autoren zu helfen, Aktionen einzuleiten oder Aktionen durchzuführen, sei es eine Demonstration oder aber Mitarbeit bei Streiks und sonst dergleichen.

Ich bin mit Delius dahingehend einig, daß man keine schematische Trennung machen und nicht sagen kann: die Gruppe hat einen literarischen Anspruch, der Werkkreis einen politischen — das würde bedeuten, daß die Autoren der Gruppe unpolitisch sind; und ich für meine Person möchte das entschieden zurückweisen, und ich kann da wohl für die meisten Autoren der Gruppe sprechen.

Es ist ganz klar, daß, werden irgendwo Aktionen eingeleitet, nicht immer die Gruppe als Ganzes auftreten kann, schon deshalb nicht, weil die einzelnen Autoren viel zu weit auseinander wohnen; es werden immer nur einige Autoren sein, die gerade zu erreichen sind.

Das Gespenst des bürgerlichen Schriftstellers, wie Delius schreibt, sitzt ebenso im Werkkreis wie in der Gruppe; ich jedenfalls fühle mich nicht als solcher, oder ist schon ein bürgerlicher Schriftsteller jener, der gezwungen ist, auf bürgerliche Medien zurückzugreifen, wenn er publizieren will? Zeige mir einer andere Medien.

Ich bin mit Delius der Meinung daß man sich öfter treffen muß.

Frage: Wer finanziert das?

Regionale Gruppen? Wie soll das gehen? In Dortmund zum Beispiel haben wir das schon: Absprache der Autoren untereinander, gegenseitige Hilfe bei irgendwelchen tagespolitischen Ereignissen, die geradezu zu Aktionen drängen. Kann Delius das in Berlin machen, mit Zahl? Mechtel in München? usw.

Der Aufnahme in die Gruppe steht überhaupt nichts im Wege, wenn der Autor sich dem Thema widmet, das wir von Anfang an vertreten haben: das Thema Arbeit, und das natürlich verstanden im weitesten Sinne. Für Autoren, die die Lüneburger Heide beschreiben, wird es bestimmt anderswo auch eine Gruppe geben.

Ich bin auch der Meinung, daß die Gruppe an einem Scheideweg steht und sich der Konsequenz stellen muß: entweder sich aufzulösen oder aber eine andere Arbeitsform zu finden; das, und hier bin ich wieder mit Delius einverstanden, sollten wir bald ausgiebig diskutieren.

Max von der Grün

Bruno Gluchowski

Rückschau

Meine erste Erzählung, vor genau vierzig Jahren in der Zeit schwersten wirtschaftlichen Niedergangs veröffentlicht, behandelt das Schicksal eines zur Arbeitslosigkeit verurteilten alten Bergarbeiters. Ein Problem dieser Zeit, neben dem schnellen Anwachsen des Nationalsozialismus und seines blutigen SA-Terrors, wohl das Hauptproblem der frühen dreißiger Jahre. Auch alles andere, was ich bis zur ›Machtergreifung‹ 1933 schrieb, sei es Erzählung, Novelle, Roman oder politischer Artikel, befaßte sich mit Problemen der Zeit und ihren Auswirkungen auf die breiten Volksschichten, vor allem auf die Industriearbeiter an der Ruhr. Sich den Problemen der Zeit zu stellen und zu ihnen Stellung zu nehmen, der Arbeiterschaft in ihrem politischen und sozialen Kampf damit Unterstützung zu geben, das war die Aufgabe, der sich die meisten aus der Arbeiterklasse hervorgegangenen Schriftsteller unterzogen. Sie wichen der Verantwortung gegenüber ihrer Zeit und ihrer Klasse nicht aus! Ich halte es auch heute noch so. Im Gegensatz zu vielen meiner Kollegen bin ich der Auffassung, daß die Klassengegensätze bis heute noch nicht überwunden sind und daß der Klassenkampf trotz hohen Lebensstandards des Arbeiters noch in unverminderter Heftigkeit weiter geführt wird, wenn auch in anderen Formen als vor vierzig Jahren. Es ist der Klassenkampf von oben, der Kampf der durch ihr Kapital und ihre dadurch gewonnene politische Macht herrschenden Schichten gegen die von ihnen beherrschten Schichten. Und das ist die ›breite Masse des Volkes‹, der ›kleine Mann von der Straße‹, die Lohnabhängigen. Die Mittel, mit denen dieser Klassenkampf geführt wird, sind mannigfacher Art: Preiswucher, Mietwucher, Steuerwucher, Abgabenwucher, Lohnungerechtigkeiten, Rentenungerechtigkeiten, das sind nur einige davon. Die Regierungen, ganz gleich ob christlicher oder sozialliberaler Prägung, sind nicht fähig oder nicht willens, dem Einhalt zu gebieten. Im Gegenteil: an der Ausbeutung der Massen haben sie einen nicht geringen Anteil. Es raubt ihnen nicht den Schlaf, daß Millionen von Rentnern und Rentnerinnen nach einem Leben voller Arbeit und Mühsal ihren Lebensabend nun am Rande des Existenzminimums verbringen müssen, während der Reichtum und der Luxus der Besitzenden alle Dämme sprengen und die Zahl der bundesdeutschen Millionäre sprunghaft in die Höhe schnellt. Als Ausweis ihrer Tüchtigkeit haben die Regierenden ja das berühmt-berüchtigte Auto des Arbeiters vorzuweisen, seinen Spanien- oder Italienurlaub, seinen Wohnkomfort, seinen ausgezeichneten Bekleidungs- und Ernährungszustand. Daß dieser hohe Lebensstandard mit einem durch den Zwang zum Mitverdienenmüssen der Ehefrau gestörten Familienleben bezahlt werden muß, daß er ohne eine erschreckliche Zahl von Überstunden, Samstag- und Sonntagschichten nicht erreicht werden kann, das steht in keiner Regierungsstatistik. Eine Gesellschaftsordnung, in der diese Zustände nicht Ausnahme sind. sondern Norm, ist nicht in Ordnung. Auf ihre Veränderung hin muß daher mit allen Mitteln gearbeitet werden. Dieser Erkenntnis liegt meine politische Einstellung zugrunde.

Die literarische ist ihr adäquat. Ich liebe die kunstvolle Form, in der die Sprache in all ihrer Schönheit wie eine schimmernde Perle eingebettet liegt. Ich mühe mich um ein Begreifen der Satz- und Wortfetzen, mit denen modernste junge Autoren sich verständlich zu machen suchen. Auch der modernen Lyrik vermag ich mehr als nur Staunen über soviel und oft so gekonnte Wortartistik entgegenzubringen. Aber den Leserkreis, den ich anzusprechen versuche, würde ich mit diesen literarischen Ausdrucksmitteln kaum oder in nur sehr bescheidenem Umfang erreichen. Ihm, der seine Bildungschancen durch den Zwang des frühen Geldverdienenmüssens nicht nutzen konnte oder nutzen kann, muß man mit einer anderen Sprache kommen. Mit einer einfachen, klaren Sprache, die nicht erst auf Umwegen in sein Bewußtsein dringt. Daher bediene ich mich vorwiegend einer realistischen Erzählweise, die den Fabrikarbeiter nicht mit dem Vokabular eines Akademikers ausstattet, sondern ihn schlechtweg und jedem verständlich in seiner täglichen Umgangssprache reden läßt. Meine Bücher sollen vom Leser nicht erst studiert werden müssen, sondern ihn auf Anhieb packen. Ich glaube, daß mir das bis jetzt gelungen ist.

Mein Verhältnis zur Dortmunder Gruppe 61, der ich seit ihrer Gründung angehöre, ist distanziert. Ich bin ihr beigetreten, weil sie anfänglich weder ein Literaturklub üblichen Formats, noch eine Konkurrenz zur literaturmarktbeherrschenden Gruppe 47 sein wollte, sondern lediglich eine Vereinigung von Schreibenden, deren literarisches Schaffen auf ein gemeinsames Grundthema abgestimmt war: künstlerische Gestaltung der industriellen Arbeitswelt. Ihre ersten Zusammenkünfte waren noch von kameradschaftlichem Geist getragen, was der kritischen Diskussion über vorgelesene neue Manuskripte ihrer Mitglieder durchaus nicht abträglich war. Das blieb auch noch, als sich später, vom Reiz dieser neuartigen literarischen Vereinigung angezogen, auch Journalisten, Lektoren und Soziologen der Gruppe anschlossen. Aber schon nach den ersten Erfolgen der Gruppe bei ihren öffentlichen Veranstaltungen, die durch Autorenlesungen die jeweilige literarische Potenz der Gruppe erkennen lassen sollten, begann der Zusammenhalt ihrer Mitglieder zu zerfallen. Mit steigender Anerkennung der Gruppe und der künstlerischen Leistungen einiger ihrer Mitglieder setzte der Zerfall sich fort. Richtungskämpfe brachen aus, in deren Verlauf das proletarische Element in der Gruppe von erfolgshungrigen, klassenverneinenden bürgerlichen Autoren an die Wand gedrückt wurde. Leidenschaftlich geführte Grundsatzdiskussionen fanden statt, die eher zu einer Vertiefung des Grabens führten als zu seiner Zuschüttung. Ein Generationenkonflikt brachte neue Gegensätzlichkeiten zutage, ideologische Auseinandersetzungen mit Gruppenkritikern und Gruppengegnern wurden von Veranstaltung zu Veranstaltung heftiger. Die Frage nach einer weiteren Existenzberechtigung der Gruppe wurde laut, je mehr ihre Autoren sich vom ursprünglichen Grundthema entfernten. Die Frage, wann die Gruppe sich denn nun selbst auflöse, wurde immer mehr zur Forderung. Sie ist nicht erfüllt worden. Das erste der siebziger Jahre brachte zu seinem Anfang eine interne Gruppensitzung, in der ein Sprecher als Nachfolger des wegen beruflicher Überlastung zurückgetretenen bisherigen Gruppenchefs gewählt wurde. Das war aber auch alles. Keine öffentliche Veranstaltung im ganzen Jahr, keine interne Zusammenkunft. Still ist es um die 61er geworden; man fragt sich, ob die Gruppe sanft im Herrn entschlafen ist. Nun, ihren Geist hat sie noch nicht aufgegeben. Das beweisen einige 1970 herausgekommene neue Bücher von Gruppen-Autoren. Der große soziale Roman aus der industriellen Arbeitswelt, der sich Zolas »Germinal«, Cronins »Die Sterne blicken herab« und Alexander Cordells »Der Drache über dem friedlichen Land« gleichrangig an die Seite stellen kann, ist leider nicht darunter. Den wird vielleicht im Stillen ein noch unbekannter, noch hungriger Autor schreiben. Gott geb's!

Max von der Grün

Soll sich die Gruppe 61 auflösen?

Seit Bestehen der Gruppe wird auch von deren Auflösung gesprochen. Einigen war die Gruppe zu links, den anderen wieder war sie zu wenig links. Die einen sagen, daß das herkömmliche Schreiben keinen Zweck mehr hat, die anderen vertreten den Standpunkt, daß durch Schreiben etwas bewirkt werden kann. Die Gruppe sind die Autoren, das was sie schreiben, das, was sie in der Öffentlichkeit tun, was sie sagen, wie sie auftreten.

Die einen haben die Gruppe immer wieder als eine Art Schreibschule verstanden, wo man schreiben lernen kann und soll, die anderen lediglich als einen losen Zusammenschluß von Autoren, die bei jeweiligen Treffen Texte lasen, darüber diskutierten, was notwendig und was überflüssig ist in der Darstellung dessen, was wir Arbeitswelt nennen.

Die einen forderten die Gruppe als Institution, den anderen war die Gruppe zu viel Institution, die einen forderten eine enge Bindung an die Gewerkschaften, die anderen lehnten schon eine lose Anlehnung ab.

In diesem Widerstreit hat die Gruppe 10 Jahre überdauert, schlecht und recht. Vielleicht ist der Zeitpunkt gekommen, wo sie sich auflösen sollte. Jede Gruppe — auch die mit einem Programm — hat sich einmal überlebt, wenn ihre Bestrebungen — in diesem Falle Darstellung der Arbeitswelt — nicht mehr allein Thema dieser Gruppe ist, das Thema im weitesten Sinne verstanden auf andere Bereiche übergegriffen hat.

Wie stehe ich zum Werkkreis?

Es gibt Leute, die glauben, weil sie dem Werkkreis angehören, stehen sie automatisch links von links, und mir wird der Vorwurf gemacht, ich sei ein *achtbarer bürgerlicher Schriftsteller* geworden, wobei diese Leute, die das schreiben, vergessen zu definieren, was bürgerlich ist. Weil ich auf die bürgerliche Presse zurückgreifen muß, weil ich auf ein Vertriebswesen angewiesen bin, das diese bürgerliche Gesellschaft geschaffen hat, bin ich deshalb bürgerlich, weil ich von dem Geld lebe, das ich durchs Schreiben verdiene? Dabei greift doch der Werkkreis gerade auf die bürgerlichen Spielregeln zurück, die er vorgibt zu bekämpfen; er schreibt Preise aus und bettelt sich von Institutionen und Privatleuten das Geld zusammen.

Die Gruppe hat sich zehn Jahre gehalten, ohne von jemanden Geld zu nehmen, jeder trug seine Unkosten selbst.

Aber das allein ist es nicht, was mich vom Werkkreis fernhält, es ist dieses pseudorevolutionäre, dieses pseudolinke Gehabe. Da ich selbst keine bessere Definition geben kann, zitiere ich Hanno Möbius, der in dem Buch »Arbeiterliteratur in der BRD« auf Seite 100 und 101 schreibt: *Der Werkkreis dagegen strebt eine Zusammenarbeit mit allen an, die für eine demokratische Veränderung der gesellschaftlichen Verhältnisse tätig sind. Der Werkkreis hält eine entsprechende Zusammenarbeit mit den Gewerkschaften als den größten Organisationen der Arbeitenden für notwendig. Durch die nur indirekte Formulierung, mit den Gewerkschaften sei nur zusammen zu arbeiten, wenn sie demokratische Ziele anstreben, wird eine Konfliktzone nicht hinreichend ins Bewußtsein gehoben, die sich exemplarisch in den Septemberstreiks 1969 gezeigt hat. ... Einmal kann die in den Selbstdarstellungen des Werkkreises fehlende Funktionsbestimmung der Gewerkschaften im Spätkapitalismus in Konfliktfällen mit der Gewerkschaft zu politischen Differenzen im Werkkreis führen. Ferner besteht durch die unbekümmerte Belieferung abnahmebereiter, herkömmlicher Kommunikationsmittel im Falle der Gewerkschaftspresse die Gefahr, zu einem Mittel betriebsnaher Gewerkschaftspolitik abzusinken, oder im Falle anderer Presseerzeugnisse, durch unverbindliche, unpolitische Formulierungen die gesellschaftskritische Position zu verlieren. Diese Gefahr ist im Aufruf zum zweiten Reportagewettbewerb deutlich geworden. Dort heißt es: Es soll in einer möglichst einfachen, unliterarischen Sprache erzählt werden, was der einzelne an seinem Arbeitsplatz beobachtet und welche Veränderungen an Arbeitsplatz und Betrieb er sich wünscht und für möglich hält. ... Diese Sätze wären auch als Anweisung für ein offenes Interview durch einen systemkonformen Betriebssoziologen denkbar, der im Interesse des Kapitals Betriebskonflikte entschärfen und die Arbeitsintensität erhöhen will.*

Diesen Worten habe ich selbst nichts mehr hinzuzufügen, sie treffen genau ins Schwarze, nämlich, daß sich Leute im Werkkreis dagegen wehren, zu Recht, Hofsänger bürgerlicher Institutionen zu werden, werden sie es für eine Interessenvertretung, nämlich der Gewerkschaften, deren erklärtes Ziel es nicht ist, das kapitalistische Herrschaftssystem abzuschaffen, sondern es lediglich zu rationalisieren.

Wolfgang Körner

Antworten

Aus welchen Gründen haben Sie in der Gruppe 61 gelesen?

Ich habe den Kontakt zur Gruppe gesucht, weil ich die Grundsätze der Gruppe: *Künstlerisch-literarische Auseinandersetzung mit der industriellen Arbeitswelt,* ernst genommen habe. Wir leben in einer von der Industrie geformten Gegenwart, industrielle Arbeitswelt ist Teil der Wirklichkeit, und es ist falsch, Literatur am Fabriktor enden zu lassen. 1965, als ich in der Gruppe las, wurde fast ausschließlich von der Gruppe 47 bestimmt, wie die Literatur aussah. Diese Literatur war extrem formalistisch, wenn man von jenen Autoren absieht, die sich in der Periode des Kahlschlag-Realismus durchsetzten und dem Trend zum Formalismus widerstehen konnten. Ich denke hierbei an Heinrich Böll und Alfred Andersch.

Hat die Gruppe 61 Ihre Erwartungen erfüllt?

Teilweise. Wenngleich mich an der Gruppe 61 von Anfang an eine Menge störte. Da hatten zahlreiche Gründungsmitglieder offensichtlich an eine Wiederbelebung der alten Arbeiterdichtung gedacht, und diese Arbeiterdichtung ist tot und läßt sich nicht mehr beleben. Diese Gründungsmitglieder, Arbeiter und Lyriker zumeist, haben die Gruppe 61 sehr spät verlassen. Wenn man bedenkt, was diese Gruppe in der Gruppe erwartete und erhoffte, wird das Ausmaß der Enttäuschung und Verbitterung klar, das diese Gruppenmitglieder erfahren haben mußten, als sie sahen, wie sich die Gruppe 61 entwickelte.

Wie sehen Sie die Gruppenthematik?

Die *künstlerisch-literarische Auseinandersetzung mit der industriellen Arbeitswelt* wurde immer nach Opportunität definiert. In Wirklichkeit, das hatte ich bald bemerkt, war diese Thematik eine Chiffre für eine bestimmte Art, die Wirklichkeit zu sehen. Arbeiten aus der Gruppe 61 waren immer gegenwartsbezogen, zumeist gesellschaftskritisch. Sie waren meist in einem-wie immer auch beschaffenen-Realismus gehalten. Dieser Realismus verband mehr als die Thematik, unter der man alles begreifen konnte und auch begriff.

Es heißt in den Gruppengrundsätzen, die Autoren seien in der Wahl ihrer Stilmittel frei. Wie sah das in der Praxis aus?

Dieser Punkt des Gruppenprogramms war schlicht und einfach Lüge. Die Thematik, unter die man subsumieren konnte, was immer man wollte, schloß nach Ansicht der meisten Autoren in der Gruppe 61 andere als konventionell-realistische Schreibweisen aus. Wer die Gruppenthematik, was immer er darunter verstand, mit anderen als realistischen

Schreibweisen berührte, wer auch nur ganz vorsichtig anfing, Formen durchzuprobieren und Wirklichkeit gestaltend in ein autonomes ›Kunst-‹ Werk einbringen wollte, der traf auf Kritik aus der Gruppe, wie man sie sich doktrinärer und apodiktischer nicht vorstellen kann.

Dennoch war die Thematik der Gruppe 61 das verbindende Element?

Ich sehe diese Thematik sehr skeptisch. Irgendwo war der Grundsatz der *künstlerisch-literarischen Auseinandersetzung mit der industriellen Arbeitswelt* eine Aufforderung zu dem Versuch, die Quadratur des Kreises zu verwirklichen. *Auseinandersetzung* mit der Arbeitswelt hieß für die meisten Autoren in der Gruppe 61, konkret Sachverhalte zu benennen und damit Veränderungen zu bewirken. Das ist eine sehr wichtige Aufgabe, nur sind meiner Ansicht nach künstlerisch-literarische Mittel denkbar ungeeignet, unmittelbare Veränderungen zu bewirken.

Man hätte in der Gruppe 61 versuchen sollen, zur Thematik gleich die passende Ästhetik mitzuerfinden, oder aber offen zugeben müssen, daß man eine westdeutsche Variante des sozialistischen Realismus anstrebe. Dann wären zahlreiche Mißverständnisse gar nicht erst aufgekommen. Die Gruppenthematik als verbindendes Element war ein programmatischer Satz, nicht mehr. Dazu kommt, daß diese Thematik so beschaffen war, daß von ihrer Wortbedeutung her der zynische Versuch eines Anhängers der Happening-/Fluxus-Bewegungen, ein Stahlwerk nebst Stahlarbeitern zum Gesamtkunstwerk zu erklären, durchaus gedeckt gewesen wäre.

Trotz allem haben Autoren aus der Gruppe 61 zahlreiche Arbeiten veröffentlicht. Wie war das möglich?

Das war möglich, weil sich die Autoren um die Gruppengrundsätze nicht kümmerten und ihre Vorstellungen verwirklichten, ohne viel nach der Gruppe zu fragen. Beispielsweise in meinem Fall: Ich habe seit 1966 zwei Romane, zahlreiche Erzählungen, Rundfunkarbeiten, Buchbesprechungen, Essays und Aufsätze veröffentlicht. Ich habe Kolumnen geschrieben und das Drehbuch zu meinem ersten Fernsehfilm erarbeitet und die Arbeit am Drehbuch zum zweiten Fernsehfilm abgeschlossen. Ich habe einen Essay über Boris Vian geschrieben und fünf Stories für »Konkret«. Ich vermag nicht zu sagen, was davon *künstlerisch-literarische Auseinandersetzung mit der industriellen Arbeitswelt* ist und was nicht.

Gut: Das mag in Ihrem Fall zutreffen. Aber die anderen Autoren?

Da sehe ich es nicht anders. Das Gruppenkonzept, ästhetisch und politisch gleichermaßen vieldeutig, paßte auf die ästhetischen und politischen Vorstellungen des Autors Max von der Grün ähnlich nahtlos, wie das Grundgesetz der Bonner Demokratie auf die Person des ersten Bundeskanzlers. Deshalb ist es richtig, wenn in der Öffentlichkeit die Gruppe 61 zumeist mit Max von der Grün identifiziert wurde. Sämtliche anderen Autoren, ich denke da vor allem an Günter Wallraff, Angelika

Mechtel, Peter Paul Zahl, setzten sich als Autoren durch, ohne sonderlich auf das Konzept der Gruppe 61 zu achten.

Dann war die Gruppe 61 Ihrer Meinung nach belanglos?

Nein, keineswegs. Die Gruppe 61 hat die Literatur beeinflußt, denn durch die Existenz der Gruppe wurde der Blick zahlreicher Autoren auf die soziale Wirklichkeit gelenkt. Ich nehme nicht an, daß die Gruppe 61 noch eine Zukunft hat. Mehrere Autoren, die sich mit der Wirklichkeit des Arbeitsalltags befassen, sind der Gruppe 61 (ich meine, klugerweise) fern geblieben. Auch hier einige Namen: Dieter Waldmann, Wolfgang Menge, Renke Korn, Gerhard Kelling, Gerhild Reinshagen. Die literarische Landschaft insgesamt ist offener und politischer geworden, und im gleichen Maße, wie sich die Szene insgesamt wieder öffnete, haben Gruppen an Bedeutung eingebüßt. Das ist sehr gut so.

Wie beurteilen Sie das Verhältnis zwischen Öffentlichkeit und Gruppe 61?

Die Öffentlichkeit hat in der Gruppe 61 zuerst den Versuch vermutet, die alte Arbeiterdichtung wiederzuleben, und die Gruppe 61 entsprechend angegriffen. Das hat sich die Gruppe selbst zuzuschreiben, denn die Intentionen der sogenannten ›Schreibenden Arbeiter‹ in der Gruppe ließen diese Absicht lange Zeit vermuten. Inzwischen setzt sich die Öffentlichkeit nur noch mit einzelnen Autoren auseinander und nicht mehr mit der Gruppe (es sei denn historisch). Das ist sehr gut so, denn jeder Autor verwirklicht seine ureigensten Intentionen auf seine ureigenste Weise. Das ist keinesfalls ein Rückzug in den Elfenbeinturm, sondern logische Folge der Tatsache, daß Texte von Autoren am Schreibtisch und nicht von der Gruppe während der Tagungen geschrieben werden.

Man wirft der Gruppe mitunter vor, sie hätte den Anschluß an den bürgerlichen Literaturbetrieb gesucht. Wie stehen Sie dazu?

Der Vorwurf erscheint mir sehr berechtigt, wenngleich ich mit dem Terminus *bürgerlicher* Literaturbetrieb wenig anfangen kann. Wer in dieser Gesellschaft veröffentlicht, bedient sich der Distributionsapparate dieser Gesellschaft. Da sind Verlage Kapitalansammlungen, die für die Buchproduktion eingesetzt sind. Alle Autoren, die heute veröffentlichen wollen, sind auf diese Verlage angewiesen. Selbst Peter Paul Zahl, der seine Texte lange Zeit selbst druckte, hat seinen ersten Roman in einen *bürgerlichen* Verlag gegeben. Ich weiß nicht, wie das geändert werden sollte, und meine nicht, daß das geändert werden müßte. Verlage sind Teil dieser Gesellschaft und eine Änderung der Gesellschaftsverhältnisse wird nicht im Bereich des Büchermachens entschieden.

Wie sehen Ihre Intentionen aus?

Ich habe einige Arbeiten veröffentlicht und werde mich hüten, hier eine Selbstinterpretation zu versuchen. Was ich sagen kann: Arbeitswelt ist für mich Teil der Wirklichkeit und interessiert mich, wie mich alles an der Wirklichkeit interessiert. Wer nicht im Elfenbeinturm lebt, kann an der Arbeit als Teil der Realität nicht vorbeigehen. Aber dieses Interesse rechtfertigt meiner Meinung nach nicht, sich auf diesen Teil der Wirklichkeit zu beschränken und andere Bereiche außer Betracht zu lassen. Ich kann mich als Schriftsteller nicht auf einen einzigen Aspekt der Gesellschaft beschränken. Wenn aber diese Beschränkung jeder Auffassung von Literatur widerspricht, stellt das die Gruppe 61 prinzipiell in Frage.

Wie beurteilen Sie die Bestrebungen des Werkkreises 70?

Ich vermag mit Gruppen und Gruppierungen immer weniger anzufangen. Texte sind entweder Literatur oder sie sind nicht Literatur. Berichte von Arbeitern sind sehr wichtig. Ob sie Literatur sind, kann nur von Fall zu Fall entschieden werden. Jede Arbeit kann nur für sich und nach den Absichten ihres Verfassers beurteilt werden. Da werden Gruppen für Autor und Öffentlichkeit gleichermaßen gefährlich. Wenn beispielsweise Peter Anderle meinen zweiten Roman daraufhin untersuchte, ob er seinen Vorstellungen von ›Industrie-Literatur‹ entspricht, halte ich das nicht für legitim. Für einen Roman sind zunächst die Intentionen des Autors bedeutsam und sonst nichts.

Was ist für Sie von der Dortmunder Gruppe 61 geblieben?

Ich arbeite zur Zeit an einem Prosatext, der einen Zeitabschnitt aus dem Leben einer Frau zum Gegenstand hat. Da diese Frau gezwungen ist, ihren Lebensunterhalt durch Arbeit zu erwerben, ist Arbeit Bestandteil ihres Lebens und damit meines längeren Prosatextes. Dieses Begreifen der Arbeit und ihrer Zwänge als Teil der Wirklichkeit ist eigentlich das wichtigste, was für mich von der Gruppe 61 geblieben ist.

Was erscheint Ihnen sonst noch in Zusammenhang mit dieser Standortbestimmung wichtig?

Nur zwei Zitate:

Kunstwerke, denen es an künstlerischem Wert mangelt, sind, wie fortschrittlich sie politisch auch sein mögen, kraftlos. Darum sind wir sowohl gegen Kunstwerke, die falsche politische Ansichten enthalten, als auch gegen die Tendenz des sogenannten »Plakat- und Schlagwortstils«, der nur richtige politische Ansichten ausdrückt, aber künstlerisch kraftlos ist. In Fragen der Literatur und Kunst müssen wir einen Zweifrontenkampf führen.

Mao Tse-tung, »Reden bei der Aussprache in
Yenan über Kunst und Literatur«.

Es gibt nur eine Gegenkultur, und das sind bewaffnete Arbeiter!

Hans Imhoff, Frankfurt.

Angelika Mechtel

Gruppentheorie

1. Historisches:

1960 soll Walter Jens gesagt haben, daß die westdeutsche Literatur *den Menschen im Zustand eines ewigen Feiertags* beschreibe. Hinzugefügt hat er: *Arbeiten wir nicht? Ist unser tägliches Tun so ganz ohne Belang?*

2. Nochmals Historisches:

1961 etablierte sich die Dortmunder Gruppe 61 und Fritz Hüser. In neun Jahren erfolgreicher Arbeit durchbrach sie die Feiertagsschranke im westdeutschen Literaturbetrieb.
Es wurde von Arbeit geschrieben.

3. Resumee:

Von neun Jahren erfolgreicher Arbeit müssen zwei Jahre abgestrichen werden. Seitdem liegt die Dortmunder Gruppe 61 erfolgreich in der Agonie.

4. Eine Idee:

Die Beweggründe, die zur Gründung der Gruppe geführt haben, sollten linear erweitert werden. Eine logische Fortführung wären: Lesungen von Gruppenautoren und eventuell Film/Hörspielvorführungen in Fabriken und anderen großen Arbeitsstätten zu arrangieren, internationale Autorentreffen von Autoren, die im Sinn der Gruppe arbeiten und vor allem Autorentreffen mit Autoren der DDR zu organisieren.

5. Resumee der Idee:

Also: die Stagnation zugunsten von Aktionen abbrechen. Das Ziel der Gruppe ist erreicht: die Arbeitswelt ist literarisch hoffähig geworden und erhält bereits jetzt schon wieder der Anstrich von Exotik. Deshalb gilt es, nicht zum Hofnarren zu werden. Ein neues Ziel muß gesetzt werden. Sonst sind Agonie und Tod der Gruppe unabwendbar.
Deshalb: Einbezug der Außenwelt in die Innenwelt des Literariums. Ausbruch aus der Exklusivität der Gruppentreffen und den Einzelaktionen der Gruppenmitglieder. Konfrontation mit denen, die wir beschreiben. Diskussion.

Erwin Sylvanus

Antworten

Wie kamen Sie zur Gruppe?
Durch Fritz Hüser. In den fünfziger Jahren hatte ich ihn kennen gelernt. Ich darf hinzufügen: Dortmund ist meine zweite Heimatstadt. Zwar bin ich in Soest zur Schule gegangen. Aber meine Ferien verlebte ich in Dortmund-Hombruch. Mein Großvater mütterlicherseits war dort Bergmann. Einer meiner nachhaltigsten Kindheitseindrücke: die Arbeitslosigkeit um 1930, die Arbeitslosenschlangen vor den Stempelstellen.

Wie stehen Sie zur Arbeit der Gruppe — zehn Jahre nach ihrer Gründung?
Sie hat sich entwickelt aus einem Freundeskreis für Fritz Hüsers »Archiv für Arbeiterdichtung«. Das soll und darf man nicht vergessen. Auch nicht, daß dieses Archiv ausschließlich durch Fritz Hüsers Initiative aufgebaut und ausgebaut wurde — durch Fritz Hüsers Initiative und sein Geld.
Die Gruppe hat nie und von niemandem Unterstützung angenommen und sich damit ihre Unabhängigkeit bewahrt. Es mag diesen oder jenen verwundern, wenn ich diese Feststellung meiner Antwort auf die Frage, wie ich zur Gruppe stehe, vorausschicke. Sie sollte niemanden verwundern.
Ansonsten sehe ich die Wirkungen, die von der Gruppe ausgegangen sind — ich glaube, insgesamt positive Wirkungen. Mich hat es noch nicht gereut, zehn Jahre lang mitgemacht zu haben. Auch wenn die Arbeit der Gruppe nicht immer meinen Vorstellungen entsprochen hat.

»Nicht immer meinen Vorstellungen entsprochen« — können Sie dafür ein konkretes Beispiel nennen?
Ja. Vor sechs Jahren planten Max von der Grün und ich in Dortmund die Gründung eines Arbeitertheaters. Mit Arbeitern sollten Stücke über den Alltag der Arbeiter entwickelt und von einem eigenen Ensemble, das sich aus Laien- und Berufsschauspielern zusammensetzen sollte, aufgeführt werden. Es gab damals noch kein Straßentheater, noch kein politisches Dokumentationstheater. Max von der Grün und ich machten konkrete Vorschläge, wie ein solches Arbeitertheater der Gruppe 61 aufgebaut werden könnte. Es kam zu Auseinandersetzungen unter den Gruppenmitgliedern und zu einer Abstimmung. Max von der Grün und ich wurden überstimmt. Wir haben uns dem Mehrheitsbeschluß gefügt und die Gruppe nicht verlassen. Ich bin noch heute überzeugt: die Gruppe hat damals eine Chance, neue Aktivität zu entwickeln, verpaßt.

Hat die Gruppe auch eine Chance verpaßt, als sich der Werkkreis mit ihr fusionieren wollte?

Zunächst: der Vorschlag zur Gründung eines Arbeitertheaters Gruppe 61 war von Angehörigen der Gruppe selbst ausgegangen. Im Werkkreis haben zwar auch Angehörige der Gruppe seit seinem Bestehen mitgearbeitet, aber die Hauptinitiative für eine Fusionierung ging nicht von ihnen aus. Ich hatte zudem den Eindruck, man wollte nicht Fusion, sondern Okkupation. Ich habe befürwortet und befürworte: die Gruppe sollte die Arbeit des Werkkreises in jeder Hinsicht fördern. Doppelmitgliedschaften sind möglich und erwünscht. Warum soll nicht Zusammenarbeit möglich sein? Ich halte es für bedenklich, wenn sich — nehmt alles nur in allem — linke literarische Gruppierungen gegenseitig das Leben schwer machen, und bitte um eine redliche linke Demokratie. Daß sie praktikabel ist, hat nicht zuletzt die Tagung der Gruppe vom November 1969 gezeigt, die mit Lesungen von Gruppenmitgliedern begann — anschließend lasen Autoren des Werkkreises. Nicht gefallen hat mir der doch ziemlich bürgerliche Stil der Preisverleihung an die Preisträger des ersten Wettbewerbes der Werkgruppe (inzwischen sind es Werkgruppen). Fehlten eigentlich nur noch Lorbeerbäume und ein Streichquartett. Es gefällt mir auch nicht, wenn der Werkkreis hinsichtlich der Annahme von finanzieller Unterstützung nicht so radikal abstinent wie die Gruppe ist. Obwohl die Dortmunder Gruppe es zu Beginn ihrer Arbeit unverhältnismäßig schwerer hatte — jahrelang war sie ein Provisorium. Vielleicht waren dies ihre fruchtbarsten Jahre.

Spricht nicht aus Ihren Worten eine gewisse Skepsis hinsichtlich der Weiterarbeit der Gruppe?

Mag sein. Die Situation heute in der Bundesrepublik — politisch, soziologisch, literarisch — ist anders als die Situation vor zehn Jahren. Ich kann mir denken, daß die Gruppe auf diese Situation mit neuen Impulsen reagiert. Ich kann mir genauso gut denken, daß sie sich selbst auflöst. Nicht aus Resignation. Noch in jedem Jahr stießen junge neue Autoren zu ihr. Auch für mich gilt, was Max von der Grün einmal sagte: die Gruppe, das sind ihre Autoren. Hinzuzufügen bleibt mir nur: sie sind souverän. Und sollten es bleiben.

Klaus Tscheliesnig

Meine Stellung zur Gruppe 61

Die Stellung, welche ich zur Gruppe 61 habe, kann nicht die eines Mitglieds sein, das mehr aus Zufall oder Gnade in diesen erhabenen Kreis aufgenommen wurde. Sondern ich sehe meine Haltung und Meinung zur Gruppe 61 und deren Sinn und Ziele aus der Praxis, die ich im Werkkreis Literatur der Arbeitswelt und der ihm angehörenden Werkstätten gewonnen habe. Meine politische und literarische Vorstellung und Absicht ist also eng mit der Auffassung des WK verbunden, und so versuche ich als Mitglied der Werkstatt Tübingen in Zusammenarbeit mit meinen dortigen Kollegen ›literarische‹ Formen zu lernen, zu finden, zu entwickeln, welche unterschlagene Wirklichkeit aus der Arbeitswelt öffentlich machen, was wiederum unter Beachtung aller gesellschaftlichen Faktoren zu einem kritischen Bewußtseinsprozeß bei Vermittler und Vermitteltem führen soll.

Zur gegenwärtigen Situation der Gruppe 61

Die Gruppe 61 in ihrer gegenwärtigen Struktur ist nichts anderes als eine Vereinigung von Schriftstellern, die dem Sinn und Inhalt ihrer Ziele nach (abgesehen von wenigen Ausnahmen) zu nichts anderem dient, als auf dem Kulturmarkt, speziell dem Literaturbereich Arbeitswelt, eine Marktlücke zu schließen.

In ihrer Weigerung, tatsächlich an der Basis zu arbeiten, im Bereich des Literarischen also Wege zu finden, um die Tabuisierung der Arbeitswelt öffentlich zu machen, und zwar in einer der Wirklichkeit adäquaten Weise, in Zusammenarbeit mit den jeweilig Betroffenen der verschiedenen Bereiche, den Arbeitern; und nicht wie die Gruppe 61 es versteht, in einer vorrangig formal-ästhetischen Art, in welcher allein der »Künstler« das Thema bearbeitet — in dieser Weigerung hat sich die Gruppe in eine Sackgasse manövriert, und ihr literarischer Anspruch ist somit zum reinen Anachronismus geworden.

Zum Programm der Gruppe 61

Ziele und Inhalt des Programms, nach dem die Gruppe ihre Arbeit versteht, sind laut neuestem Diskussionsstand folgende Punkte:
Literarische-künstlerische Auseinandersetzung mit der industriellen Arbeitswelt der Gegenwart und ihren sozialen Problemen.
Geistige Auseinandersetzung mit dem technischen Zeitalter.
Diese literarisch-künstlerischen Standpunkte gilt es in ihrer allgemeinen Begrifflichkeit zu untersuchen.
Geht man davon aus, daß die künstlerisch-literarische Haltung ihrem zu beschreibenden Gegenstand, der industriellen kapitalistischen Arbeitswelt und ihren unterschiedlichsten Erscheinungsformen vor allem deren

beinahe perfektionierten Unterdrückungsmechanismen nicht gerecht werden kann, und beachtet man außerdem, daß der literarisch-künstlerische Anspruch (sei es aus Gründen des Versagens) allzu oft zu einer über den Dingen stehenden Haltung neigt — so zeigt sich die Berechtigung der Kritik an dem Begriff »künstlerisch-literarisch« und letztlich an der hinter diesem Begriff stehenden Auffassung der Gruppe um so mehr, wenn man mit diesem Begriff und Selbstverständnis in der Praxis arbeitet und sich ihre Unbrauchbarkeit in der konkreten Zusammenarbeit mit Arbeitern erweist (erwiesen hat). Schließlich wird das Verharren auf diesem Standpunkt zu einem Teil des elitären ›Kulturgüter‹begriffs, der überall da auftritt, wo sich seine Unbrauchbarkeit erwiesen hat.

Daß die Gruppe in ihrem Verharren auf dem künstlerisch-literarischen Standpunkt diesem ›Kulturhütenwollen‹ sehr nahe kommt, liegt auf der Hand, wenn man in diesem Zusammenhang, unter völligem Mißverständnis der neuen Situation, vom ›dichtenden Arbeiter‹ spricht und ihn verständlich ablehnt.

Ich glaube nicht an den dichtenden Arbeiter. Ich glaube auch nicht an den dichtenden Arbeiter, sondern es gibt Menschen, die können, und es gibt Menschen, die können es nicht. Ich glaube also nicht, daß es sehr viel Sinn hat, eine Dichterschule aufzuziehen.[1]

Dies, statt vom Arbeiter zu sprechen, der durch die Mitteilung von Informationen aus der unterschlagenen Wirklichkeit (z. B. durch Betriebszeitung) bei seinen Kollegen eine Identifizierung und in Folge davon einen Bewußtwerdungsprozeß erreichen kann, der wiederum einen gesellschaftlichen Stellenwert hat und von dem aus man eine weitere gesellschaftskritische Arbeit sehen sollte. Mißverständnis und Unkenntnis der Lage zeigt auch Max von der Grün, wenn er die gerade aufgezeigte dialektische Entwicklung zu einer bloßen Schematik vereinfacht, indem er sagt:

Arbeiter, die schreiben, zu aktivieren, das halte ich für eine Fiktion. Also wir haben das Beispiel in der DDR drüben mit den »schreibenden Arbeitern«, was dabei herausgekommen ist, das haben wir also gesehen. Aber ich halte es wirklich für eine Fiktion: Es wird immer eine Ausnahme sein, ein Arbeiter, der schreibt und ein Arbeiter, der in die Literatur kommt. Aber Arbeiter zu aktivieren, politisch zu aktivieren zum Schreiben, halte ich für eine Illusion. . . .

. . . ich kann also nur wiederholen, was ich schon gesagt habe: Eine Aktivierung, eine politische Aktivierung durch Anhalten der Arbeiter zum Schreiben halte ich für eine Fiktion. Der Arbeiter als Schriftsteller wird immer eine Ausnahme sein. Diese Auffassung hat sich durchgesetzt und von daher ist auch unser Verständnis zum Werkkreis.[2]

Diese Aussage beweist zudem, wie wenig in der Gruppe über den Stellenwert eines Schriftstellers in unserer Gesellschaft diskutiert wurde, auch des Arbeiters als Schriftsteller, d. h., als Mitteiler von Informationen aus einer nicht öffentlichen Wirklichkeit. Weiter dürfte diese Meinung eine mehr oder weniger bewußte Abkanzelung in polemischer Manier sein, um die Alternativen des Werkkreises (auf welche sich diese

Meinung wohl auch bezog) als Bilderbuch-revolutionär darzustellen. Infolgedessen ist es nur allzu verständlich, daß man die Kritik des Werkkreises überging und ihn nicht in die Gruppe aufnahm — Max von der Grün: *Der Werkkreis als Ganzes kann nicht in die Gruppe aufgenommen werden. Wir können nur Einzelpersonen aufnehmen, die Autoren sind.*[3] —, sondern weiterhin an der individual-heroischen Arbeit und Bewältigung der gesellschaftlichen Probleme durch einen ›etwas begabten Schriftsteller‹ festhielt, ohne zu überprüfen, wie sehr die Haltung: daß Literatur (Kunst) nur von ›begnadeten‹ (oder wie auch immer formuliert) einzelnen geschaffen werden kann, gerade dem bürgerlichen Literatur (Kunst-)Prinzip entspricht.

Jetzt wird auch verständlich, warum die Gruppe 61 Vorschläge in bezug auf Programmänderung geschickt zu verhindern wußte. So konnte sich der Vorschlag von Schöfer nicht durchsetzen, die aus dem allgemeinen Verständnis des Programms herauszuinterpretierende, wertfreie, objektivistische Haltung auszuschließen und deren Gegenteil zu formulieren:

Die Gruppe 61 ist offen für alle traditionellen und neu entwickelten Formen der Literatur und ihrer Vermittlung. Literatur ist nicht wertfrei objektivistisch; sie ist das nicht allgemein und erst recht nicht als Auseinandersetzung mit der Arbeitswelt. Sie ist kritisch und künstlerisch prospektiv auf der Grundlage gesellschaftlicher Wahrheiten und Notwendigkeiten. Weil sie kritisch prospektiv ist, richtet sie sich in der Darstellung des Bestehenden auf seine Veränderung. Ich glaube, daß das eben ausdrücklich im Programm der Gruppe stehen sollte.[4]

Anmerkungen:

1 Bernhard Boie, ehemaliger Mentor der Gruppe 61, am 20. 1. 1970 in der ZDF-Sendung »Aspekte«. **2** Max von der Grün, Sprecher der Gruppe 61, am 20. 1. 1970 in der ZDF-Sendung »Aspekte«. **3** dito. **4** Erasmus Schöfer: Vorschläge des WK zur Programmänderung der Gruppe 61 auf der Herbsttagung 1969 in Dortmund.

Peter-Paul Zahl

Fragen / Antworten

peter: hältst du das bestehen der Dortmunder gruppe 61 nach zehn jahren für einen anachronismus?

paul: keineswegs. guck dir nur mal die herbstproduktion der deutschen verlage zur buchmesse 70 an.

peter: welche vorteile hat es, in einer gruppe zu sein?

paul: die der öffentlichkeit und die der solidarität.

peter: der solidarität . . . ?

paul: bei weitem mehr als branchenüblich.

peter: welche nachteile hat es, in einer gruppe zu sein?

paul: in der beurteilung dessen, was man schreibt (thematik usw.) von gewissen schwachköpfigen kritikern in die gewisse schublade gesteckt und nach schema f beurteilt zu werden.

peter: du meinst, daß man von dir erwartet, immer sujets aus der arbeitswelt zu behandeln.

paul: ja, und zwar im engen sinne. dabei ist natürlich jedes gruppenmitglied mehr als nur gruppenmitglied. die *künstlerische bewältigung der industriellen arbeitswelt* ist natürlich nur eines der vielen themen der gruppenmitglieder, wenn auch das bevorzugte. aber man muß natürlich auch über das ficken schreiben können, ohne daß man als arbeiterverräter beschimpft wird.

peter: hast du sonst noch nachteile in der gruppe gesehen?

paul: ja, der provinzialität mancher texte, die in der gruppe vorgelesen wurden, einige von mir natürlich nicht ausgeschlossen, hätte nicht diese massierung von provinzialität bei den kritikern entgegenstehen dürfen.

peter: kritik à la gruppe 47?

paul: zum-langhans-nochmal, nein! mit die besten kritiker, die wir bei öffentlichen lesungen hatten, kamen zum beispiel gar nicht aus den reihen der deutschen germanistik. z. b., als bei einer lesung soziologen da waren wie Jäggi. da kam die kritik nicht so schmalspurig daher, daß man gleich merkte, aus welcher ecke das kam (gewerkschaft, schrebergartenverband, DKP oder l'art pour l'art-klüngel).

peter: anliegen an die gruppe?

paul: mehr treffen, mehr lesungen, mehr öffentlichkeitsarbeit. das war aber meist aus technischen gründen nicht zu schaffen.

peter: welchen politischen stellenwert gibst du der gruppe?

paul: der stellenwert der gruppe lag doch vor allen dingen darin, auch in der literatur öffentlichkeit zu schaffen, öffentlichkeit über das, was der größte teil heutiger literatur immer noch konsequent ausspart. politisch war, zumindest für mich, nicht viel drin. dazu war

die gruppe ja schon immer zu homogen. das ist bei einer schriftstellergruppe nicht immer von nachteil. für mich hätte die gruppe
natürlich einen bei weitem schärferen links-drive haben müssen.

peter: aber es sind doch fast nur linke in der gruppe . . . ?

paul: ja.

peter: wie fandest du die trennung von gruppe und den werkkreisen?

paul: zunächst: eine richtige trennung war das natürlich nicht. die beiden ergänzen sich ja. ich fand nur das gerangel hinter den kulissen
etwas schofelig. erst die gruppe als forum benutzen, und dann
behaupten, eigentlich hätte man ja schon lange selbständig . . .
ich unterstütze die intentionen des werkkreises natürlich. auf der
anderen seite finde ich es ganz gut und konsequent, daß die
gruppe sich nicht in den sog von DKP-- und gewerkschaftsfreund-
lichkeit hat ziehen lassen. man kann nicht, wie der Schöfer, der
gruppe 61 das schielen nach bürgerlicher publizität vorwerfen
und gleichzeitig ein als völlig links deklariertes buchprojekt
(»baukran«) dann an einen verlag wie Piper geben. der ist ja
bekannt genug als übel autoren-ausbeuterisch.

peter: innerhalb des kapitalismus . . . ?

paul: auch innerhalb des kapitalismus. so schauts ein wenig aus wie
ein mittelding aus maulhurerei und raffinesse.

peter: was sagst du zu den vorwürfen des werkkreises?

paul: lieber nichts.

peter: ziehst du also den vorwurf gegenüber der gruppe, sie sei bürgerlich, geltungssüchtig, ja angepaßt, dem vorwurf vor, sie sei DKP-
und gewerkschaftsfreundlich?

paul: ja. dem ersteren vorwurf kann man die eigene schriftstellerische
und politische praxis entgegensetzen, der zweite diskreditiert
einen bloß gegenüber allen jungen genossen, die arbeiter, angestellte, schüler oder studenten sind und in der revolutionären
bewegung stehen.

peter: ist das nicht ein bißchen pauschal?

paul: ja. zugegeben, die praxis der Spartakusleute oder der SDAJ in der
BDR ist meist besser als ihr ruf, bzw. ihre eigenen theoretischen
ansprüche. aber ich bin Westberliner . . . .

peter: das besagt doch nichts.

paul: o doch! es gibt im ganzen gesehen so viele unterschiede zwischen der DDR und West-Berlin, daß man wirklich von West-
Berlin als dem dritten deutschen staat sprechen kann.

peter: also *selbständige politische einheit West-Berlin?*

paul: zur Zeit noch *unselbständige . . .*

peter: du meinst also, daß in West-Berlin mit änderungen zu rechnen ist?

paul: da ist einiges im gange.

peter: was?

paul: zunächst einmal natürlich von uns. und das hat zukunft. d i e zukunft. aber selbst die pigs haben eingesehen, daß es mit West-
Berlin nicht so weitergehen kann wie bisher. siehe ost-west-ge-

spräche, siehe Berlinverhandlungen usw. aber die können machen, was sie wollen, die zukunft gehört der revolution.

peter: das ist doch ein bißchen sehr revolutions-romantisch ...

paul: das habe ich schon oft von Westgermanen gehört. die sind, selbst wenn sie wirklich linksradikal sind, ein bißchen viel revolutionsdefätistisch.

peter: linksradikalismus die kinderkrankheit ...

paul: oder gewaltkur gegen den alternden ...

peter: das ist die frage.

paul: das ist keine frage mehr. welche unterstützung wir zu erwarten haben von den sozialistischen staaten, wissen wir. es haben schon andere revolutionen angefangen unter ungünstigen politischen bedingungen und wurden als *anarchistische abenteurer* verteufelt. die sind für uns maßgeblicher als die orthodoxen und Moskautreuen, die *mehr mühe darauf verwenden, die fußnoten im »kapital« von Marx zu interpretieren, als die bedürfnisse der massen erkennen ...*

peter: wie sieht eure arbeit kurzfristig aus?

paul: zusammen mit sämtlichen revolutionären organisationen der USA, den Black und White Panthers, den Young Lords, den Chikanos, den Yippies, zusammen mit revolutionären in allen wichtigen metropolen der westlichen welt (u. a. Paris, London, Amsterdam u. a.) eine mächtige, militante kampagne, die pigs dazu zu bewegen, bis zum ersten Mai 1971 alle imperialistischen soldaten aus Indochina abzuziehen ...

peter: militante kampagne ...?

paul: ja, statt der lahmen fußmärsche durch die innenstädte, veranstaltet von kommunistischen parteien, wobei sich nur die großen roten lappen im winde, die füße und die lippen beim singen von ›bewährten‹ liedern bewegen — militanz, aktionen, gegengewalt ...

peter: und der erfolg?

paul: wir werden sehen. auf die dauer können die pigs nicht gegen die massen regieren.

peter: und dann, wenn die ... kriegsherren die truppen abziehen, was dann? ich meine, selbst im amerikanischen kongreß und senat mehren sich die stimmen ...

paul: dann haben wir schon unglaublich viel erreicht. dann haben wir erreicht, daß jeden tag weniger menschen durch die schuld von schweinen in regierung und waffenindustrie sterben. das ist sehr viel. aber es ist erst der anfang.

peter: das ende?

paul: sieg im volkskrieg! alle macht dem volk!

Interview mit Max von der Grün
und Günter Wallraff

aufgenommen in Berlin am 12. 12. 1970. Gesprächsführung: Hanno Beth

Gruppe 61 und Werkkreis Literatur — worin, Herr von der Grün, unterscheiden sich die beiden Gruppierungen?

Max von der Grün: Zunächst: ich habe den Werkkreis am Anfang aktiv unterstützt und tu es auch weiter. Warum ich mich jetzt zurückgezogen habe, das liegt, ganz persönlich gesprochen, auch an ungeheurer Arbeitsüberlastung, ich glaube, man kann nicht auf fünfzig Klavieren gleichzeitig spielen, sonst verzettelt man sich. Aber ich glaube, im wesentlichen gibt es Unterscheidungen dahingehend, daß ich auf dem Standpunkt stehe, daß durch Schreiben, durch das, was geschrieben wird, Bewußtsein vermittelt werden kann. Das heißt, ich meine, daß man, bevor man sich hinsetzt und schreibt, schon Bewußtsein haben muß — während verschiedene Leute des Werkkreises, ich sage nicht: alle, auf dem Standpunkt stehen: indem ich mich hinsetze und schreibe, schaffe ich in mir selbst Bewußtsein. Das ist das, was ich persönlich anzweifle. Bitte, ich kann mich irren und dann nehme ich das zurück, aber bislang glaube ich das noch. Das ist die eigentliche Unterscheidung, das ist das im Grunde genommen Trennende. Nun sind damals, bei der sogenannten Trennung des Werkkreises von der Gruppe auch viele emotionale und persönliche Dinge hochgekommen, über die ich aus verständlichen Gründen in der Öffentlichkeit nicht sprechen kann. Es sind Dinge, die man untereinander ausmacht. Das hat natürlich einigen Journalisten gut in den Kram gepaßt, die haben das Ganze hochgespielt und einen gegen den anderen ausgespielt — nach dem Motto: schlägst Du meinen Bub, schlage ich deinen Bub. Ich muß Ihnen ganz ehrlich sagen, ich mach das nicht mit, das ist mir schnurzpiepegal, ich mach das nicht mit.

Wie denken Sie darüber, Herr Wallraff?

Günter Wallraff: Ja, also ich habe da eine etwas andere Auffassung. Ich glaube, daß die Gruppe 61 es geschafft hat, den bis dahin ausgeklammerten und tabuisierten Bereich Arbeit, den Industriebereich eben, dem die meisten der Bevölkerung ausgesetzt sind, durch ihre Themenstellung in das Bewußtsein der Öffentlichkeit hineinzukatapultieren. Daß heute in Fernsehsendungen Stücke erscheinen, die — wenn auch oft mit Kompromissen, weil's im Fernsehen nicht anders gemacht wird — doch Stoffe aus der Wirklichkeit, aus der Industriewelt ins Bewußtsein von vielen hineintransportieren, daß das geschieht, ist mit ein Verdienst der Gruppe 61. Daß in der Literatur eine sehr starke Ausrichtung weg vom Formal-Ästhetischen und rein Phantastisch-Absurden hin zu einem doch sehr wirklichkeitsbezogenen und sozial-politischen Bereich auftauchte, ist auch ein Verdienst der Gruppe 61. Ich glaube aber, daß jetzt ein Punkt erreicht ist, wo es nicht mehr genügt, auf literarischem Gebiet diese Sachen zu betreiben, sondern nun versucht werden sollte, sich aus den Gesetzmäßigkeiten der Literatur zu befreien, um — zumindest in Ansätzen — dieses Bemühen mit politischer Arbeit zu verbinden. Das heißt, daß man von der Auffassung der überragenden Einzelperson des Schriftstellers, des Künstlers abrücken sollte und statt dessen gewisse Gruppen etwas zustande bringen sollten, die das gar nicht als Kunstwerk anstreben sollten, sondern als Dokumentation zum Zweck der Information einer durch die Presse usw. nicht informierten, schlecht informierten, bewußt manipulierten Öffentlichkeit. Das kann geschehen durch direkte Aufklärung in Form von Flugblättern, das kann geschehen in Form von Aktionen vor Fabriktoren. Dabei kann man natürlich nicht die übergehen, die vor allem den Zuständen in Industriebetrieben usw. ausgesetzt sind, die sich selbst darin befinden.

Wollen Sie sich zu dem, was Max von der Grün eben sagte, direkt äußern?

Günter Wallraff: Ich bin nicht der Auffassung, daß man Schreiben nicht lernen kann. Ich hab's zum Beispiel bei mir selbst erfahren, daß man sehr wohl durch Schreiben — und damit ist ja verbunden: genaues Beobachten und ständige Auseinandersetzung mit dem Vorgefundenen, sich nicht abfinden, sondern ständig in Frage stellen — zu politischem Bewußtsein kommen kann. Als ich in Fabriken ging, hatte ich nur sehr verschwommene politische Vorstellungen, hatte ich keinerlei Ahnung über soziale Auseinandersetzungen, über die Machtverhältnisse in dieser Gesellschaft, hatte ich keine Ahnung über das Funktionieren der Klassengesellschaft. Ich habe das durch genaues Beobachten und dadurch, daß ich mich aussetzte, erreicht. Hätte ich das nicht getan, hätte ich mich mit vielem wohl eher abgefunden; so habe ich mich damit nicht abgefunden, habe es durch Schreiben registriert und konnte es so anderen vermitteln. Derjenige, der schreibt — und wenn es noch der Primitivste und Verdummteste ist —, wird durch den Akt des Schreibens aus seiner totalen Isolation herausgeführt und merkt plötzlich, daß die Situation, die er vermittelt, nicht seine private, zufällige, schicksalhafte ist, sondern eine ganz klar systembedingte, und dann kann sich so etwas wie Solidarität und so etwas wie Verlangen nach Änderung ergeben.

Sie spielen, wenn ich Sie richtig verstanden habe, auf zwei Dinge an: einmal darauf, daß Literatur, um eine Formulierung von Erasmus Schöfer zu übernehmen, »sozial verbindlich« zu sein hat, zum andern darauf, daß — um noch einmal mit Schöfer zu sprechen — »Sachhaltigkeit und Direktheit« die konventionelle Ästhetik hinfällig machen.

Günter Wallraff: Was heißt hinfällig macht? Die Pressefreiheit hört an dem Punkt auf, wo die Interessen eines mittleren bis größeren Unternehmens auf dem Spiel stehen. Von dieser Abhängigkeit her erklären sich Unterinformationen, Falschinformationen usw. Wenn diese Kette durchbrochen werden kann, auch auf dem Umweg über Literatur, über

Kultur, wenn plötzlich Feuilleton-Redakteure gezwungen werden, nicht mehr allgemein blumige und schönrednerische Besprechungen zu machen, sondern in so einer Besprechung ganz konkrete Sachverhalte mitschildern, womöglich sogar Firmennamen nennen müssen – wenn das geschieht, dann ist das eine Art Unterwanderung dieser verknöcherten Struktur. Ich glaube also, daß an Stelle von Ästhetik so etwas wie soziale Wahrheit, so etwas wie Aufklärung treten müßte. Ich mache teilweise Dokumentationen, die jedermann machen kann, die sogar derjenige, der sie mit Anleitung, in der Diskussion mit vielen, macht, besser machen kann als ich, der ich mich ja von außen erstmal mühselig in ein Thema versetzen muß und es gar nicht so leicht in den Griff bekommen kann. Durch die Vielfalt der Inangriffnahme solcher Themen werden sich natürlich automatisch einzelne herausstellen, die eine besondere Intensität der Aussage erreichen, die eine besondere Eindringlichkeit, eine besondere Vermittlungsfähigkeit erzielen – eben das, was man vielleicht als besonders nachhaltige Wirkung der Literatur bezeichnen könnte. Es ist ganz klar, daß sich das eher einstellen wird als wenn man von vornherein sagt, in diesem Bereich kann man nichts erwarten. In Holland gab es die besten und meisten Maler in der Zeit, als in jeder Familie gemalt wurde. Der Vergleich hinkt, ich weiß, aber er verdeutlicht, was ich meine.

Sie beide bevorzugen in ihren Arbeiten verschiedene Formen. Sie, Max von der Grün, schreiben überwiegend Romane und dergleichen, Sie Günter Wallraff, machen mehr Berichte und Montagen im dokumentarischen Bereich. Können Sie schildern, was Sie mit diesen literarisch verschiedenen Formen erreichen wollen? Das gleiche?

Max von der Grün: Ich stehe immer auf dem Standpunkt, daß das eine oder das andere nicht das non plus ultra ist. Bewußtseinsbildung hängt ja nicht nur von einem Faktor ab, es müssen da ganz verschiedene Medien zusammenspielen, sich ergänzen. Die Romane, die ich schreibe, greifen ja nicht nur meine privaten Wehwehchen auf. Das heißt, ich greife Fälle auf, die mein Interesse gefunden haben und glaube, daß sie auch andere interessieren werden. Die Fälle frage ich auf, nicht nur im Roman, auch im Feature, auch im Rundfunk, also mit den Möglichkeiten, die mir zur Verfügung stehen. Gott, es ist ja so, man ist nun einmal auf bestimmte Medien angewiesen . . .

auf den bürgerlichen Verteilungsapparat . . .

Max von der Grün: . . . auf den bürgerlichen Verteilungsapparat, ja. Vor einiger Zeit wurde ich von der gesamten bürgerlichen Presse attackiert, daß ich bürgerliche Literatur – die ich in dem Sinne ja nie gemacht habe – hergestellt hätte. Die gesamte bürgerliche Presse fiel über mich her und heute werfen mir also Leute des Werkkreises vor, ich produziere bürgerliche Literatur. Ich könnte es mir viel einfacher machen, abgesehen einmal davon, daß ich in diesem Staate auf bestimmte Dinge angewiesen bin, um mich artikulieren zu können, um mich verständlich machen zu können. Auch der Werkkreis ist plötzlich angewiesen auf einen Verlag, der eben ein bürgerlicher Verlag ist, ein kapitalistischer Verlag, genau so wie mein Verlag, der Luchterhand Verlag, einer ist, wie auch ein Presseorgan, in dem ich schreibe, ein bürgerliches Unternehmen ist, und ein bürgerliches Unternehmen ist halt auf den Gewinn eines einzelnen oder einer bestimmten Gruppe zugeschnitten. Das sind die Mittel — gut, der Verlag der Autoren ist die einzige Ausnahme —, die wir heute haben.

Darf ich Sie unterbrechen: ist Ihre Haltung nicht als eine Anpassung an die Medienabhängigkeit der bürgerlichen Gesellschaft zu betrachten?

Max von der Grün: Was heißt hier Anpassung? Ich meine, Sie können eines machen. Sie können sagen, ich schreibe nicht mehr und Sie können sagen, ich halte Schreiben für notwendig. Also bitte; und wenn Sie Schreiben für notwendig halten, dann müssen Sie sich an bestimmte Dinge anpassen, oder — ich kann's auch anders sagen —, ich gebrauche diese Dinge rigoros für meine Interessen. Etwas anderes bleibt Ihnen nicht übrig. Die andere Alternative: Sie schreiben nicht mehr. Das ist für mich überhaupt keine Alternative, die zur Debatte steht. Ich kann natürlich etwas machen: ich kann mich vors Werktor stellen, ich kann Plakatsäulen und Häuserwände bekleben, ich kann Flugblätter drucken und dergleichen. Aber Flugblätter, das ist seit vielen Jahren meine Erfahrung, haben nur dann eine Wirkung, wenn sie zu einem akuten Anlaß — siehe wilde Streiks oder sonst etwas — gemacht werden. Das kann man machen.

Herr Wallraff?

Günter Wallraff: Ich glaube, daß die akuten Anlässe meistens vorhanden sind, daß es nur darauf ankommt, sie bewußt zu machen, sie deutlich zu machen. Sie sind immer da, gerade im Betriebsbereich, und es kommt nur darauf an, sie aus der Verschleierung herauszuholen. Denn der Klassenkampf wird schließlich geführt, leider bisher weniger von uns, sondern verstärkt von der Gegenposition.

Max von der Grün: Ich wollte noch sagen, daß ich mich dagegen wehre, mir von bestimmten Gruppen Alternativen aufzwingen zu lassen, weil ich aus persönlicher Erfahrung weiß, daß Alternativen in dieser Hinsicht — ich meine damit Anpassung an bürgerliche Verteilungsinstrumente usw. — über kurz oder lang immer in eine Sackgasse führen werden. Mir ist häufig der Vorwurf gemacht worden: warum schreibst du in einem so fiesen Blatt wie »Spontan«? Ich stelle dann die Gegenfrage: warum nicht? Aus der Resonanz auf Artikel in »Spontan« weiß ich, daß ich plötzlich einen ganz anderen Kreis als den bürgerlichen erreicht habe, einen Kreis von Leuten, die nie ein Buch gelesen haben oder sonst etwas, die sich vielleicht das Blatt gekauft haben, weil auf dem Cover ein nacktes Mädchen abgebildet ist. Diese Dinge muß man mitberücksichtigen.

Ich möchte auf meine Frage zurückkommen. Ich habe nach den unterschiedlichen literarischen Prinzipien Ihrer Arbeit gefragt. Können Sie, Herr Wallraff, dazu Stellung nehmen?

Günter Wallraff: Dieser Trennungsstrich ist nicht so haarscharf und so . . .

. . . ich hab' ihn bewußt sehr strikt gemacht . . .

Günter Wallraff: . . . generell zu machen. Ob man das Stilmittel der Reportage oder das des Romans wählt, hängt wesentlich von der inneren Struktur einer Sache ab. Und die Struktur kann man teilweise erkennen an der Wirkung einer Arbeit, an den Verhaltensweisen des Gegners, daran, wieweit er sich betroffen fühlt und wieweit es ihn kalt läßt. Das heißt, Repressalien sind oft ein Zeichen, daß man getroffen hat, daß man nicht ins allgemeine hineingeflohen ist, sondern daß die Sachen doch sehr genau den Sachverhalt treffen. Wie dokumentarisch auch Max von der Grüns Roman »Irrlicht und Feuer« ist, zeigte sich, als die Betroffenen auf den Plan traten und sehr deutlich zu verstehen gaben, wie sehr realitätsnah sie den Roman auffaßten — indem sie eben Prozesse anstrengten. Mir selbst ist es nicht möglich, in einem größeren Medium kontinuierlich Sachen zu veröffentlichen. Von daher bin ich darauf angewiesen, taktisch verfahrend mal hier, mal dort, mal in einer Rundfunkanstalt, mal in einer Fernsehanstalt, mal in einer Zeitung Arbeiten unterzubringen — abgesehen von »konkret«, wo man noch veröffentlichen kann, weil »konkret« fast ohne Anzeigen auskommt. Denn die Reaktion auf meine Arbeiten ist fast immer so, daß die betroffenen Stellen — Arbeitgeberverbände usw. — ihren ganzen Einfluß spielen lassen, daß Redakteure unter Druck gesetzt werden, daß verhindert wird, die Sachen zu wiederholen. Was Berlin betrifft: gerade hier hatte ich eine Sendung — die damals noch unter Hans Peter Krüger im SFB zustande kam — über einen mittleren Fabrikanten, der als Modellfall für das, was eben im Kapitalismus möglich ist, stand. Diese 1½-Stunden-Sendung ist gesendet worden und hatte zur Folge, daß dieser Fabrikant es sehr geschickt verstand, über den Programmbeirat des NDR, einen CDU-Mann, seine Verbindungen spielen zu lassen und Barsig es dann verstand — ich hab' diesen Schriftwechsel in meinem Besitz —, hinter den Kulissen ein stillschweigendes Abkommen zu treffen, diese Sendung nicht zu wiederholen und auch nicht anderen Rundfunkanstalten auszuleihen. Jedesmal, wenn ich wieder einmal etwas versuche, was zuletzt im III. Fernsehen WDR der Fall war, schaffte es dieser Fabrikant sehr schnell, Verbindung aufzunehmen — hier war es mit Höfer —, und er versuchte ihm klarzumachen, daß so etwas doch nicht wiederholt werden dürfte; er brachte auch gleich seinen Verband mit ins Spiel. Hier war Höfer allerdings korrekt und hat sich nicht auf die der Pressefreiheit ins Gesicht schlagende Haltung von Barsig eingelassen, sondern gesagt, solange die Sache nicht durch einen Prozeß geklärt sei — ich hab' Thiele, den Fabrikanten, immer wieder aufgefordert, einen Prozeß zu führen, wenn er die Sachen bestreite —, werde er die Sendung nicht absetzen. Das war mal eine Ausnahme. Als zuletzt der NDR ein Stück aus dieser Reportage senden wollte, wurde einen halben Tag vor der Sendung die Sache wieder 'rausgenommen, weil der zuständige Programmdirektor dem zuständigen Redakteur gegenüber argumentierte, die Sendung müsse gestrichen werden, weil ein Prozeß anhängig sei – was einfach nicht stimmte, was einfach ein Drohmittel solcher Fabrikanten ist. Dieser Fabrikant ist nur ein Beispiel für den Einfluß der Mächtigen. Dennoch würde ich sagen: nicht aufstecken und sagen, die Dinge im Rahmen des Möglichen machen, sondern immer wieder den Versuch unternehmen, Arbeiten unterzubringen. Denn die Apparate sind nicht so straff durchorganisiert, daß da nicht auch Pannen passieren. Ich will damit sagen, daß das zwar eine sehr anstrengende und aufreibende Tätigkeit ist, aber man muß damit arbeiten. Ich glaube, wenn sich in Ansätzen das durchsetzt, was Walser die IG Kultur nennt, dann, glaube ich, können viel mehr Freiräume geschaffen werden, wird es viel mehr Möglichkeiten geben, aus dem Ghettobereich, aus dem Ghettokulturbereich, in dem eben Narrenfreiheit eingeräumt wird, zu entkommen. Nicht wahr, es ist typisch, daß man in Fernsehspielen sozusagen alles sagen darf; man kann sich so revolutionär gebärden, wie man will, es ist halt Spiel, es wird verkraftet. Man kann zur Revolution aufrufen – es wird belächelt; denn dahinter steckt die Vorstellung vom Künstler als einem Schalk. Sobald man sich aber konkret artikuliert, indem Namen genannt werden und die Sache als tatsächlich jetzt passierend und wirklich vorhanden dargestellt wird, setzt die Zensur ein, wird es unmöglich, die Sachen zu machen. Das liegt einfach daran, daß die Literatur bei uns über Jahrhunderte sich an die Spielregeln hielt und sich in das Gebiet der reinen Phantasie, in die Absurdität flüchtete und sich möglichst weit von der Wirklichkeit abschirmte – teilweise auch aus der Kenntnis heraus, daß eben nichts zu machen war. Jetzt, glaube ich, ist dieser Zustand in Bewegung geraten, er wird langsam überwunden – und von daher wird es auch demnächst schwieriger werden, Fernsehspiele unterzubringen, weil man langsam erkennen wird, welche Möglichkeiten auch die Literatur hat.

Sie wollen beide unzweifelhaft Politik mit literarischen Mitteln betreiben. Was glauben Sie damit konkret erreichen zu können?

Max von der Grün: Das erreichen zu können, was ein Autor eben durch Schreiben – sei es auf die eine Art, sei es auf die andere Art, ich lasse beide Möglichkeiten offen – in Wirklichkeit anstrebt. Er strebt eine Veränderung dieser Gesellschaft an, das ist ganz klar, sonst würde er nicht schreiben. Mit dem, was er schreibt, versucht er, beim Leser das Bewußtsein zu dieser Veränderung herbeizuführen. Dabei stellt sich eine Schwierigkeit ein, die Wallraff auch bedrückt: wir wissen, daß in diesem Volk wenig gelesen wird, und deshalb versuchen wir, uns an neue Schichten zu wenden. Ich weiß, daß das ungeheuer schwierig ist, weil der Autor ja nicht als Pädagoge auftritt, sondern als Autor etwas vorwegnimmt, wovon er glaubt, daß es längst gegeben sein müßte. Von daher kommen die Schwierigkeiten, d. h. also, wir haben es nicht mit i-Männchen zu tun, wir schreiben nicht für i-Männchen, sondern wir schreiben für Leute, die lesen und schreiben können, aber eben im Grunde doch nicht lesen können. Hier liegt die eigentliche Barriere und hier ist auch die Tragik zwischen Schreiber und Leser vorhanden. Das heißt, sie sind gezwungen, alle Möglichkeiten, die sich ihnen bieten, auszuschöpfen — Presse, Rundfunk, Fernsehen, Buch, Flugblatt, persönlicher Einsatz und sonst dergleichen —, eben weil sie eingesehen haben: das, was sie schreiben, wird eben wieder nur von einem Kreis von 8% dieses Volkes — wenn's hochkommt — konsumiert werden. Denn die meisten Deutschen kennen wohl ihre Autoren oder das, was sie tun, aber sie haben selbst sehr wenig von ihnen gelesen . . .

Günter Wallraff: . . . können sie auch nicht. Ich meine, der Bekanntheitsgrad ist verschwindend gering, bei den bekanntesten Schriftstellern wie Böll und Grass liegt er unter der 10%-Grenze. Jedes neu auf den Markt geworfene Waschmittel ist also um ein vielfaches bekannter.

Max von der Grün: Ja, paß auf: wenn ich zu Lesungen komme, stelle ich immer wieder fest, daß da Leute sind, die zwar ungeheuer viel über mich gelesen haben, aber in Diskussionen zeigen, daß sie von mir selbst keine Zeile gelesen haben. Da liegen meiner Ansicht nach die großen Schwierigkeiten — einen Weg zu suchen, wie es Walser einmal sagte, zurecht sagte, einen Weg zu suchen, um von den Lesern weg zu den Leuten zu kommen. Dies ist ungeheuer schwierig, das ist ein pädagogisches Problem. Wenn in der Schule nicht das Interesse für das Buch als das Eigentliche, was mir in meinem Leben Kriterien vermittelt, geweckt wird, dann wird kein Interesse vorhanden sein. Wenn ich in meiner Siedlung Leute frage, das sind also alles Arbeiter, die dort wohnen, warum kaufst Du Dir kein Buch, dann kommt als Gegenfrage: warum soll ich mir eins kaufen? Das ist also das . . . ja?

Günter Wallraff: Womit er auch nicht so ganz Unrecht hat. Ich würde noch vorher ansetzen und sagen: der Hauptvorwurf richtet sich auch gegen den Schriftsteller, gegen den Autor, der ja immerhin die Interessen der meisten in diesem Lande ignoriert hat . . .

Max von der Grün: . . . genau, genau . . .

Günter Wallraff: . . . indem er zum Zeitvertreib der wenigen, die es sich leisten konnten, sich mit solchen doch recht müßiggängerischen Beschäftigungen zu befassen, schrieb. Der Autor beschäftigt sich mit den Interessen einer Minderheit der Bevölkerung, mit »interessanten«, scheinbar interessanten, auserlesenen, besonderen Leuten, die dann so einen psychologischen Roman auch noch als unwahrscheinlich wichtig hochhätscheln. Das liegt auch noch daran, daß der Schriftsteller, wenn er ein bißchen Erfolg hat, sehr schnell in diese Kreise hineingeschleust wird. Man umgibt sich gern mit ihnen. Das ist auch bei linken Schriftstellern der Fall, es gibt Industrielle, die sich mit ihnen schmücken . . .

Max von der Grün: . . . wobei dahinter gar nicht einmal eine Absicht stecken muß. Ich bin einmal in einem Industriellenkreis in Wuppertal gewesen — an diesem Vormittag sind die Fetzen geflogen, es war fast soweit, daß wir tätlich wurden. Nach acht Tagen hat dieser Industrielle mich eingeladen, ihn zu besuchen. Damit ist der erste Schritt getan, denn wenn ich da hinginge, würde ich sagen, er war ein sehr netter Mensch — und so läßt man sich vom persönlichen Charme von dem ablenken, wozu man eigentlich gekommen ist. Hier eben liegt, wie Wallraff es schon sagte, für den Autor eine Gefahr, von bestimmten Kreisen vereinnahmt zu werden ...

Günter Wallraff: ... bis zur Entfremdung.

Entschuldigen Sie, sind Sie der Gefahr der Vereinnahmung schon unterlegen?

Max von der Grün: Ich meine, ich werde jeden Tag mit dieser Versuchung konfrontiert, jeden Tag ...

Günter Wallraff: ... wir leben ja nicht außerhalb dieser Gesellschaft, wir werden ja jeden Tag mit diesen Dingen konfrontiert ...

Max von der Grün: Wissen Sie, es gibt bestimmte Dinge, wo ich weiß, daß sie für mich elementar wichtig sind, wo ich weiß, daß sie für meine Arbeit absolut wichtig sind. So würde ich nie aus meinem Stadtteil wegziehen, ich brauche ihn. Ich muß in meiner Kneipe stehen, ich muß neben den Leuten stehen, wir sprechen eine Sprache. Würde ich in einem Bohème-Viertel leben, fände ich das ungeheuer interessant — aber das würde mich von dem Eigentlichen ablenken, da ich ja mit Bohèmes nichts zu tun habe, denen ich in der Gestaltung, in dem, was ich will, gar nicht gewachsen wäre. Ich würde mit einem Mal überfordert, überfragt werden, ich könnte nicht mehr.

Günter Wallraff: Ich würde noch weiter gehen. Man muß sich den Bedingungen auch aussetzen, von denen man ausgeht und die man beschreiben will. Die Gefahr für einen Autor, der irgendwann als Gefahr für die Gesellschaft erkannt wird, von den Herrschenden erkannt wird, indem er doch einiges vermittelt, was nicht so ganz in die Harmonie des Wirtschaftswunders paßt, der also eine gewisse Durchdringungsfähigkeit unter Beweis gestellt hat — die Gefahr für so einen Autor liegt darin, daß man ihn sehr bald, und zwar zu einem Zeitpunkt, wo er eigentlich noch weiter unter seinen ersten Antriebskräften schreiben sollte, mit Preisen versetzt. Ein Literaturpreis zieht sehr schnell den nächsten nach sich und gerade wichtige Autoren werden dadurch, obwohl sie den Mechanismus anfangs zu überschauen vermögen, natürlich milde gestimmt und zwangsläufig in eine andere Klassenlage katapultiert, so daß sie sehr leicht vieles nicht mehr so scharf und so hart sehen wie zu der Zeit, als sie selbst noch unter diesen Bedingungen lebten.

Ich darf Sie einmal, einen alten Begriff anwendend, ein bißchen provokativ fragen: sind Sie schreibende Arbeiter oder arbeitende Schreiber?

Max von der Grün: Wenn ich schreibe, arbeite ich.

Günter Wallraff: Der Begriff »schreibender Arbeiter« ist immer dann angewandt worden, wenn man mit einem gewissen, fast amüsierten voyeurhaften Beigeschmack auf so ein seltsames Tierchen, das sich da im Dreck tummelt, hinweist. Er hat, auch wenn er von Kritikern positiv gemeint ist, einen leicht verächtlichen, pflegerisch-caritativen Beigeschmack und ist von daher ziemlich deplaciert.

Noch einmal zum Ausgangspunkt unseres Gespräches zurück: Schöfer sagte, daß die Gruppe 61, grob gesprochen, ein Übergangsstadium zum Werkkreis ist. Ist es so, daß die Gruppe 61 dazu beigetragen hat, bei der Arbeiterschaft ein in den ersten zehn, fünfzehn Jahren der Bundesrepublik eindeutig verschüttetes politisches Bewußtsein zu fördern?

Max von der Grün: Ach nee, das wäre eine Überschätzung, eine glatte Überschätzung der Literatur.

Hat sie zumindest teilweise dazu beigetragen?

Max von der Grün: Nein, das ist einfach falsch gefragt: Sie können nicht fragen: bei der Arbeiterschaft – die Arbeiterschaft umfaßt 30 Millionen Menschen. Deswegen sage ich, daß das eine glatte Überschätzung ist. Aber ich glaube, man kann die Gruppe schon geschichtlich sehen. Und wenn man etwas bereits als Geschichte sehen kann, dann stehe ich auf dem Standpunkt, sollte man Schluß machen, weil neue Ansätze da sind. Jede Gruppe überlebt sich einmal, weil sie mit dem, was sie angefangen hat, nicht mehr Schritt halten kann. Sie sterilisiert sich. Diese Gefahr sehe ich selbst, die braucht mir kein anderer zu sagen. Nur glaube ich: die Gruppe hat von der geschichtlichen Entwicklung her gesehen eines zuwege gebracht – sie hat einfach weitere Kreise von Leuten, die schreiben, denen Schreiben nicht nur Beruf, sondern auch Berufung ist, für die Arbeitswelt-Thematik interessiert und engagiert. Man kann's ja in den ganzen Jahren seither ablesen, daß sich immer mehr Leute diesen Themen, die früher außerhalb jeglicher Überlegung waren, zuwenden. Und wenn die Gruppe überhaupt ein Verdienst hat, dann ist das, glaube ich, ihr wirkliches Verdienst gewesen.

Günter Wallraff: Ja.

Max von der Grün: Was jetzt kommt, ist eine andere Geschichte. Für die Bundesrepublik jedenfalls war die Gruppe ein Startschuß. Und wenn sie das gewesen ist, dann würde ich sagen, hat sie genug getan.

Günter Wallraff: Andererseits besteht auch wieder eine Gefahr, die man sehen muß. Dieses System versteht es, alles, was ihm schaden kann, auf seine Seite zu ziehen, es letztlich zu entschärfen und konsumierbar zu machen. Diese Tendenzen zeichnen sich sehr stark ab – kein Monat, in dem nicht ein Fernsehspiel dieser Thematik gesendet wird und . . .

Max von der Grün: Ja, von verschiedenen Leuten wird es nicht als ein Bewußtseinsprozeß, sondern als eine Modeerscheinung betrachtet . . .
Günter Wallraff: . . . ja, genau . . .

Max von der Grün: . . . und da genau liegt die Gefahr.

Günter Wallraff: Autoren, die sich früher gerade von ihrer Haltung her – ich will nicht sagen reaktionär, aber doch sehr esoterisch – verhielten, schmeißen sich mit geradezu neuer Wut auf dieses Thema, und schaffen es, es wirklich gefällig, unverbindlich und sehr schnell auf den Markt zu bringen. Ich kenne selbst Autoren, die keine Ahnung haben, wie es in einem Großbetrieb aussieht, die es aber schaffen, durch drei, vier Gespräche mit Arbeitsdirektoren oder Vertretern von Firmen, vielleicht sogar mit ein paar Arbeitern, die industrielle Arbeitswelt in ein Fernsehspiel umzubiegen und damit doch ziemlich an der Wirklichkeit vorbeizugehen. Damit wird natürlich auch eine sehr schnelle Sättigung des Marktes erreicht und dann schmeißt man sich halt wieder auf die nächste Modetendenz.

Max von der Grün: Was Wallraff sagte, stimmt. Zu den Leuten, die die Arbeit an einem solchen Thema nicht aus einem Engagement heraus betreiben, sondern nur deshalb, weil sie hier plötzlich Morgenluft wittern, zu den Leuten gehören ja auch die Redakteure und Dramaturgen. Wir führen ja jeden Tag irgendwelche Gespräche mit Dramaturgen, Lektoren und dergleichen — wissen Sie, diese Dramaturgen spielen sich auf, als ob sie die Entdecker des Nordpols wären, dann aber an irgendeinem Breitengrad stehen geblieben sind und sagen: ja, aber jetzt kommt nichts Neues mehr. Ich will damit sagen: das sind die eigentlich Angepaßten. Und da ist es für Sie als Autor schwer, da müssen Sie unter Umständen bereit sein, aufzustehen, das Drehbuch zu nehmen, es dem Dramaturgen um die Ohren zu hauen und ihm zu sagen, daß er ein Arschloch ist. Das müssen Sie zuwege bringen, und wenn Sie das nicht bringen, dann ist eben die erste Stufe der Anpassung erreicht.

Günter Wallraff: Ich merk's zum Beispiel bei Verhandlungen mit dem Fernsehen. Erstmals bei einem Fernsehspiel, wo ich fertig war, wo die Thematik ganz klar umrissen war, wo zwar nicht die Namen selbst, aber die Sachverhalte ganz klar zu erkennen waren — das Stück wurde abgewürgt, wurde nicht gebracht. Auch jetzt werden wirklich wichtige, brisante Stoffe von den entsprechenden Stellen schon vorher in einer Art Selbstzensur ausgeredet; statt dessen wird Ihnen wörtlich gesagt: Sie können bei uns im Jahr zwei Fernsehspiele machen, aber dann harmlose — man bringt dann direkt Beispiele — Einzelfälle, womöglich Einzelschicksale, womöglich mit Relativierungen. Man kommt dann mit dem berühmten Rashomon-Prinzip, der Schluß könne ja auch drei Schlüsse haben — damit die Wirklichkeit überhaupt nicht mehr zu erkennen ist.

Max von der Grün: Sie als Autor, heißt es dann, haben doch objektiv zu sein. Ich möcht mal wissen, wer überhaupt dieses Märchen aufgebracht hat. Der Autor hat überhaupt nicht die Pflicht, objektiv zu sein, er hat die Pflicht, subjektiv zu sein! Wissen Sie, heißt es dann, wenn Sie diese Seite darstellen, ja, dann müssen Sie doch auch die andere Seite darstellen. Worauf ich dann immer sage: wissen Sie, dann müssen Sie sich einen Autor suchen, der diese Seite darstellt. Ich kann das nicht. Ich kann nur das, was ich kenne.

Günter Wallraff: Sie wird ja zu 99% ständig dargestellt, breit getreten, in die Hirne verpflanzt und damit die Wirklichkeit zugedeckt.

Persönlich gefragt: wo haben Sie vielleicht einmal gemerkt, daß Sie der Korruption durch den Apparat unterlagen. Oder passiert das nie?

Max von der Grün: Ich bin täglich der Korruption unterlegen, der Gefahr ausgesetzt, der Korruption zu unterliegen. Das bin ich täglich. Ich gebe ohne weiteres zu, daß es in verschiedenen Punkten auch passiert ist.

Günter Wallraff: Das wird einem vielleicht erst hinterher klar, daß man reingeschliddert ist.

Max von der Grün: Ja, wo man sagt, Menschenskind, hier haste 'ne Dummheit gemacht, das hättste nicht machen sollen, das nächste Mal mußt du aufpassen. Aber beim nächsten Mal liegt der spanische Reiter wieder ganz woanders, wo Sie ihn nicht vermutet haben. Ich gebe also zu, daß ich unbewußt in verschiedenen Fällen korrumpiert worden bin.

Wo zum Beispiel?

Max von der Grün: Ach Gott, mir fällt jetzt gar nichts ein, wo ich das präzisieren könnte — ich wollte nur sagen, dieser Gefahr bin ich täglich ausgesetzt. Mit dieser Gefahr lebe ich auch täglich. Man muß abwägen: tust du das oder tust du das nicht. Nicht die Kleinigkeiten der Korrumpierung sind wichtig, wichtig ist, ob Sie sich vereinnahmen lassen. Ich hab' einmal ein Fernsehspiel platzen lassen bei einem Sender, das eine Szene mit einem Scheißhaus enthielt, die man aus ästhetischen Gründen herausnehmen wollte. Da habe ich gesagt: Entschuldigen Sie, aber Eure Ästhetik kenne ich; ich bin einfach aufgestanden und habe gesagt, nein. Leute, da mache ich nicht mehr mit. Wissen Sie, mir haben die 18 000 DM weh getan, weil ich ja auch von Geld lebe. Da war ein Punkt erreicht, wo ich mir sagte, wenn du das jetzt tust, dann bist du weg vom Fenster, dann ist es aus. Dann gibt es eben den Punkt, da esse ich morgens keine Butter, da esse ich das Brot eben trocken. Das sind Konsequenzen, die man ziehen muß — aber diesen kleinen Korrumpierungen bin ich täglich ausgesetzt.

Herr Wallraff?

Günter Wallraff: Ja, Versuchungen und Möglichkeiten gibt es jederzeit, und es ist oft schwierig, sie auszuschlagen, den unbequemeren Weg zu gehen, den Kompromiß nicht einzugehen. Das ist eine Frage der Beharrlichkeit, der Ausdauer, auch der Kraft, die ja auch nicht endlos ist.

Hans Peter Kensy

Wirkungen der Gruppe 61?

1.

Die wichtigste Wirkung der Gruppe 61 ist die Tatsache, die Anlaß zur Herausgabe dieses Bandes geworden ist: ihr bisher zehnjähriges Bestehen; das Ansteigen der Zahl ihrer aktiven Mitglieder während dieser Zeit; ihre Attraktivität für neue Autoren mit einschlägigen Interessen, für Debütanten wie Erika Runge, Angelika Mechtel und Wolfgang Körner. »Gruppe 61« und »Literatur über Arbeiter und Arbeitswelt« wurden in den letzten Jahren auch für den nicht ganz speziell Interessierten zu Synonymen. Die Ausweitung der Thematik der Literatur der 60er Jahre auch auf die *literarisch-künstlerische Auseinandersetzung mit der industriellen Arbeitswelt der Gegenwart und ihrer sozialen Probleme* scheint demnach gelungen, die Komplettierung der literarischen Szene, auf der bis dahin — nach einem Diktum von Walter Jens — *der Mensch nur im Zustand eines ewigen Feiertags* abgebildet wurde, erreicht zu sein.

Noch 1960 hatte Jens festgestellt: *Die Welt, in der wir leben, ist noch nicht literarisch fixiert. Die Arbeitswelt zumal scheint noch nicht in den Blick gerückt zu sein. Wo ist das Portrait eines Arbeiters, wo die Zeichnung eines Maurers, wo agieren die Mädchen in einer Fabrik (...)?*

Aber selbst wenn es alleiniges und ausschließliches Ziel aller Mitglieder der Gruppe gewesen wäre, nur diesen Mangel zu beheben (die Abspaltung der »Werkkreise« 1970 zeigt das Ungenügen einer ganzen ›Fraktion‹ an dieser 1964 auch programmatisch verkündeten Zielsetzung), — es gäbe genügend Grund zur Skepsis. Die literarischen Produktionen der Gruppenmitglieder insgesamt (die Euphorie eines Jubiläums darf nicht darüber hinwegtäuschen) haben weder an Quantität noch im Hinblick auf ihre Rangstellung im Gesamtbild unserer zeitgenössischen Literatur bis heute eine Bedeutung erlangt (von einer breiteren Wirksamkeit oder gar Popularität nicht zu reden), die es erlaubte, mit dem Erreichten bereits zufrieden zu sein. Es wäre Augenwischerei, schon im Zusammenhang mit den relativen (und für die Gruppe nicht typischen) Erfolgen etwa Max von der Grüns (»Irrlicht und Feuer« in mehreren Auflagen, auch in Lizenz bei Buchgemeinschaften und als Taschenbuch) und Günter Wallraffs (»Industriereportagen« 1970 als Taschenbuch, Auflage nach 3 Monaten: 50 000; die »13 unerwünschten Reportagen« bereits in 6. Auflage) von einer nachhaltigen Korrektur des Mangels zu sprechen, der den Anstoß zur Gründung der Gruppe 61 gegeben hat.

Bleibt zunächst zu fragen, ob sich diese Bilanz durch erkennbare Einwirkungen auf die Thematik der Produktion von nicht zur Gruppe zählenden Literaten aufbessern läßt. Aber die oben konstatierte Identifizierung von ›Literatur über Arbeiter und Arbeitswelt‹ und ›Gruppe 61‹ legt den für die Wirkungen der Gruppe wenig erfreulichen Umkehrschluß nahe, daß es neben den Autoren, die sich in der Gruppe 61 organisiert oder sich ihr angeschlossen haben, keine anderen Literaten gibt — schon gar keine bekannten und populären — die sich mit der speziellen Thematik ›Arbeitswelt‹ beschäftigen.

Und soweit ich sehe, ist genau das der Fall. Diese Enthaltsamkeit entspringt natürlich keiner bösen Absicht und kann auch nicht schlicht als Versagen der Literaten interpretiert werden. Sie hat zu tun mit der gesellschaftlichen Isolierung der Schriftsteller von dem Bereich, der die unmittelbare Umwelt der werktätigen Bevölkerung ausmacht. In einem Aufsatz über »Gesellschaftliche Isolierung und progressive Ideologie« untersuchte Martin Doehlemann 1968 die soziale Situation von 30 jüngeren westdeutschen Schriftstellern: *28 der 30 Befragten bezeichneten spontan Schriftsteller als ihren nächsten Umgang, 15 davon nannten im selben Atemzug Maler. Von den berufstätigen Autoren pflegen einige — nicht immer freiwillig — Umgang mit ihren Berufskollegen. Im näheren sozialen Erfahrungsbereich halten sich keine Arbeiter oder sonstigen Vertreter literaturferner Berufsgruppen auf.*[2] Ob die Autorenauswahl Doehlemanns repräsentativ war[3], ist in diesem Zusammenhang wenig erheblich, das Faktum hängt nicht von einem mehr oder weniger großen Prozentsatz ab. Und Doehlemanns Ergebnis stimmt zusammen mit jedem kritischen Überblick über die Thematik unserer zeitgenössischen Literatur.[4]

Ein Ausweg aus diesem das Entstehen einer breiteren ›Industrieliteratur‹ paralysierenden Dilemma ist nicht in Sicht. Der Versuch, der in der DDR nach 1959 praktiziert wurde, als man unter dem Stichwort »Schriftsteller in die Betriebe« Literaten auf den »Bitterfelder Weg« schickte, muß als gescheitert betrachtet werden. Denn nennenswerte Ergebnisse blieben dabei aus, mußten wohl auch ausbleiben, da mit einer kurzen — oder auch ausgedehnteren — Stippvisite in die ›Arbeitswelt‹ der Erfahrungshorizont eines schreibenden Individuums nicht entscheidend umzukrempeln ist, und andererseits die dabei gemachten neuen Erfahrungen bruchstückhaft bleiben müssen.

Dazu kommt die Frage nach dem anzusprechenden Publikum: Eine ›Industrieliteratur‹, die sich primär (oder gar ausschließlich) an die Leserschaft der bürgerlichen Literaten-Literatur wenden wollte, lohnte wohl nicht den Aufwand. Aber parallel zu den Erfahrungsbereichen sind auch die Sprach- und Verständnishorizonte von Literaten und Arbeitern völlig (oder doch fast umfassend) inkongruent geworden oder geblieben. Ein Blick in den »Almanach der Gruppe 61«, der 1966 unter dem Titel »Aus der Welt der Arbeit« erschien, zeigt die Kluft selbst zwischen der sprachlichen und formalen Ebene der dort vertretenen Arbeiten und denen eines Heinrich Böll, Uwe Johnson, Martin Walser oder Günter Grass. Und dabei ist bisher noch nicht erwiesen (um es vorsichtig zu formulieren), daß wenigstens der Abstand zwischen vielen Gruppe-61-Arbeiten und dem Verständnishorizont und den Interessen ihrer Zielgruppen geschlossen werden kann.

Es wäre ein Trugschluß, und in den Auswirkungen niemandem zumutbar, wollte man im Hinblick auf dieses ›understanding-gap‹ von den Autoren generell eine Simplifizierung von Sprache, Stil und Thematik verlangen. Nur, solange mit dieser Kluft gerechnet werden muß, ist es z. B. fast eine Infamie, subjektiv nur als Selbsttäuschung verständlich, wenn (u. a. von Günter Herburger) Demokratisierung der Lyrik und ihrer Sprache genannt wurde, was doch nur die Hereinnahme von Alltagsversatzstücken und -Erfahrungen in ein noch immer (im pejorativen Sinn) literarisches Genre war und ist. Die Versuche der letzten Jahre zu einer realitätsnäheren Lyrik (von Nicolas Born, F. C. Delius und Erich Fried bis zu Lettau und Grass) als Reflex der Bemühungen der Gruppe 61 ansehen zu wollen, wäre auch deshalb unsinnig, weil der Anteil der speziellen Arbeitswelt-Thematik verschwindend gering ist. Diese Versuche verdanken sich einem allgemeineren Ungenügen an Themen und Sprache der dt. Lyrik, das neben anderen schon Enzensberger (»Verteidigung der Wölfe«, 1957; »Landessprache«, 1960) und Rühmkorf (»Kunststücke«, 1962) zu Korrekturversuchen bewogen hatte, und im Gefolge der ›Protestbewegung‹ nach 1966 noch weiter an Boden gewann.

Diese Diagnose läßt sich noch ausweiten: Was mit Schlagworten wie ›Engagement‹, ›gesellschaftliche Verantwortung‹ oder ›Neuer Realismus‹ an Tendenzen der Literatur (und nicht nur der Lyrik) der 60er Jahre benannt, und durch die politischen Ereignisse (Strukturkrise des Bergbaus und Rezession 1966, Vietnamkrieg) forciert wurde, entstand nicht als Reaktion auf das Vorgehen der Gruppe 61, sondern auch die relative Publizität der Gruppe (s. Bibliographie) ist umgekehrt Teil und Reflex einer Entwicklung, die auch nicht erst 1961 begann, sondern etwa schon in den Anfängen der Gruppe 47 nachzuweisen ist und (zugegeben, mit Unterbrechungen) wirksam blieb.

Daß im übrigen gesellschaftliche Relevanz der Literatur nicht schon durch die Verwendung einschlägigen Materials (Alltagssprache und -Szenerie) und durch einen wie auch immer definierten Realismus hinreichend oder gar ausschließlich bestimmt ist, sei hier — obwohl eine Binsenwahrheit — festgehalten.

Die Inanspruchnahme von Autoren des Kölner ›Neuen Realismus‹ als Parallelbeispiel für die Bemühungen der Gruppe 61 (durch Friedrich Baukloh[5] muß auf einem Mißverständnis beruhen. Zugegeben, von allen Tendenzen der Literatur der 60er Jahre kommt Wellershoffs ›Neuer Realismus‹ dem, was die Gruppe 61 forderte, noch am nächsten. Aber der gravierende Unterschied zwischen beidem wird aus den folgenden Wellershoff-Zitaten wohl auch ohne Kommentar evident:

Einige Charakteristika einer modernen realistischen Literatur lassen sich skizzieren: Sie hat keine metaphysischen Ansprüche, auch nicht auf dialektische Weise, indem sie das Ende der Metaphysik behauptet oder beklagt oder herbeiruft, sie setzt es vielmehr voraus. An Stelle der universellen Modelle des Daseins, überhaupt aller Allgemeinvorstellungen über den Menschen und die Welt tritt der sinnlich konkrete Erfah-

rungsausschnitt, das gegenwärtige alltägliche Leben in einem begrenzten Bereich. Der Schriftsteller will nicht mehr durch Stilisierung, Abstraktion, Projektion seiner Erfahrungen in ein Figurenspiel einer abgeschlossenen Geschichte Allgemeingültigkeit erreichen, sondern versucht möglichst realitätsnah zu schreiben, mit Aufmerksamkeit für die Störungen, Abweichungen, das Unauffällige, die Umwege, also den Widerstand der Realität gegen das vorschnelle Sinnbedürfnis. (1965) [6]
Wenn die Wirkungszusammenhänge von Industrie, Verwaltung, Geldwirtschaft und Politik so weitläufig, indirekt und abstrakt geworden sind, daß sie sich der Anschauung, Kompetenz und dem Einfluß jedes einzelnen entziehen, ist nicht mehr der Handelnde exemplarisch für die Gesellschaft, sondern der Betroffene, der nicht einmal weiß, wie, warum und wovon er bestimmt wird, der den gesellschaftlichen Druck als Privatsituation erfährt und mehr oder minder glücklich individuell zu verarbeiten sucht. So kann auch der Schriftsteller kaum noch ein konkretes Gesamtpanorama der Gesellschaft schreiben. Er weiß zu wenig dazu. Auch seine Erfahrungen sind zufällig und privat, und das Allgemeine liefert ihm wie allen anderen die Informationsindustrie. (. . .) Das Individuelle ist Abdruck des Allgemeinen, aber zugleich dessen Kritik. Denn indem kenntlich wird, daß eine Verhaltensstilisierung die menschlichen Möglichkeiten einschränkt, verdirbt und verzerrt, zeugt sie gegen die gesellschaftliche Praxis, die auf Kosten des unterdrückten Lebens funktioniert.
Arbeitshypothese für eine kritische und konkrete Literatur: Indem sie die gesperrten und verstümmelten Kapazitäten des Menschen deutlich macht, zeigt sie den Preis der herrschenden Praxis und zugleich das Potential möglicher Veränderung. Sie ist so Platzhalter einer Utopie freier menschlicher Kommunikation, die unausgesprochen, aber als ihr dauernd intendiertes Gegenteil in den Bildern der sozialen, neurotischen und wahnhaften Fesselung, der Feindschaft, des Versagens, des Unglücks und des Todes enthalten ist. (1969) [7]
Was ich in Zukunft machen werde? (. . .) Jede Schreibweise muß eine Erwartungsverschiebung gegenüber dem Gewohnten bringen, sie muß es, bevor es natürlich wird, denaturieren. Aber wenn wir einmal davon ausgehen, daß wir in einer durch und durch gemachten Welt leben, die durch Kunst und Literatur noch einmal fiktiv erweitert wird, dann werden Artikulationsformen interessant, die sich nicht damit begnügen, immerzu auf ihren Kunstcharakter hinzuweisen, sondern diese Welt und uns in ihr intellektuell und emotional erlebbar machen. (1970) [8]

Ohne weiter auf den Unterschied zwischen Theorie und Praxis auch des ›Neuen Realismus‹ einzugehen: Industrie- oder Arbeiterliteratur ist dabei nicht entstanden (war auch nicht intendiert.)[9] Wer ›Neuen Realismus‹ und ›Gruppe 61‹ in einem Wirkungszusammenhang sehen will, muß dazu schon die abstrakte Formel bemühen, nach der jede Literatur (um den Gegenpol zu fixieren: auch und gerade die der ›heilen Welt‹) auf ihre soziale Umgebung und Stellung reagiert. [10]

Hans Peter Kensy

Die programmatische Aufforderung zur *literarisch-künstlerischen Aus-einandersetzung mit der modernen industriellen Arbeitswelt* wurde, das als erstes Fazit, außerhalb der Gruppe 61, wenn überhaupt, dann nicht auf die gleiche oder vergleichbare Weise beantwortet wie etwa durch Max von der Grün oder Bruno Gluchowski.

2.

Nicht Max von der Grün ist die Schlüsselfigur, wenn nach Wirkungen der Gruppe 61 gefragt wird, sondern Günter Wallraff. Und diese Wirkungen zeigen sich zunächst nicht im Bereich der Literatur, sondern dem des Journalismus.

Von der Grün's und Gluchowski's Versuche, durch Vorabdrucke ihrer Arbeiten die unerwünschte Schwellenwirkung einer Buchveröffentlichung zu umgehen, waren — nicht durch ihre Schuld — schon früh gescheitert, die Buchausgaben fanden keine vergleichbare Verbreitung, vor allem nicht bei den von der Arbeitswelt unmittelbar Betroffenen.

Günter Wallraff bediente sich von Anfang an primär der Tages- und Wochenpresse. Sein Forum waren die Gewerkschaftszeitung »Metall« (1965/66), dann »Pardon« und »Konkret«; seine Absicht nicht *litera-risch-künstlerische Auseinandersetzung,* sondern Dokumentation, sein Thema zunächst selbstgemachte Erfahrungen als Fließband- und Akkordarbeiter in Werften und Hüttenwerken. Zwar waren auch seine ersten Erfolge nicht gerade berauschend, die Resonanz nicht wie erhofft stark (erst 1970 erreichte er mit seinen Büchern Massenauflagen). Aber das von ihm wieder nachdrücklich in Erinnerung gebrachte Genre der Dokumentation wurde in der Folge zum entscheidenden Vehikel der Informationen aus der Arbeitswelt, und darüber hinaus (da Wallraff sich nicht auf Berichte von Vorgängen hinter Betriebstoren beschränkte) aus anderen dem Zugang, Blickpunkt und Interesse der Öffentlichkeit bis dahin weitgehend verschlossenen Bereichen unserer Gesellschaft.

Wallraff lieferte Dokumentationen, z. B. über Vorgänge und Verhaltensweisen in Obdachlosenasylen und Nervenheilanstalten, und er fand Nachfolger, die Ähnliches — teils als Bericht eigener Erfahrungen, teils als Zusammenstellung authentischer Berichte anderer — der Öffentlichkeit vorlegten. (Aus jüngster Zeit zwei Belege für die Bandbreite der Möglichkeiten : 1) Lothar Gothe / Rainer Kippe: »Ausschuß«-Protokolle und Berichte aus der Arbeit mit entflohenen Fürsorgezöglingen 2) Ernst S. Steffen: »Rattenjagd ohne öffentliches Interesse« — dokumentarischer Roman, Thema und Schauplatz: das Zuchthaus Bruchsal.) Bekanntestes Beispiel dieser neuen Textform sind wohl die »Bottroper Protokolle« von Erika Runge. Martin Walser schrieb im Vorwort zur Buchausgabe:

Es ist lächerlich, von Schriftstellern, die in der bürgerlichen Gesellschaft das Leben »freier Schriftsteller« leben, zu erwarten, sie könnten mit Hilfe einer Talmi-Gnade und der sogenannten schöpferischen Begabung Arbeiter-Dasein im Kunstaggregat imitieren oder gar zur Sprache bringen. Alle Literatur ist bürgerlich bei uns. Auch wenn sie sich noch so antibürgerlich gebärdet. (. . .) Arbeiter kommen in ihr vor wie Gänse-blümchen, Ägypter, Sonnenstaub, Kreuzritter und Kondensstreifen. Ar-beiter kommen in ihr vor. Mehr nicht. Hier, in diesem Buch, kommen sie zu Wort. [11]

Am Beispiel der Entstehungsweise der Protokolle läßt sich am deutlich-sten zeigen, welche Möglichkeiten die Form der Dokumentation den Autoren an die Hand gab:

Das Ausgangsmaterial der »Bottroper Protokolle« (. . .) waren Tonband-aufnahmen. Ich fuhr 1966/67 ins Ruhrgebiet, um Material für ein Fern-sehspiel zu sammeln. Die Krise im Kohlenbergbau war auf einem Höhe-punkt, die wirtschaftlichen Folgen wirkten sich stark auf die Bergleute und die von ihnen Abhängigen aus. (. . .) Zum Arbeitsprozeß: die auf Tonband festgehaltenen Erzählungen wurden von mir möglichst klang-getreu abgeschrieben und dann gekürzt im Sinne von gerafft und drama-turgisch geordnet. (. . .) Eigentlich bin ich vorgegangen wie bei der Mon-tage eines Dokumentarfilms, bei der die Roh-Aufnahmen erst nach Komplexen zerlegt und dann in einer Auswahl neu zusammengesetzt werden. [12]

Die Stichworte (Tonband, abschreiben, Fernsehfilm, dramaturgisch) sind bereits gefallen: Das Material konnte in allen Massenmedien Ver-wendung finden. (Die »Bottroper Protokolle« wurden als Textband, Theaterstück, Hörspiel und Fernsehspiel verbreitet.)

Die verstärkte Tendenz zu dokumentarischen Formen mit sozialkriti-scher Thematik in Hörfunk und Fernsehen seit etwa 1966/67 kann als nachhaltigste Wirkung der Intentionen und Arbeiten der Gruppe 61 festgehalten werden. Von diesem Zeitpunkt an standen die beiden wirk-samsten Massenmedien für eine Auseinandersetzung mit der Arbeits-welt und der sozialen Realität der BRD zur Verfügung. Den Anstoß dazu gaben die Begleiterscheinungen der wirtschaftlichen Rezession jener Jahre: Kurzarbeit, Entlassungen, Zechenstillegungen und Arbeiter-demonstrationen bewegten die öffentliche Meinung. Dokumentationen und Spielhandlungen vor diesem aktuellen Hintergrund und auch mit allgemeineren gesellschaftspolitischen Sujets fanden seitdem ein inter-essiertes Publikum (wenn man die stattliche Zahl derartiger Produk-tionen so interpretieren darf.)

Die Gruppe 61 war — wenn nicht Initiator — so doch entscheidender Mit-Träger dieser ›Dokumentarwelle‹: So waren z. B. Max von der Grün und Wolfgang Körner mit Fernsehspielen, Erika Runge mehrfach mit Fern-sehfilmen, Günter Wallraff (allerdings erst 1970) mit seinem Hörspiel »Ghetto« vertreten, aber auch unbekannte Mitglieder der Gruppe wie Hubert Brill (»Diomedon«), Hsp., WDR II, 15. 11. 69) oder Detlef Marwig (»ein kurzer Tag oder alle Tage wieder«, Hsp., WDR II, 3. 11. 70).

Entwicklung und Umfang dieser Strömung können hier nicht ausführlich dargestellt werden, — Belege liefert schon ein kurzer Blick in die Jahres-übersichten der Fernsehanstalten und Rundfunksender über ihre Pro-duktionen der vergangenen 3 — 4 Jahre; aktuelle Beispiele bieten die laufenden Programme. Deshalb nur noch ein — mir besonders in Erinnerung gebliebenes Beispiel aus dem Jahr 1967, und drei Belege von Ende 1970:

Wilhelm Bittorf: »Der Untergang der ›Graf Bismarck‹« — szenische Dokumentation einer Zechenschließung. (ARD, 15. 3. 67)

Thomas und Michael Fengler: »Weg vom Fenster« — Mißstände unserer Fürsorgeerziehung. (ARD, 5. 11. 770)

Jochen Ziem: »Unternehmer«. (ARD, 29. 12. 70)

Die Techniken reichen von der journalistischen Dokumentation über autobiographische Berichte bis zu Spielhandlungen mit mehr oder weniger großer Authentizität. Weder Bittorf, Fengler noch Ziem haben direkt etwas mit der Gruppe 61 zu tun. Und charakteristischerweise findet sich in *diesem* Zusammenhang auch das einzige mir bekannte Beispiel der Beschäftigung eines unserer prominenten Literaten mit einem einschlägigen Thema:

Martin Walser war Redakteur einer Dokumentation über ›die Hintergründe und Motive eines Mordes‹: »Ausweglos«, Aussagen über einen Lebenslauf, (ARD, 20. 10. 70).

Günter Wallraff (»Nachspiele«, 1968), Max von der Grün (»Notstand — oder das Straßentheater kommt«, 1969) und Erika Runge (»Bottroper Protokolle« 1968; »Zum Beispiel Bottrop«, 1970) versuchten sich auch als Theaterautoren, aber erst mit dem Stück »Eisenwichser« des gelernten Anstreichers Heinrich Henkel (UA Basel, 24. 9. 70), Auff. in Braunschweig, Köln, Göttingen, Mannheim, Nürnberg und München) fand auch der Text eines Nicht-Mitglieds der Gruppe 61 auf die deutschsprachige Bühne.

An diesem Beispiel (seine dramatische Qualität, die in den Besprechungen meist bestritten wurde, ist in diesem Zusammenhang weniger von Bedeutung) wird deutlich, daß Möglichkeiten und Ansätze auch für eine Arbeiter-›Literatur‹ als ›Literatur‹ von Arbeitern vorhanden sind. Die Bestrebungen der »Werkkreise Literatur der Arbeitswelt« mit ihrer vorsichtig ›pädagogischen‹ Zielsetzung sind vielleicht geeignet, in Zukunft noch weitere Talente zu finden und zu fördern.

3.

Bleibt das Fazit: Nur bei der ›Dokumentarwelle‹ in der zeitgenössischen Literatur und Publizistik kann mit einiger Sicherheit eine ›Wirkung der Gruppe 61‹ behauptet werden, da Mitglieder der Gruppe entscheidende Vorarbeit und beispielgebende Beiträge dazu geleistet haben.

Themenbreite und Konsequenzen dieser Welle gehen aber auch über die spezifischen Zielsetzungen der Gruppe 61 hinaus (oder besser: oft an ihren Intentionen vorbei). Vor allem durch ihre fortschreitende Verfeinerung, ihr zunehmendes Raffinement ist sie zumindest der Gefahr ausgesetzt, schließlich doch wieder dort anzulangen, wohin ihr kein breiteres Publikum folgen kann und will: im ästhetischen Ghetto und bei der ›Literaten-Literatur‹.

Dokumentarische Literatur, dokumentarisches Theater, dokumentarischer Film und seit kurzem die dokumentarische Collage im Hörspiel.

Mit der Hinwendung zum Authentischen, Vorgefundenen und dann Zitierten hat ein Prozeß eingesetzt, der Pop-Elementen ebenso Einlaß in die Literatur ermöglichte wie dokumentarischen Materialien. Während das dokumentarische Theater seinen sprachlichen Stoff in der rekonstruierenden Darstellung personalisieren muß und damit weitgehend konventionellen Theaterpraktiken unterworfen ist — eben diese zwangsläufige Refigurierung führt häufig zu einer Unterbelichtung der Sachverhalte — gelingt es den technischen Reproduktionsmedien wie Film und (was die Aufbereitung authentischen Sprachmaterials angeht) besonders dem Hörspiel mit Hilfe der künstlerischen Montage, der Collage, ein weitaus freieres und ideologiekritischeres Spiel vorzuführen.[13]

Zumindest aber gilt heute die eingangs zitierte Feststellung von Walter Jens (über die nicht vorhandene Darstellung der Arbeitswelt) nicht mehr im gleichen Maß wie noch 1961. Die Autoren der Gruppe 61 — vor allem Max von der Grün, Günter Wallraff und Erika Runge haben zu dieser Veränderung beigetragen; die Bemühungen der »Werkkreise Literatur der Arbeitswelt« werden noch zeigen müssen, ob weitere Fortschritte über den von ihnen jetzt eingeschlagenen Weg realisierbar sind.

PS:

Nach einer erkennbaren gesellschaftspolitischen Auswirkung der bisherigen Arbeit der Gruppe 61 wurde gleich gar nicht gefragt. Sie bereits heute zu erwarten, nach den ersten zehn Jahren des Bestehens der Gruppe und in Kenntnis der Schwierigkeiten und widersprüchlichen Verfahrensweisen und Intentionen ihrer verschiedenen Mitglieder, wäre angesichts der Ausgangslage im Jahr 1961 auch zu naiv.

1 In: »Die Kultur«, 17. Jg. 1960, Nr. 155, S. 5. **2** Martin Doehlemann: »Gesellschaftliche Isolierung und progressive Ideologie. Zur Soziologie der Schriftsteller.« In »Akzente«, 15. Jg. 1968, Heft 5, S. 468 f; das Zitat auf Seite 471. **3** Doehlemann befragte: Augustin, Baumgart, Bienek, Bingel, Born, Brinkmann, Buch, Chotjewitz, Faecke, Gerd Fuchs, Gromes, Hädecke, Hamm, Haufs, Herburger, Herms, Dieter Hoffmann, Jägersberg, Karsunke, Lettau, Wolfgang Meier, Noever, Piwitt, Roehler, Roggenbuch, Rosenberger, Rühm, Stiller, Wallraff.

Hans Peter Kensy

4 Zuletzt Renate Matthaei im Vorwort zu der von ihr herausgegebenen Dokumentation »Grenzverschiebung«. Neue Tendenzen in der deutschen Literatur der 60er Jahre«, Köln (Kiepenheuer & Witsch) 1970. **5** Friedhelm Baukloh: »Wirklichkeit einfangen. Ein Versuch über Max von der Grün und andere neue Realisten.« In: K. L. Tank (ed.): »Neues von Gestern«, Witten-Berlin 1965, S. 276 ff. **6** Dieter Wellershoff: »Neuer Realismus«. In: »Die Kiepe. Hauszeitschrift des Verlages Kiepenheuer & Witsch«, 13. Jg. 1965. Nr. 1, S. 1. **7** Dieter Wellershoff: »Zu privat, zu privat. Thesen über die Literatur in der industriellen Gesellschaft«. In: »Die Zeit« Nr. 29, 18. Juli 1969, S. 10 f. **8** Dieter Wellershoff, Statement für Renate Matthaei. In: Renate Matthaei, o. c., S. 311 f. **9** dazu genügt ein etwas genauer Blick in Wellershoffs Romane. **10** vgl. z. B. Christian Enzensbergers Studie: »Viktorianische Lyrik. Tennyson und Swinburne in der Geschichte der Entfremdung«, München (Hanser) 1969. **11** Martin Walser: »Berichte aus der Klassengesellschaft«. In: »Bottroper Protokolle. Aufgezeichnet von Erika Runge.« Frankfurt/M. (Suhrkamp) 1968, S. 9. **12** Erika Runge, Statement für Renate Matthaei. In: Renate Matthaei, o. c., S. 282 f. **13** Aus der Ankündigung für die Hörspielreihe »Dokumente und Collagen« des WDR, in der z. B. am 22. 1. 1970 auch Erika Runges »Gespräche im Ruhrgebiet – Ein Bericht in Originalaufnahmen« gesendet wurde — die Hörspielfassung der »Bottroper Protokolle«.

Wolfgang Röhrer, Horst Kammrad, Harald Schmid

Es gibt sie halt, die schreibende »Fiktion«*

Zur Entstehung des »Werkkreises Literatur der Arbeitswelt« aus der Kritik an Theorie und Praxis der Gruppe 61.

1.

In unserer Zeit muß man Verse mit Stahl panzern und auch Dichter müssen zu kämpfen wissen, heißt es in einem Gedicht von Ho Chi Minh. Schreiben als Waffe? Stählerne Verse knacken US-Panzer, Dichter holen die ›Johnsons‹ vom Himmel? Oder auf unsere Situation übertragen: Stahlschreibfedern brechen Fabrikmauern auf, hinter denen das Grundgesetz außer Kraft gesetzt ist, Tinte spritzt ins Antlitz der Herrschenden als tödliches Gift der Wahrheit, Reime und freie Rhythmen erlösen die Gesellschaft von Ausbeutung und Unterdrückung?

Kann ja wohl nicht sein. Der nordvietnamesische Staatspräsident und weltbekannte Dichter muß etwas anderes gemeint haben. Es wird aus Nordvietnam folgendes berichtet[1]: Zur Zeit der pausenlosen amerikanischen Bombenangriffe (1965—68) zogen durch die am meisten terrorisierten Provinzen nordvietnamesische Kulturgruppen, bestehend aus professionellen Künstlern, die zum nationalen Kulturensemble der Demokratischen Republik Vietnams gehören. Vor Bauern und Soldaten gaben sie am Tag bis zu fünf Vorstellungen, oft in riesigen Bombenkratern, deren Boden zur Bühne eingeebnet wurde, an den Hängen saßen die Zuschauer wie in einem antiken Theater. Einziger ›Eintrittspreis‹: ein großer Zweig für jeden zur Tarnung. Näherten sich die US-Bomber, verwandelte sich das Theater dann blitzschnell in einen grünen Brunnen. Die Künstler des nationalen Ensembles sind gleichzeitig auch Soldaten, sie gehören zu den Eliteeinheiten der Volksmiliz von Hanoi. Zwischen zwei Vorstellungen, heißt es in einem weiteren Bericht aus Vietnam, teilen die Spieler das Leben der Soldaten, reparieren Geräte, graben Tunnels und Unterstände und tun wie alle anderen ihren Dienst.[2]

Verse mit Stahl gepanzert, das will sagen: die Dichter beteiligen sich mit der Waffe in der Hand am vietnamesischen Befreiungskampf, der seit ein paar Jahrhunderten gegen die imperialistischen Mächte geführt wird. Für den Künstler ist das nicht eine Frage des Engagements; Napalm und Kugelbomben vor Augen, kann er sich gar nicht anders verhalten; die Abwehr der fremden Eindringlinge ist für ihn eine Frage seiner Existenz und der seines ganzen Volkes.

Anders bei uns. Seit fast zwei Jahrhunderten beschäftigt sich der bürgerliche Dichter, Schriftsteller, Autor immer nur mit den Sorgen seiner Klasse, schildert mit eifriger Sorgfalt das Seelenleben vom Mittelstand an aufwärts. Ausnahmen bestätigen den engen Horizont der herkömmlichen Literaturgeschichte. Der gesellschaftliche Kampf um die Emanzipation der von ihm so genannten breiten Schichten geht an ihm fast spurlos vorüber. Ökonomische Probleme interessieren ihn grundsätzlich nicht, politische Fragen nur, wenn sie ihm, dem ›Gewissen der Nation‹, aus der Nase gezogen werden, soziale Themen höchstens als Hintergrund. Die ›breiten Schichten‹ danken ihm die Nichtachtung ihrer Probleme und Interessen, indem sie seine Bücher überhaupt nicht lesen oder nur solche, die wenigstens von den unerfüllbaren Wünschen der Mehrheit handeln: Vom Eheglück ohne Ratenzahlung und Mieterhöhungen, vom filmparadiesischen Nichtstun, vom Sex, der nie versagt wegen Fließbandarbeit oder 12-Stundenschicht, von einem Universum, in dem es keine undurchschaubaren Manipulationen mit den Gesetzen gibt, wo jeder alles klar übersehen kann ... glücklich ist.

Die Gruppe 47 war die erste Vereinigung deutscher Schriftsteller nach dem Krieg, die sich zusammentaten, um gemeinsam durch Literatur Moral zu machen. Wenn man bedenkt, daß der bürgerliche Literat immer noch die Ideologie einer absoluten Freiheit des Individuums als sein eigenes Selbstverständnis verkündet, so erstaunt eigentlich der Entschluß der 47er, ihre Isolation zugunsten eines gemeinsamen Vorgehens aufzugeben. Mittels *Kahlschlag*-Stil und modernem Antikommunismus gingen sie, ausgerüstet mit sämtlichen Ästhetiken einer ahistorischen Germanistik, vereint gegen die Emanzipationsversuche der arbeitenden Bevölkerung vor. Das taten sie, indem sie Literatur und Politik, Kunst und Gesellschaft, Kultur und Ökonomie, Konsumenten und Arbeitende sorgfältig trennten, indem sie ästhetisch verschnörkelt die herrschende Moral verkauften. Das heißt: dogmatisch fixiert an rein formale Kriterien betrieben sie das Geschäft der damaligen CDU/CSU-Politik, die zwanzig Jahre hindurch verhindern wollte, daß die Öffentlichkeit durch die Verhältnisse in der Arbeitswelt politisiert wurde. Bis in die 60er Jahre den offiziellen Literaturbetrieb steril von Arbeitsweltthemen freihaltend, erreichten sie es, daß die andere Seite der Literaturgeschichte: die proletarische und sozialistische vom Publikum völlig vergessen wurde. Ungläubig vernahm es ab und zu, daß sich in der DDR diese andere Seite der Vorkriegsliteratur kontinuierlich weiterentwickelt hatte und dort zu einer neuen Qualität im kulturellen Bereich wurde – doch es las sie nicht, dafür sorgte der institutionalisierte Antikommunismus. So konnte Walter Jens, leibhaftige Theorie der Literatur der Gruppe 47, ungefährdet die Verwendung von Themen aus der Arbeitswelt propagieren, mit der Absicht, das Angebot des Literaturmarktes mit exotischem Stoff zu erweitern[3]. Noch im Vorwort zum Almanach der Gruppe 61 aus Dortmund, der 1966 herausgegeben wurde, erinnert sich Fritz Hüser daran, daß diese und ähnliche Überlegungen den Anstoß zur Bildung der Gruppe 61 gegeben haben.

Nun war hier das Geschäft halt am Dampfen: wer von den Literaten hatte schon einmal eine Fabrikmauer von innen erlebt? Und wenn, dann vielleicht mal für eine kurze Übergangszeit (nicht jeder, der sich zum Schriftsteller macht, wird gleich so berühmt, daß er davon satt wird). Die Erfahrungen am industriellen Arbeitsplatz, die nur in die vorhandenen

Literaturformen eingeschmolzen zu werden brauchten, diese ›existentiellen Erlebnisse‹ fehlten eben. Eine Marktlücke wurde gesichtet, und keiner konnte das Geschäft machen!

2.

Weitab vom Markt suchte Anfang der 60er Jahre der Bergmann Max von der Grün einen Verleger für seinen ersten Roman »Männer in zweifacher Nacht«. Die Verlage schickten sein Manuskript mit freundlichen Floskeln zurück, der Absatz war für Themen aus der Arbeitswelt noch nicht gesichert. Erst als von der Grün zu Fritz Hüser kam, tat sich etwas. Der Dortmunder Bibliotheksdirektor und Leiter des »Archivs für Arbeiterdichtung und soziale Literatur« sorgte innerhalb von 14 Tagen dafür, daß er seinen Verleger bekam. Nun lernte man sich kennen. Es stellte sich heraus, daß ein gemeinsames Interesse vorhanden war am Thema ›Arbeit‹. Man fand andere Interessenten, und Karfreitag 1961 gab es bereits eine neue literarische Vereinigung: die ›Gruppe 61‹.

Halten wir fest: der Arbeiter von der Grün fragte damals den Bibliotheksdirektor Hüser *nach anderen Leuten, die schreiben und das Thema »Arbeit« haben.*[4] War das der Moment der Entstehung einer anderen Literatur bei uns, die über den Arbeitskampf der Arbeiter und Angestellten und die Unterdrückung und Ausbeutung am Arbeitsplatz von berufener Seite: von den Betroffenen selbst berichtete, aufklärte und zum Handeln aufrief? Sehen wir uns das soziale Profil dieser neuen Gruppe an, so schien es durchaus berechtigt zu sagen: sie stand für das Wiedererwachen der Arbeiterschaft, ihres Selbstbewußtseins, ihres Ausdruckswillens und ihrer Literatur. Denn ihre Mitglieder waren zum erheblichen Teil Söhne von Arbeitern oder selbst Arbeiter und Angestellte, beinahe ausschließlich Volksschulabsolventen, großenteils im Bergbau tätig, außerdem Gewerkschafter, Sozialdemokraten, Kommunisten.[5]

Galt das öffentliche Interesse, das die Tätigkeit der Gruppe 61 hervorrief, dem wiedererwachenden Proletariat oder war es der neue literarische Stoff, der trotz anfänglicher Ablehnung durch die gängige Literaturkritik Aufmerksamkeit auch außerhalb der Lesegemeinde errang? Sieben Jahre nach ihrer Gründung zog sie Zwischenbilanz (Februar 68): Ihr sei es gelungen, Zustände und Auswirkungen eines bisher nicht öffentlichen Herrschaftsbereiches (westdeutsche Industriebetriebe) aufgedeckt zu haben. Sie habe so eine Ortsbestimmung des gesellschaftlichen Standortes der Arbeiter und aller Lohnabhängigen in der BRD geleistet und die Frage nach der Legitimation der beschriebenen Herrschaftsverhältnisse neu gestellt.[6]

Doch das bloße Infragestellen des herrschenden Systems war nicht ihre ursprüngliche Absicht gewesen. Josef Reding, Autor und Mitglied, erinnert sich noch heute, daß *sozialistische Prinzipien* innerhalb der Gruppe diskutiert wurden. *Ja, ich glaube, bei jedem Mitglied . . . war doch folgendes klar: daß dargestellt werden müßte die Mitbeteiligung, Mitsprache des Arbeiters bei den Produkten, die er herstellt und bei den*

Maschinen und Anlagen, die diese Produkte herstellen. Und . . . daß dann schon strukturelle Veränderungen stattzufinden hätten, wobei Formen der Enteignung und Formen der Arbeitermitbestimmung durchaus also realisiert werden müßten . . . Das war das Gedankenmaterial, das in der Gruppe feststand.[7] Theoretisch hätte sich also die Frage nach der Berechtigung der hiesigen Herrschaftsverhältnisse schon beantworten lassen. Von diesen Diskussionen bis hin zu der resignierenden Bemerkung Fritz Hüsers während der Gruppentagung im November 1969, daß die Gruppe vielleicht ihre Aufgabe schon längst erfüllt habe, daß die Gruppe überflüssig sei *(Man soll sie nicht künstlich durch irgendwelche Dinge am Leben halten)*[8], läßt sich die Entwicklung einer Gruppe schreibender Arbeiter und Angestellter und ihrer Mentoren zu kampfesmüden, aus ihren Erinnerungen heraus tätigen *Industriewelt-Literaten* ausmachen.[9] Wie das?

Als der bisherige Gruppensekretär und Recklinghauser Redakteur Bernhard Boie aus Protest gegen die immer stärker werdende Kritik einiger Mitglieder an Selbstverständnis und Arbeitsweise der Gruppe deren Herbsttagung 1968 verließ, wurde einer der faulen Zähne ihres Bewußtseins offiziell sichtbar. Boie ist einer der Mitbegründer der Gruppe 61. Warum wir ihn hier als faulen Zahn charakterisieren (nicht diffamieren), sollen Selbstaussagen erklären. Zum Beispiel schrieb er am 7. 5. 67 in der »Recklinghausener Zeitung« über die Gruppe folgendes: *Sinn und Bedeutung der Dortmunder Gruppe 61 entscheiden sich daran, ob sie am Thema hängenbleibt oder zur Literatur durchstößt. Da mag es noch Anklänge an die Arbeiterdichtung von einst geben, da droht die Beschränkung auf reportagenhafte Aussage oder kabarettistische Kritik. Eines aber bleibt gültig, Literatur hat nur ein Kriterium: das der Qualität, und es bleibt das Wort Hölderlins: »Was aber bleibet, schufen die Dichter«.*[10]

Meinungsmache mit aus dem Zusammenhang geschnipselten Zitaten? Als von der Grüns Roman »Irrlicht und Feuer« im Herbst 1963 erschien, notierte Boie in derselben Zeitung: *Der Roman greift gar nicht an, er verzeichnet. Wenn man nichts an der Substanz änderte, so waren künstlerische Beweggründe dafür maßgebend. Der Roman gewinnt seine Wahrheit aus der Dichtung. Es handelt sich um einen »Tatsachenbericht«, ach, Tatsachenberichte sind gemeinhin verlogener, als es je eine noch so schlechte Dichtung sein kann . . .*[11] Sicher führt kein gerader Weg von der Anrufung hölderlinschen Geistes zur Lüge über die Verlogenheit von Tatsachenberichten. Nur läßt sich hiermit zeigen, daß es in der Gruppe 61 schon zu stinken begann, noch ehe sie sich zum Leichnam machen ließ. Einige merkten das und verließen sie (zum Beispiel Josef Büscher mit seinen Arbeiterkollegen), ein paar blieben in der Hoffnung, durch Kritik doch noch etwas retten zu können (Wallraff, Runge), die übrigen müffelten weiter vor sich hin. Natürlich blieb Boie Mentor und Mitglied: er ist nicht der einzige in der Gruppe, der eine derartige konservative Auffassung von Literatur überhaupt hat.

3.

Erinnern wir uns, der 47er Jens hatte im Jahr 1960 die Erweiterung des bestehenden Literaturangebotes propagiert, und zwar: *Die Welt, in der wir leben, ist noch nicht literarisch fixiert. Die Arbeitswelt zumal scheint noch nicht in den Blick gerückt zu sein. Wo ist das Portrait eines Arbeiters, wo die Zeichnung eines Maurers, wo agieren die Mädchen in einer Fabrik, wo bewachen Roboter die rötlichen Lampen?*[12] Portrait, Zeichnung, Roboter — das kann man wohl literarisch fixieren, aber damit läßt sich die Arbeitswelt, vor allem die industrielle, in keiner Weise auch nur annähernd erfassen. Der literarisch neue Stoffbereich entspricht einem neuen gesellschaftlichen Erfahrungsbereich. Das bürgerliche Bewußtsein hat hierfür keine Begriffe, Kriterien oder Vorstellungen. Was als ideologieverdächtig ausgeklammert wird in der marktgerechten Literatur (und die Gruppe 61 hat den Ideologieverdacht als Maxime auch geflissentlich befolgt, wie wir weiter unten sehen werden), erweist sich im Betrieb als eigengesetzliche Realität der Unterdrückungsmechanismen und Ausbeutungssysteme.

Erinnern wir uns, Fritz Hüser bezeichnete Jens Beiträge als Anstoß für die Gründung der Gruppe 61. Daß der Keim einer bürgerlichen Ästhetik schon in der Gründungsidee steckte und das Programm der Gruppe bestimmte, zeigt sich einmal im Programm selbst und dann in der Arbeitsweise der Gruppenmitglieder. Der erste Punkt des Programms (1964) lautet: *Die Dortmunder Gruppe 61 stellt sich folgende Aufgaben: Literarisch-künstlerische Auseinandersetzung mit der industriellen Arbeitswelt der Gegenwart und ihrer sozialen Probleme.* Es ist klar, ohne die entsprechende Erfahrung konnte nicht gleich in den ersten Jahren programmatisch festgelegt werden, wie diese literarisch-künstlerische Auseinandersetzung inhaltlich und formal zu führen wäre. Es kommt wirklich ganz darauf an, was unter *literarisch* einerseits und andererseits unter *künstlerisch* verstanden wird. Konnte sich die Gruppe 61 im Laufe ihrer Entwicklung gegen die Ausbreitung des Keimes eines bürgerlichen Bewußtseins von Ästhetik durch ein dem Thema Arbeitswelt entsprechendes Bewußtsein absichern?

1970 muß sich Max von der Grün die Frage stellen: *Stimmen unsere Kriterien, die wir ja im Grunde genommen aus dem 19. Jahrhundert beziehen?*[13] Zu dieser Zeit hatte sich die Gruppe schon längst nach den Maßstäben und Praktiken des profitorientierten Literaturbetriebes gerichtet. Die konservative Theorie der Gruppe 47, die ihre Grundkategorien dem Literaturverständnis des 19. Jahrhunderts entnahm, war uneingestandenes, aber in der Arbeitsweise der Dortmunder Gruppe praktiziertes Vorbild geworden. Bereits um 1966 versteht sie sich nicht mehr als literarischer Arbeitskreis, sondern als Agentur für bereits fertige Texte. Gruppenmitglied Wolfgang Körner berichtet im SPD-Pressedienst vom 26. 7. 1966 über eine Sitzung: *Schonungslos* werde kritisiert, *und zwar nach literarischen Gesichtspunkten.* K. E. Everwyn in der »Rheinischen Post« vom 17. 9. 66: *Daß dabei noch Durchfälle passieren, muß verwundern.*

Doch gibt es Gründe. Einer ist darin zu sehen, daß man auch einen schlecht schreibenden Arbeiter zu Wort kommen lassen möchte.[14] Dieses arrogante Bewußtsein schreibenden Arbeitern gegenüber kennzeichnet vor allem auch das Verhältnis der Dortmunder zur Tradition der Arbeiterliteratur. Zwar heißt es im Programm, daß man sich die *kritische Beschäftigung mit der früheren Arbeiterdichtung und ihrer Geschichte* vorgenommen hatte, das Ergebnis dieser Beschäftigung war jedoch die pauschale Ablehnung, an diese Tradition anzuknüpfen und sie weiterzuentwickeln.

4.

Wie bekannt, hatte sich in der Weimarer Republik die alte Arbeiterliteratur in ›Arbeiterdichtung‹ und ›proletarisch-revolutionäre Literatur‹ gespalten. Die Arbeiterdichtung nahm für sich zwar in Anspruch, die Industriewelt zu gestalten, hatte zugleich aber nur noch wenig mit den Interessen des Industrie-Proletariats zu schaffen. Sie stellte sich dar als Reflex der Haltung der deutschen Sozialdemokratie zu Kaisers Zeiten und danach. Der *Heiligung des Krieges* zur Zeit des Massensterbens in den Schützengräben folgte die *Heiligung der Arbeit* als siegreicher Kampf gegen die Natur, was bei Heinrich Lersch, Max Barthel und Karl Bröger zur Vorbereitung der faschistischen Arbeitsideologie im Tausendjährigen Reich führte. Andere Arbeiterdichter wie Gerrit Engelke, Paul Zech, Bruno Schönlank, Julius Zerfass, Ernst Preczang, Otto Krille und Oskar Maria Graf distanzierten sich bald von dieser Dichtung, deren Geschäft die Mystifizierung der kapitalistischen Ordnung, Dämonisierung der Maschinen, Ausstaffierung des Arbeitsplatzes mit romantischen Naturbildern und so weiter war. Auch der »Bund der Werkleute aus Haus Nyland« zupfte an dieser Leier, die alte Kluft vertiefend zwischen dem *schöpferischen Tatmenschen* und der *blöden Helotenherde* der Industriearbeiter (Bundgründer Joseph Winckler).[15]

Wie Peter Kühne mitteilt, zeigte sich schon bei ihrem ersten Treffen im Jahr 61 die bürgerlich-literarische Neigung der Dortmunder Gruppe: Nicht die Autoren proletarisch-revolutionärer Tendenz in der Arbeiterkorrespondenten-Bewegung und im Bund Proletarisch-Revolutionärer Schriftsteller stehen am Beginn ihrer Beschäftigung mit der Tradition der Arbeiterliteratur, sondern eben die »Werkleute auf Haus Nyland« und der »Ruhrlandkreis«. Max von der Grün und andere Mitglieder der Gruppe distanzierten sich zwar schon bald, sie wollten mit einer Arbeiterdichtung solchen Schlages nichts gemein haben. Sie distanzierten sich hingegen nicht von deren politisch abstinentem Ansatz, sondern nur von einigen ihrer naturalistischen und expressionistischen Ausprägungen.[16]

Die *Imitationsversuche der bestaunten Großtante Gruppe 47*[17] verhinderten die wirklich kritische und differenzierende Beschäftigung mit dem anderen Teil der Arbeiterliteratur: der proletarischen und revolutionären. Man beschränkte sich unter dem Druck des herrschenden bürgerlichen Literaturverständnisses auf bloß ablehnende Kritik, um nicht zugeben zu müssen, daß dieser andere Teil dem geschichtlichen Selbstverständnis der Gruppe 61 am nächsten stand. Statt erst einmal von den grundlegenden und vielfältig formalen, inhaltlichen und vor allem: organisatorischen Erfahrungen zu lernen, die die Geschichte der Arbeiterkorrespondenten-Bewegung und die Diskussionen der proletarisch-revolutionären Schriftsteller (z. B. der Expressionismus-Realismus-Streit zwischen Brecht und Lucács) hätten vermitteln können, vollzog man den Bruch auch mit dieser Tradition. Statt sich mit den bereits praktizierten Vorschlägen für eine operative, auf Veränderung zielende, unter wirkungsästhetischen Gesichtspunkten hergestellte politische Literatur auch nur versuchsweise zu befassen, wandte sich die Gruppe einer bereits literaturmarktgerechten Ästhetik zu. Mit ihr sollte der Mangel an Literatur der Arbeitswelt aufgehoben werden, ohne ihre Tauglichkeit für diese Aufgabe ernsthaft zu prüfen. Es trat auch gar nicht die Frage auf, ob eine für die arbeitende Mehrheit wichtige Literatur noch den gleichen Formen, Verbreitungsweisen und Beurteilungsmaßstäben folgen kann, wie es die herkömmliche tat. Gebannt starrte man dem Dogma des Literarisch-künstlerischen ins unergründliche Auge und vergaß, daß die Frage nach der Ästhetik zugleich die Frage nach der Vermittlung sein muß (Publikationsmöglichkeit, Vertrieb). Wie können wir wen erreichen, und wodurch? Die Antwort scheint Fritz Hüser 1966 zu geben im Vorwort zum Almanach der Gruppe 61: einer *literarischen Öffentlichkeit* werde der Almanach vorgelegt. Sie möge entscheiden, ob die neuen Versuche ernstzunehmen seien und das Prädikat eines neuen *sozialen Realismus* verdienten. Nicht als Arbeiter für Arbeiter schrieben die Autoren, wichtig allein seien das Thema und die Kraft, es künstlerisch darzustellen.[18]

Die Öffentlichkeit, die literarische, entschied (oder was dasselbe ist: der Allesbrenner Markt), daß die neuen Versuche zum Konsum geeignet seien, ohne daß die offizielle Literaturkritik auch im entferntesten daran dachte, das begehrte Prädikat einer neuen Art Literatur zu verleihen. Der größere Teil der Öffentlichkeit, der an und für sich allein entscheiden konnte, ob diese neuen Versuche auch wirklich ihre Arbeitswelt betrafen, wurde erst gar nicht gefragt. Selbstverständlich, es gab Ausnahmen in der Art und Weise, wie die Gruppe 61 ihre Literatur unter die Leute brachte. Lesungen und Diskussionen in gewerkschaftlichen und sozialdemokratischen Kreisen und in Volkshochschulen ergänzten sich mit Textveröffentlichungen in der SPD- und Gewerkschaftspresse. Das war jedoch nur in den ersten Jahren der Fall: der wichtigste Kanal ihrer Publikationen blieb der Literaturmarkt.

5.

Ablehnung des gesellschaftlich wichtigen Teils der Arbeiterliteratur . . . nicht als Arbeiter für Arbeiter schreiben . . . Tatsachenberichte seien verlogen . . . was soll im Programm eigentlich noch die Vorankündigungen einer Literatur der Arbeitswelt? Einzig und allein liegt die Bedeutung des Stoffes Arbeitswelt doch darin (wenn diese nicht als Kulisse dienen soll), daß die Darstellung der innerbetrieblichen Situation den Gegensatz zwischen den Produktivkräften (den Arbeitenden) einerseits und der Herrschaft über die Produktionsmittel durch Privatbesitzer andererseits offen, das heißt im Arbeiter als Produzierendem und Produktionskapital zugleich, brutal zutage treten läßt. Doch nur in der gleichzeitigen Darstellung der Möglichkeit, daß allein der Arbeiter als handelndes Subjekt diese innerbetriebliche Situation — und damit die der ganzen Gesellschaft — verändern kann, ist die Beschreibung des Arbeiters als leidendes Objekt ›realistisch‹. Genau dieser Punkt ist jedoch nicht die Absicht des *sozialen Realismus* der Gruppe 61, denn wie Max von der Grün im Katalog des Goetheinstituts anläßlich der Schwedenreise bemerkt, ist *die Dortmunder Gruppe 61 dahingehend ein Novum, daß hier erstmals Autoren sich zusammengefunden haben, die sich einem bestimmten Thema verpflichtet fühlen, das ›Problem Arbeit‹ in die Literatur zur bringen. Oder: ... die Autoren versuchen, das ›Thema Arbeit‹ zum integralen Bestandteil der Kultur zu machen oder umgekehrt.*[19] (Hervorhebungen › ‹ durch uns.)

Gehen wir davon aus, daß unsere Kultur nicht das Ergebnis schöpferischer Entfaltungen der Bevölkerung, sondern das Geschäft der Bewußtseinsindustrie ist, daß sie nicht Allgemeingut, sondern aufgrund der bestehenden Bildungsprivilegien die Muße weniger ist — daß sie nicht zu trennen ist von der ökonomischen Basis unseres Gesellschaftssystems, so wissen wir: in dieser Kultur haben Arbeiter und Angestellte keinen Platz. Deshalb spricht ja von der Grün auch nicht von ihnen, wenn er das Thema oder Problem der Literatur der 61er nennt, er sagt schlicht: Arbeit. Er ist ehrlich, er nennt das Kind beim Namen. Durch die Orientierung der Gruppe am bürgerlichen Literaturbetrieb mußte ja die Beschäftigung mit dem eigentlichen Subjekt *jeder* Literatur der Arbeitswelt: dem arbeitenden Menschen selbst, verkümmern. Sie behandelte ihn als Objekt *literarisch-künstlerisch,* das heißt, sie stellte ihn rein formal dar, losgelöst von seiner veränderbaren Realität, also abstrakt. Denn eine der Grundbedingungen war, um vor der *literarischen Öffentlichkeit* Erfolg zu haben, die Entpolitisierung und Sterilisierung des Themas Industrieliteratur, das Aufgeben des Arbeitskampfes. Hierzu meint er: *Es steht ja im Programm: Auseinandersetzung mit der industriellen Arbeitswelt, was also viele Leute dahingehend verstanden haben, daß die Gruppe dazu da ist, Anleitungen zu geben, wie etwas am Arbeitsplatz zu passieren hat. Das ist also Nonsense, da kann ich mir Prospektmaterial besorgen oder ich kann Sekundärliteratur lesen, da werde ich über etwas Technisches viel besser aufgeklärt als es vielleicht Autoren können.* Und weiter unten nennt er den Grund: *Das heißt also nicht, daß ich jetzt den Industriearbeiter an sich verstehe, sondern eben den Menschen in dieser industriellen Gesellschaft.*[20] Diese einäugige Betrachtungsweise der Arbeitswelt als *Problem Arbeit* führt einmal zu einem äußerst verschwommenen Bild vom Arbeiter als allgemeinmenschlichem Wesen und dann (da seine Arbeit bloß thematisch-abstrakt gesehen wird) zur Ablehnung des gesamten Komplexes Mit- und

Selbstbestimmung. Der Arbeitskampf wird als technisches Problem angesehen, für das die Hoch- und Tiefliteratur natürlich nicht zuständig sein kann — der Arbeitskampf fällt aus.

Diese Einbeziehung des Werktätigen in einen ahistorischen Humanitätsbegriff ergibt sich aus jener Betrachtungsweise, die im ersten Werkkreisband »Ein Baukran stürzt um« näher charakterisiert wird: *Unter veränderten Vorzeichen variierte sie (also die ganze Gruppe und nicht nur von der Grün) uneingestanden das bequeme Vorurteil vom dummen, bewußtseinsunfähigen Arbeiter, der nur Objekt, nicht Subjekt gesellschaftlicher Veränderung sein kann.*[21] Den vorläufig endgültigen Beweis für diese bewußtseinsmäßige Sackgasse gibt von der Grün selbst in seiner Bemerkung: *Und ich stehe auf dem Standpunkt, das ist eine Fiktion. Der Arbeiter, der schreibt, wird immer die Ausnahme sein . . . Die Erfahrung ist ja so: daß der Arbeiter, der schreibt, ja niemals über seine Situation schreibt, sondern er schreibt also das, was ich mit dem Wort Lüneburger Heide bezeichne . . .*[22]

Da muß eine gewaltige Entfremdung stattgefunden haben! Das Sein (als Schriftsteller) muß Max von der Grüns Bewußtsein (als ehemaliger Arbeiter) derart versaut haben, daß er alles nur sich selbst verdanken will. Wem er was zu verdanken hat, erklärt Friedhelm Baukloh, der ehemalige Freund der Dortmunder Gruppe und Lektor von »Irrlicht und Feuer« auf diese Weise: *Man hat Max von der Grün eingeredet, er sei etwas Besseres, wenn er sich nicht mehr als schreibender Arbeiter fühle. Und Max von der Grün glaubt das auch gewissen Literaturpäpsten, denen er nicht anmerkt, daß sie seinem »rein literarischen Genie« nur huldigen, weil sie ihn von der Arbeiterklasse entfremden wollen, was sie inzwischen weitgehend geschafft haben. Die linken Kritiker in der Gruppe 61, die Max von der Grün das sagten, hat er inzwischen aus dieser Gruppe verbannt und läßt die Tagungen der Gruppe 61 nur noch als Werbung für seine und seiner Freunde neuesten Werke »abrollen.«*[23]

6.

Klar, bei derartigen Werbeveranstaltungen stören Zeugen aus jener unerwünschten Vergangenheit, als man selbst noch schreibender Arbeiter oder Angestellter war und unberühmt die Gruppe aufbaute. So züchtete sich in letzter Zeit die Gruppe einen prächtigen Komplex, der ihre eigene geschichtliche Entwicklung in Gestalt einer ›Fiktion‹ zur Blüte hat — der, wie Friedhelm Baukloh meint, das Verhältnis zur Realität im Bewußtsein der Betroffenen auf den Kopf zu stellen vermag.[24] Diese Entwicklung vollzieht sich mit eleganter Konsequenz: War schon lange zuvor Josef Büschers Vorschlag abgewiesen worden, mit den Einsendern an ihren Texten zu arbeiten, zogen sich die der Gruppe angehörigen Arbeiter teils resigniert, teils nach heftigen Auseinandersetzungen zurück. Die Gruppe kümmerte sich mehr um das literarische Ergebnis als um die Bedingungen, unter denen jemand, der nicht hauptberuflich Schriftsteller ist, schreiben kann. Zahlreiche Manuskripte von Werktätigen wurden abgewiesen. Nur wenige junge Literaten bürgerlicher Abstammung, die mitunter schon arriviert waren, wurden zugelassen.

So kann H. D. Baroth anläßlich Herrn Boies Flucht von der Herbsttagung im Jahr 69 in der »Stuttgarter Zeitung« sogar ohne übliche Übertreibung schreiben: *Die schreibenden Arbeiter, einst hier literarische Hilfe suchend, waren völlig in den Hintergrund gedrückt worden, die Gruppe 61 war ein Sammelbecken für Autoren geworden, die die gesetzte Qualitätsgrenze der anderen literarischen Vereinigungen nicht hatten überschreiten können. Darunter waren viele, die die Gruppe 61 als Hintertreppe für den literarischen Olymp benutzen wollten.*[25] Doch trotz aller Bemühungen um literarische Keuschheit und Größe erreichte die Gruppe das ehrgeizige Ziel ihrer Mentoren um Boie und Hüser nicht. Renate Eichholz bemerkt dazu am 24. 11. 69 im WDR: *Die »literarisch-künstlerische« Bewältigung des Themas ist — bis auf wenige Ausnahmen — nicht gelungen. Ästhetisch-formalen Ansprüchen . . . genügen die Produkte der Gruppe 61 im allgemeinen nicht.*[26]) Und der 47er Günter Grass schreibt gar in einem Brief: *Mir scheint, der programmatische Anspruch dieser Gruppe ist bisher durch literarische Produktion nicht bestätigt worden.*[27]

7.

Von der offiziellen Kritik in ihrem literarischen Anspruch nicht akzeptiert, von den Arbeitern aufgegeben — da muß doch wohl was in die Hose gegangen sein. Daß die Gruppe sich zwischen zwei Stühle gesetzt hatte, als sie das Programm formulierte, daß sie sich nicht zwischen dem Entweder-Oder eines gesellschaftlichen Standpunktes entscheiden konnte, dies und die Widersprüche innerhalb der Gruppe machte sie von Anfang an zum Zwitter.

Eine Zwei-Seelen-in-der-Brust-Haltung charakterisiert vor allem Max von der Grün. Warum wir ihn jetzt so häufig in Selbstaussagen zitieren, liegt daran, daß an ihm sehr deutlich das Hin- und Hergerissensein einiger Gruppenmitglieder, überhaupt die ganze Widersprüchlichkeit der Gruppe sichtbar wird. Ehemals selbst Arbeiter, hat er zur Zeit gesellschaftlich den veränderten Status des Berufsschriftstellers eingenommen. Diesen Riesenschritt scheint er nicht ohne Folgen überwunden zu haben — was sein Bewußtsein betrifft. Doch trotz aller Kritik an ihm als Prominenz der 61er und derzeitiger Gruppensekretär dürfen wir seinen Kampf mit sich selbst und mit dem konservativen Pol nicht vergessen. Anfangs hatte er, wenn auch ohne Konsequenzen daraus zu ziehen, die Revolte der letzten zwei Jahre in der Gruppe mitgemacht. Auch finanziell den Werkkreis unterstützend, hatte er sich beim Reportage-Wettbewerb 69 zur Verfügung gestellt als einer der Juroren und dann die Lesung der Preisträger auf der Herbsttagung befürwortet. Das ist die eine Seele von der Grüns.

Der Widerspruch: einerseits die Entfremdung des Menschen im Produktionsbereich aufzeigen zu wollen, andererseits auf dem Literaturmarkt nach Erfolg strebend, einmal für die Demokratisierung der Arbeitswelt einzutreten und dann auch noch den Beifall der Literaturkonservatoren und der herrschenden Kritik zu erheischen, dieser Widerspruch hat zu einem Bewußtsein bei ihm und bei seinen Kollegen geführt, das mit den drei Begriffen: ›Unabhängigkeit, Offenheit, Ideologiefeindlichkeit‹ grob umrissen werden kann. Sie lassen sich offenbar ableiten vom Gruppendogma: *künstlerisch* steht für freies Schöpfertum (Unabhängigkeit) im grenzenlosen Nebeneinander der Formen und Meinungen (Offenheit), *literarisch* als Ausdrucksweise eines Denkens, das überparteilich und objektiv jede politische Parteinahme ablehnt (Ideologiefeindlichkeit). Überprüft man diese drei Merkmale anhand der Selbstaussagen von Gruppenmitgliedern, so stellt man fest, daß sie in sich gänzlich widersprüchlich sind — jedes einzelne ein Zwitterkind. Wenn von der Grün sagt: . . . *davor habe ich also meistens den größten Bammel: weil sie* (die Kritiker in der Gruppe) *also etwas ideologisch ausrichten wollen, liegt auch die Gefahr drin, daß die Gruppe von bestimmten Interessenkreisen als Vehikel benutzt werden kann,*[28] so steht das im Widerspruch zu dem, was er im Stockholmer Katalog der Gruppe 61 feststellt: *Politisches Engagement ist wohl selbstverständlich.*[29] Es stellt sich hier die Frage: in wessen Interesse wurde wohl mit dem Auswärtigen Amt der BRD die Schwedenreise der Gruppe arrangiert, warum hat wohl Bonn den *Huldigungskatalog* bezahlt, wie Baukloh den Stockholmer Katalog nennt? Das ist nun doch wirklich eine morsche Kiste: Freiheit der Kunst und Literatur — hinter dieser Phrase hört man doch immer wieder die Kassen und Narrenschellen klingeln. Oder sollte man behaupten können, das Bekenntnis zum *politischen Engagement* habe in irgendeiner Weise die Vermarktung und die politische Befriedigung der 61er verhindert? Sagen wir's deutlicher: Die *Gefahr*, das heißt, die eigentliche Bedeutung der Gruppe hätte darin gelegen, sich als Vehikel der Wünsche derer zu verstehen, die sie als ergiebiges literarisches Objekt für ihren Erfolg benutzt hat. Die Interessen der arbeitenden Mehrheit zu vertreten, auf ihre (mehr als berechtigten) Forderungen gezielt hinzuweisen und den Arbeitskampf literarisch und praktisch zu führen (ja, auch die Mitbestimmung muß ›erkämpft‹ werden, so lächerlich das manchem erscheinen mag). Das wäre ihr besser bekommen. Statt dessen redet von der Grün vom *politischen Engagement* und nennt das noch selbstverständlich. Selbstverständlich ist es nur als Modeerscheinung: Schnurre von der Gruppe 47 nannte man auch politisch engagiert, als er seine antikommunistischen Märchenbücher erscheinen ließ. Kostet ja nur ein bißchen Spucke beim Debattieren; die Umsetzung dieses Engagements in die graue, gar nicht so pop-revolutionäre Alltagspolitik würde schon ein wenig mehr Schweiß kosten. Doch wem sagen wir das . . . Das politische Selbstverständnis der Dortmunder Gruppe ist mit der Feststellung zu charakterisieren, daß sie keines hat. Einerseits antwortet Reding auf die Frage nach der Position der Gruppe, sie habe immer nach links tendiert — *gewerkschaftsnah, das war das äußerste, was dann in der Gruppe als Limitierung nach rechts angenommen wurde.*[30] Andererseits sagt von der Grün: *Warum soll eigentlich in einer Gruppe nicht Platz sein für zwei, drei, vier oder fünf Vorstellungen . . .*[31] Interessant ist, daß Josef Büscher diese Haltung als einen krankhaft-anarchistischen und ideologiefeindlichen Grundkomplex bezeichnet.[32]

Das Konzept der Offenheit ist kaum etwas anderes als eine system-immanente Haltung, die den Gegensatz zwischen arm und reich, zwischen Arbeitenden und Herrschenden, zwischen Ausgebeuteten und Ausbeutern verwischt. Als Ersatz für den fehlenden politischen Standpunkt ist es unverbindlich und unwirksam, aber als Ausrede in bezug auf den Arbeitskampf bequem anwendbar, so daß dieses Konzept der Offenheit (gleich Ideologiefeindlichkeit) als Ideologie auftreten muß. Seltsamerweise galt eben diese Offenheit nicht für diejenigen, die sie in Frage stellten — sie wurden kurzerhand gefeuert mit der Begründung, nur die Form und nicht die Ideologie der Literatur entscheide. Genau hier an dieser Stelle, bei dieser Ideologie der Ideologiefeindlichkeit, ist die Schweißnaht erkennbar, wo das ursprünglich aus der Arbeitswelt kommende Bewußtsein zusammengeht mit den konservativen, ja reaktionären Vorstellungen einer bürgerlichen Ästhetik. Hatte nämlich Wolfgang Promies, Lektor und Mitherausgeber des Almanachs der Gruppe 61 doziert: *Das Bestreben, sich frei von Ideologien mit der Arbeitswelt in einem hochindustrialisierten Lande auseinanderzusetzen ›und sie womöglich künstlerisch zu bannen‹, hebt das Anliegen der Gruppe 61 erst in den Rang eines der Literaturbetrachtung würdigen Gegenstandes*[33], so hat sich die Gruppe diese Art Ästhetik inzwischen gänzlich zu eigen gemacht, wenn von der Grün im Stockholmer Katalog schreibt: *Können sie (die Autoren der Gruppe 61) verändern? Sie können aufklären, bewußt machen. Indem wir versuchen, sichtbar zu machen, ›hoffen wir auf ein Wirksamwerden‹.*[34] (Hervorhebungen › ‹ durch uns.)

Selbstverständlich meinen wir nicht die Gruppe 61, wenn wir Benns reaktionäre Auffassung zitieren: *die Dinge m y s t i s c h b a n n e n durch das Wort,* zwischen ihm und ihr bestehen nun wirklich keine Familienbande. Es ist aber ein Beispiel, wohin irrationale Tendenzen in der Literatur führen können. In der Gruppe wuchert halt ganz eindrucksvoll die Irrationalität, wenn sie meint, durch die Literarisierung der herrschenden Verhältnisse auch schon auf sie einwirken zu können. Hier wird literarische Quacksalberei, gewollt oder nicht, zur Verschleierung der Widersprüche in der Gesellschaft.

8.

Wie sich in Vietnam die Künstler und Dichter als Soldaten im Kampf gegen die US-Vernichtungsmaschinerie einsetzen, so gab und gibt es umgekehrt in der Gruppe 61 Arbeiter und Angestellte, die sich im Arbeitskampf (der hier natürlich nicht mit dem vietnamesischen Befreiungskampf gleichgesetzt werden soll) mit Schreiben befassen. Zwar haben sie ihre Texte nicht mit Stahl gepanzert, sondern mit Tatsachen, Erlebtem, Enthüllungen aus und über die kapitalistische Un-Ordnung, von deren Auswirkungen sie selbst betroffen werden. Die Texte dienen ihnen im Arbeitskampf als Werkzeug, mit dem sie die Anarchie dieser

Ordnung erkennen, sichtbar machen und angreifen können. Es sind die schreibenden Arbeiter, gruppiert um Josef Büscher, den ehemaligen Arbeiter auf der Zeche »Nordstern« in Gelsenkirchen, Kurt Küther, der als Hauer auf einer Essener Schachtanlage arbeitet und Richard Limpert, den Kokereiarbeiter aus Gelsenkirchen.

Zuerst haben wir den einen Pol in der Gruppe untersucht: den bürgerlich-literarischen und mitunter konservativen, um durch dessen Kritik die Entstehung des »Werkkreises Literatur der Arbeitswelt« verständlich zu machen und seine Entwicklung als Gegenrichtung zu diesem Pol zu erklären. Dann versuchten wir am Beispiel Max von der Grün die Zwittergestalt der Gruppe als Ganzes darzustellen, deren zwei Seelen schwanken zwischen diesem Pol und einem anderen: dem politisch-emanzipatorischen. Diesen anderen Pol gibt es schon zur Gründungszeit der Gruppe. Rechtzeitig jedoch haben die um ihn Gruppierten die Leiche aufgegeben und ihre Vorstellungen in Arbeitskreisen oder Werkstätten, die im Werkkreis organisiert sind, verwirklicht.

Vor zirka drei Jahren hat das Gründungsmitglied Büscher versucht, etwa hundert nichtprofessionelle Schreiber (zum großen Teil Arbeiter) organisatorisch oder wenigstens ideell in die Gruppe 61 einzubringen. Er scheitert an den Kunstforderungen Hüsers. Der Erfolg auf dem Literaturmarkt war der Gruppe zu Kopf gestiegen, ihre vorzeitige Vergreisung hatte eingesetzt. Büscher bemerkt hierzu: *Die . . . geplante langsame, organische Entwicklung war somit torpediert: Man bewegte sich in einer publizistischen Höhe, der man meiner Meinung nach keineswegs gewachsen war. Und jetzt setzte auch das Elfenbeinturmdenken ein, jetzt kam es zu Manipulationen, jetzt begann der Gruppen-Hick-Hack! Autoren, denen das Arrivieren etwa bei den 47ern oder in Österreich nicht gelang, tauchten in Dortmund auf. Aber die Arbeiterautoren waren nun abgemeldet.*[35] Ein Dokument, das exakt die Haltung des bürgerlich-literarischen Pols belegt, der durch eine arrogante, unsachliche Kritik die Stimmen der Arbeiter immer wieder zum Verstummen brachte, eine Kritik, die sich nicht einmal die Mühe gemacht hatte, die besonderen Schwierigkeiten schreibender Arbeiter zu begreifen und sich Möglichkeiten zu konkreter Arbeitshilfe auszudenken, liefert der Knappschaftsinvalide Emil Scharnowski: *Fast ein ganzes Leben habe ich geschuftet und geschrieben. Mußte trotz Tarnung den Fußtritten ausweichen, die mich zertrampeln wollten und schrieb weiter. Überwiegend für die Schublade und gegen die Wand . . . Im Jahre 1966 versuchte ich, an die Autorengruppe der Gruppe 61 Anschluß zu gewinnen. In Funk, Presse und Fernsehen machte man auf diese Industrieliteraten aufmerksam. Ich sandte einige alte Arbeiten ein und wurde kühl abgewiesen. Der dazu gewählte recht unverbindliche Text erinnerte mich an den Dschungelkampf zwischen den ›Teilnehmern eines gnadenlosen Wettbewerbssystems‹. Wer sich einmal auf der Erfolgsleiter hochrangelte, mußte nachfolgende Konkurrenten abwehren. Das alles wurde aber als Auseinandersetzung um die Grundsatzthematik abgetan.*[36] Ähnlich erging es vielen schreibenden Arbeitern und Angestellten.

Diese Grundsatzthematik, das Dogma des *Literarisch-Künstlerischen*, wird hier von Scharnowski ganz richtig als Zugbrücken-Mechanismus erkannt, der im Konkurrenzkampf das Monopol auf Herstellung von Industrieliteratur schützen soll. Dies Dogma als reiner Selbstzweck, als Schutzmarke, als Konzernsymbol ist dann auch Anlaß zu heftigen Auseinandersetzungen innerhalb der letzten drei Jahre. Wenn Günter Wallraff im Januar 1970 in einer TV-Sendung sagt: *Der Schwerpunkt liegt darin, daß man hier die »künstlerische Auseinandersetzung mit der Arbeitswelt« zum Programm erklärt hat — und darauf kommt es heute nicht an*,[37] so hat er als Gruppenmitglied durch seine politisch-literarische Praxis dieses Dogma schon längst widerlegt.

9.

Wallraff ist das erste Mitglied der Gruppe 61, dem es als hauptberuflichem Schriftsteller gelingt, Arbeiter und Angestellte an der Basis zu erreichen. Er geht zu ihnen in die Betriebe und Institutionen, lernt die Widersprüche in der Produktionssphäre und Verwaltung kennen, betreibt aber mit diesen Erfahrungen, Kenntnissen und Informationen nicht bloße Literatur, sondern versucht, sie selbst in Praxis umzusetzen. Das gelingt ihm auch. Vereinzelt erzielt er politische Wirkungen: Formen der Selbstorganisation der Werktätigen und Widerstandsaktionen im Betrieb. Auf diese Weise entgeht Wallraff der Neutralisierung seiner Texte durch deren Vermarktung. Zwar versucht man, ihn in den Massenmedien zu manipulieren (das ZDF gibt zum Beispiel ein Fernsehspiel in Auftrag, verhindert aber die Sendung, weil das Spiel nicht loyal genug ist), von der Gewerkschaftspresse wird er, ähnlich wie ehedem von der Grün, boykottiert, als er die Phrase von der Konzertierten Aktion entlarvt durch Fakten aus den Betrieben. Aber indem Wallraff sich selbst seine Adressaten sucht, findet er Möglichkeiten, mit seinen Betriebsreportagen und Tonbandinterviews von Fall zu Fall Aufklärung zu vermitteln und Veränderungen zu erzielen.

Wovon ging Wallraff als Mitglied der Gruppe 61 dabei aus? Ganz einfach. Er kümmerte sich nicht im Geringsten darum, was eventuell literarisch im Sinne der Gruppe 47 ist oder was künstlerisch sein könnte nach dem Dafürhalten einiger Mentoren und Stars der Gruppe 61. Bevor Günter zur Gruppe kam, hatte er bereits seine zweijährige Lehrzeit in der industriellen Produktion hinter sich gebracht und die linke Öffentlichkeit, die die Verhältnisse dort zum Teil noch nicht kannte, mit seinen Betriebsreportagen in Erregung versetzt. Später formuliert er, was er dem Dogma des *Literarisch-Künstlerischen* entgegensetzt: die *soziale Wahrheit* als Prüfstein für die Brauchbarkeit von gesellschaftskritischen Texten. 1970 sagt er in Uppsala auf der Schwedenreise: *Es kommt auf die soziale Wahrheit der Sache an. Also man kann im Ruhrgebiet nicht die Schönheit der Natur besingen, dann stimmt's irgendwo nicht, oder das kann vielleicht der, der auf der Villa Hügel, in der Krupp-Villa sich befindet. Also von daher ist es eine subjektive Beurteilung. Aber eine subjektive Beurteilung ›nicht im Sinne der Ästhetik, sondern einer sozialen Wahrheit‹.*[38] (Hervorhebung › ‹ durch uns.) Subjektive Beurteilung — das steht im direkten Gegensatz zur Absicht der Gruppe, durch ästhetische Ausdrucksweise objektiv zu wirken, das heißt jedoch nichts anderes als: neutral zu bleiben. Auf der anderen Seite aber paßt es wie die Faust aufs Auge, wenn so link(isch)e Männeken einwerfen, der Wallraff sei ja doch nur subjektivistisch in seiner politischen Effektivität, an den objektiven Bedingungen der Repressionsmechanismen im organisierten . . . und so weiter, ändere er ja doch nichts. Nein! Denn wie erfährt der Werktätige seine Ausbeutung am Arbeitsplatz, wie lernt der Unterprivilegierte in unserer Gesellschaft seine Unterdrückung kennen? Subjektiv, an sich selbst, auf seinen eigenen Knochen. Der Lernprozeß beginnt subjektiv (wenn er eingeleitet wird): er führt zu der Erkenntnis, daß Ausbeutung und Unterdrückung die Grundlage des herrschenden Wirtschafts- und Gesellschaftssystems, also ›objektiv‹ sind. Das ist die soziale Wahrheit von Günter. Indem er sich selbst diesen Bedingungen aussetzt, in die Betriebe, Institutionen, Obdachlosenanalyse, Irrenanstalten, in die Ghettos der Gesellschaft geht, beurteilt er diese selbst erfahrene Realität subjektiv, bezieht er Stellung, nimmt Partei. Seine ›Parteilichkeit‹ bringt ihn in die Nähe derer, von denen er die Methode zum Schreiben der sozialen Wahrheit übernommen haben könnte, der Arbeiterkorrespondenten. Mit seiner subjektiven Beurteilung nimmt er den Arbeitskampf sowie den Kampf gegen jegliche Art gesellschaftlicher Unterdrückung auf.

10.

Als Gruppensekretär Boie die Herbsttagung 68 verläßt und damit abbricht, hat die Kritik an der Theorie und Praxis der Dortmunder Gruppe ihren Höhepunkt und zugleich auch ihre Verwirklichung gefunden. Nach dem Vorbild der »Hamburger Schule Schreibender Arbeiter« und Josef Büschers Kreis von Arbeiterautoren entsteht eine zunächst lockere Vereinigung von Mitgliedern, Freunden und Kritikern mit dem Ziel, innerhalb der Gruppe 61 einen praxisbezogenen Werkkreis zu bilden. Zu den Befürwortern und Initiatoren gehören die Gruppenmitglieder Günter Wallraff, Erika Runge, Angelika Mechtel, zunächst auch Max von der Grün, weiter Erasmus Schöfer, Peter Schütt, Josef Büscher, Richard Limpert, Lilo Rauner, Peter Kühne, Peter Fischer und die Leiter des Oberhausener »Arbeitskreises für Amateurkunst« Anneliese Althoff und Annemarie Stern. Als erste praktische Anwendung der geleisteten Kritik wird nun ein Reportagewettbewerb angekurbelt, der die Beschreibung des Arbeitsalltags zum Thema hat. Arbeitsplatz, Arbeitskollegen oder Familie sollen in einer *unliterarischen, einfachen Sprache,* aus eigener Erfahrung wirklichkeitsgetreu beschrieben werden. Der Aufruf zum Wettbewerb wird in Gewerkschafts- und Tageszeitungen, in einer Reihe von Zeitschriften und mittels Handzetteln, Flugblättern usw. veröffentlicht. 150 Arbeiten werden eingesandt, Mitarbeiter des Werkkreises treffen eine Vorauswahl von 30 Texten, eine siebenköpfige Jury sucht die

5 ersten und 5 zweiten Preise aus. Folgende Kriterien werden dabei angewendet: 1. Übereinstimmung von Absicht und Aussage, 2. Angemessenheit des sprachlichen Ausdrucks an die Aussage, 3. Gehalt an Informationen aus der Arbeitswelt, 4. Grad des kritischen Bewußtseins des Autors, 5. Gesellschaftskritische Funktion des Textes. (Zur Analyse der eingesandten Texte siehe das Vorwort von Bredthauer, Pachl, Schöfer zum Werkkreis-Buch »Ein Baukran stürzt um«, in dem für den unverantwortlich hohen Preis von 8 Mark eine Auswahl der Wettbewerbsarbeiten zu lesen ist.) Der Reportagewettbewerb wurde 1970 mit dem Thema »Wie ist mein Arbeitsplatz − wie könnte er sein« wiederholt, um weiterhin schreibende Arbeiter und Angestellte für konkrete, ihnen naheliegende Themen zu interessieren, schreib-ungewohnte Werktätige zu ermuntern und ihnen dann die Hilfe von inzwischen 15 örtlichen Werkstätten anzubieten. Aufgrund der beiden Wettbewerbe − und das ist auch ihr eigentlicher Zweck gewesen − haben sich viele Teilnehmer zur regelmäßigen Mitarbeit eingefunden.

Zwischendurch werden von Bernhard Boie in einem Brief an Erasmus Schöfer, den Kölner Schriftsteller und konsequenten Verfechter der Werkkreis-Idee, Einwände gegen die eventuelle Angliederung des Werkkreises an die Gruppe 61 gemacht. Er befürchtet, daß dabei alle Mitarbeiter des Werkkreises automatisch zu Gruppenmitgliedern werden. Er bangt um die Reinhaltung seiner Literaten-Domäne. Doch als auf der nächsten Herbsttagung 69 (im Anschluß an die Lesung der Gruppe und nach dem entschlossenen Auftreten von Erika Runge, Günter Wallraff und Max von der Grün, die das erst durchsetzen müssen) die Autoren des Reportagewettbewerbs ihre Arbeiten lesen, ist selbst die anwesende Presse überrascht. *Die Preisträger . . . übertrafen an Beifall selbst mittlerweile Arrivierte. Nur so war die diesjährige Gruppe 61 in Dortmund interessant.*[39]

Ausgehend von den Diskussionen in der Gruppe 61 und im Werkkreis und fußend auf den Ergebnissen des Reportagewettbewerbs, die die Idee einer Aktivierung von Schreibinteressierten aus der Arbeitswelt als richtig ausgewiesen haben, faßt Erasmus Schöfer die Kritik an der Theorie und Praxis der Dortmunder Gruppe in einem Papier zusammen, das er auf der Herbsttagung 69 vorlegt.

Anregungen zu einer Novellierung einiger Punkte des Programms der Gruppe 61

1. Punkt: *Die Dortmunder Gruppe 61 stellt sich folgende Aufgaben:*
Literarisch-künstlerische Auseinandersetzung mit der industriellen Arbeitswelt der Gegenwart und ihrer sozialen Probleme.
Geistige Auseinandersetzung mit dem technischen Zeitalter.
Verbindung mit der sozialen Dichtung anderer Völker.
Kritische Beschäftigung mit der früheren Arbeiterdichtung und ihrer Geschichte.
Vorschlag: Die Gruppe 61 hat zum Ziel die literarische Auseinandersetzung mit der industriellen Arbeitswelt und ihren sozialen Problemen. Sie ist offen für alle traditionellen und neu entwickelten Formen der

Literatur und ihrer Vermittlung. Literatur ist nicht wertfrei-objektivistisch; sie ist das nicht allgemein und erst recht nicht als Auseinandersetzung mit der Arbeitswelt. Literatur ist kritisch und schöpferisch-positiv auf der Grundlage gesellschaftlicher Wahrheiten und Notwendigkeiten. Also richtet sie sich in der Darstellung des Bestehenden auf seine Veränderung.

Die Wirksamkeit von Literatur wird nicht allein von ihrer formalen Qualität und ihrem Wahrheitsgehalt bestimmt, sondern auch von den Weisen ihrer Verbreitung und Aufnahme. Die sozial beherrschenden Weisen der Verbreitung und Aufnahme von Literatur sind heute profit- und konsumorientiert und lähmen damit ihre Wirkungskraft, d. h. berauben sie eines jener Momente, die sie als gesellschaftsverbindliche Kunst erst konstituieren.

Die Gruppe 61 bemüht sich deshalb um eine ihren literarischen Zielen entsprechende Veränderung der Verbreitungs- und Aufnahmeweisen von Literatur; sie unterstützt alle Initiativen, die theoretisch und praktisch eine Veränderung ihres Profit- und Warencharakters anstreben.

2. Punkt: *Die Dortmunder Gruppe 61 ist in jeder Beziehung unabhängig und nur den selbstgestellten künstlerischen Aufgaben verpflichtet — ohne Rücksicht auf andere Interessengruppen.*

Vorschlag: Die Gruppe 61 ist eine unabhängige Vereinigung, deren Mitglieder nur den selbstgestellten künstlerischen Aufgaben verpflichtet sind. Entsprechend diesen Aufgaben sieht sie als ihren wichtigsten Adressaten die in der industriellen Arbeitswelt Beschäftigten. Deren schöpferisches Potential versucht sie durch theoretische Anleitung und praktisches Beispiel fruchtbar zu machen. Sie wünscht eine sinnvolle Zusammenarbeit mit den Gewerkschaften als den wichtigsten Organisationen der Arbeitenden.

3. Punkt: *Die künstlerischen Arbeiten müssen individuelle Sprache und Gestaltungskraft aufweisen oder entwicklungsfähige Ansätze zu eigener Form erkennen lassen.*

Vorschlag: Literatur im 20. Jh. ist vom Reichtum ihrer Tradition geprägt. Der Spielraum für individuelle Neuerungen von Sprache und Form ist gering. Formale Originalität wird meist nur noch auf Kosten der Mitteilbarkeit erreicht. Um künstlerisch verbindlich zu sein, ist nicht die Originalität, sondern die Wahrheit des literarischen Werkes ausschlaggebend. Die literarischen Arbeiten müssen entsprechend der Thematik der Gruppe eine Angemessenheit von Inhalt und Gestaltung aufweisen oder entwicklungsfähige Ansätze dazu erkennen lassen.

Auf ihrer internen Sitzung vom 10. 1. 70 weigert sich die Gruppe, die vorgeschlagene Renovierung ihres Programms vorzunehmen. Diesem Beschluß stimmen jedoch Günter Wallraff, Erika Runge und Angelika Mechtel nicht zu. Man distanziert sich von der Arbeit des Werkkreises, weil *die von außen her versuchte Aktivierung von Arbeitern, um sie zum Schreiben — insbesondere in literarischer Form — zu bringen, eine Fiktion sei (Protokoll der Gruppentagung).*[40] Im März 1970 wird dann in Köln das Programm des »Werkkreis Literatur der Arbeitswelt« von je zwei Vertretern aus den inzwischen bestehenden 9 örtlichen Werkstätten beschlossen. Sie erklären, daß sich der Werkkreis nicht als Gegengründung zur Gruppe 61 versteht, sondern als deren Ergänzung und Fortführung. Es werden 6 Sprecher für die Werkstätten, zum Werkkreis-Sprecher wird Erasmus Schöfer gewählt. Vergleicht man das Werkkreis-Programm mit den »Anregungen zur Novellierung . . .«, so wird auch hier noch einmal deutlich, was gemeint ist, wenn wir sagen, der Werkkreis hat sich aus der Kritik der Theorie und Praxis der Dortmunder Gruppe 61 heraus entwickelt.

Werkkreis Literatur der Arbeitswelt

P r o g r a m m (beschlossen am 7. 3. 70)

Der *Werkkreis Literatur der Arbeitswelt* ist eine Vereinigung von Arbeitern und Angestellten, die in örtlichen Werkstätten mit Schriftstellern, Journalisten und Wissenschaftlern zusammenarbeiten. Seine Aufgabe ist die Darstellung der Situation abhängig Arbeitender, vornehmlich mit sprachlichen Mitteln. Auf diese Weise versucht der Werkkreis, die menschlichen und materiell-technischen Probleme der Arbeitswelt als gesellschaftliche bewußt zu machen. Er will dazu beitragen, die gesellschaftlichen Verhältnisse im Interesse der Arbeitenden zu verändern. In dieser Zielsetzung verbindet der Werkkreis seine Arbeit mit dem Bestreben aller Gruppen und Kräfte, die für eine demokratische Veränderung der gesellschaftlichen Verhältnisse tätig sind. Der Werkkreis hält eine entsprechende Zusammenarbeit mit den Gewerkschaften, als den größten Organisationen der Arbeitenden, für notwendig.

Die im *Werkkreis Literatur der Arbeitswelt* hergestellten Arbeiten wenden sich vor allem an die Werktätigen, aus deren Bewußtwerden über ihre Klassenlage sie entstehen. Die kritischen und schöpferischen Kräfte der Arbeitenden, deren Entfaltungsmöglichkeiten behindert werden, versucht der Werkkreis durch theoretische Anleitung und praktisches Beispiel wirksam zu unterstützen. Gesellschaftskritische, sozial verbindliche Literatur wird hergestellt, diskutiert und veröffentlicht.

Inhalt dieser Informationen, Dokumentationen, beschreibenden und gestaltenden Arbeiten ist die kritische und schöpferische Auseinandersetzung mit den Arbeits- und Alltagsverhältnissen. Alle erprobten und neuen Formen realistischer Gestaltung werden benutzt.

Der *Werkkreis Literatur der Arbeitswelt* nutzt die vorhandenen Möglichkeiten der Verbreitung gesellschaftskritischer Literatur, vornehmlich die den Arbeitenden zugänglichen Publikationen; er erstrebt eine Änderung der Verbreitungs- und Aufnahmeweisen solcher Literatur im Sinne seiner Ziele; er paßt sich der Vermarktung der Literatur in den Händen und im Interesse Weniger nicht an; er arbeitet an der Beseitigung der Kultur- und Bildungsprivilegien.

11.

Das Werkkreis-Programm ist weder gedacht als konkrete Arbeitsanleitung, noch als formales Rezept für Arbeiterliteratur, noch als Partei-Ersatzstatut. Wir haben es in einer Weise formuliert, die man als allgemein bezeichnen könnte, und zwar mit der Absicht, weite Teile der Arbeitenden in Betrieb und Verwaltung anzusprechen, aber auch bereits politisierte Interessenten zur Mitarbeit anzuregen. Wenn das Programm nun als *zu pluralistisch* oder gar *systemhörig* abgelehnt wird, so geschieht das von denen, die einerseits nicht genug Geduld haben, nach der Entwicklungsgeschichte des Werkkreises zu fragen, andererseits aber vom derzeitigen Bewußtheitsstand der Mehrheit der abhängig Arbeitenden nicht die Bohne wissen. Es gibt nämlich eine Art von Dummheit, die denen anhaftet, welche die Notwendigkeit einer gesellschaftlichen Veränderung aus Büchern und Wandsprüchen ableiten und sich hüten, ihre Papiertigernase einmal für längere Zeit in die Produktionssphäre zu stecken. Ihre pop-revolutionären Ansichten über die Arbeitswelt sind das Resultat eines Mangels an Erfahrungen, Informationen, Gesprächen.

Bürgerlichen Kritikern ist diese Ignoranz wegen der undurchdringlichen Apparatur ihrer Vor-Urteile noch stärker zu eigen. Wenn eine andere Art von Literatur auftaucht, klappern sie die Apparatur ab, bis es irgendwie wo funkt, statt sich erst einmal zu erkundigen, ob diese neue Literatur überhaupt ›Literatur‹ sein will. Auch hier der Mangel an Perspektiven, die über das eingefahrene Begriffssystem hinausgehen — aber auch das ist eine Frage des politischen Bewußtseins; deshalb selbstverschuldete Ignoranz. Der Begriff Literatur als Vor-Urteil, also ›Literatur‹. So erscheint zum Beispiel in der Frankfurter Rundschau vom 1. 9. 70 eine Besprechung der Werkkreis-Nummer der Zeitschrift »Akzente«, in der auch einige Werkkreis-Texte abgedruckt sind. Schon die Überschrift *Dilemma, Dilemmata* weist auf die Schwierigkeit des Verfassers H. L. Arnold hin, *das Schreiben, von dem in dieser literarischen Zeitschrift eine Reihe von Belegen zu finden ist, nicht mit Literatur (zu) verwechseln ...* Mit welcher Art von Literatur? Eine, die *beim Arbeiter — um ihn geht es hier vor allem — bürgerliche Vorbehalte weckt und ihn von der Möglichkeit unbefangenen Schreibens abhält — so sagt man im Werkkreis.* Nicht ganz: wenn da stehen würde, die ›bürgerliche‹ Art Literatur zu machen und zu vertreiben weckt beim Arbeiter ›Vorbehalte‹ und zwar ganz gewaltige, dann könnte das schon eher im Werkkreis gesagt worden sein. Daher: *Schreiben wird nicht mit Literatur identifiziert.* Richtig — nicht mit dieser Art ›Literatur‹, wie sie anschließend vom Gegenteil her definiert wird — nämlich als apolitisches Kunstgebilde: *Und so, wie sie es sagen, hat es ganz den Anschein, als sei ihr Fernziel Literatur als ein Mittel zur Beseitigung sozialer Mißstände, also Literatur ohne Kunst, aber mit politischer Absicht.* Aber so sagen wir's auch nicht, denn Kunst und Politik schließen sich gar nicht aus. Unsere Alternative besteht ja nicht in der Frage, die die gegenwärtige Diskussion unter gesellschaftskritischen Schriftstellern bei uns beherrscht: entweder auf jede Form von Literatur zu verzichten zugunsten direkter politischer Aktionen oder den Rückzug in die einträgliche moderne Kunstidylle zu sichern. Sie besteht eher darin, den Begriff von ›Literatur‹ abzulehnen, der aus dem 19. Jahrhundert stammt, von der Gruppe 47 und 61 bis hin

Wolfgang Röhrer, Horst Kammrad, Harald Schmid

zu H. L. Arnold als Stein der Weisen und auch des Anstoßes behütet. (Letzterer gibt dann auch Max von der Grün mit seiner *Fiktion* froh die Hand). Sie besteht darin, unter der Vielfalt realistischer Schreibweisen auch für den bürgerlichen Kunstverstand begreifbare literarische Formen auszuwählen, falls damit Bewußtsein als Voraussetzung zur Veränderung transportiert werden kann.

Daß Politik durch Kunst durchaus vermittelt werden kann, ist zwar eine alte Karamelle, rutscht aber bei manchen Leuten immer noch nicht runter. Kunst *muß* von der konkreten Politik getrennt bleiben, sonst ist sie entweder keine Kunst mehr, keine ›Literatur‹, oder sie nimmt eben die Politik nicht ernst und nennt's dann politisches Engagement. So vermutet Arnold tatsächlich, daß *die Anreger des Werkkreises im Grunde ihres Herzens eben doch Literaten sind, gewiß, politisch stark engagierte Literaten, aber eben doch welche, ...* und daß das politische Engagement ihnen lediglich als modische Hülle, als Anlaß, als Stoff für ihre ›Literatur‹ dient — möchten wir ergänzen. Er stellt nämlich gleich darauf die entsprechende Frage: *Denn warum kann politische Aufklärung soziales Engagement usw. nur auf dem Wege übers Schreiben — oder: leichter übers Schreiben — wirksam werden?* Das behauptet aber auch nur er und sonst niemand im Werkkreis, eben weil er sich in der Ansicht festgebissen hat, die politische Aufklärung usw. sei nur Vorwand für die Literaten, doch noch ›Literatur‹ zu machen. Aber schlechte, sehr schlechte Literatur — vor allem wenn der Vers, der als einziger Beweis für die so schlechte Werkkreisliteratur funktionieren soll, falsch zitiert wird. Und dann noch einmal die Behauptung: *Man sollte eben nicht so ausschließlich dem Schreiben zubilligen, daß es Bewußtsein schaffe; allenfalls ist es Symptom für vorhandenes Bewußtsein. Da hat Max von der Grün schon recht ...* Nur Arnold nicht; denn es gibt kein einziges authentisches Zitat aus letzter Zeit von noch aktiven Werkkreis-Anregern, das besagt, ausschließlich das Schreiben schaffe Bewußtsein. Aus unserer Sicht ist die abschließende Aufforderung richtig onkelich nett, der Werkkreis solle *so konsequent sein und sich der Literatur nicht nur verbal, sondern ebenso entschieden wie endgültig entledigen.*

12.

Tun wir's also. Als auf der ersten Arbeitstagung der Werkstätten im Werkkreis Ende Juni 1970 in Gelsenkirchen ein Grazer Literaturkonservator bücherstaubig verkündet, der Dichter sei *begnadet,* wird ihm entgegnet: *Wir wollen nicht Literatur als Kunst, sondern Wirklichkeit ... sie führt eher zu Konsequenzen als die Phantasie des Dichters.* Damit ist nichts gegen Kunst schlechthin gesagt, sondern gegen eine Art Literatur, die nur Kunst sein will und sonst nichts, deren Hersteller Kontakt zur Metaphysik pflegen, also *begnadet* sind. Kunst darf sich mit der Wirklichkeit, mit der gesellschaftlichen, materiellen, nicht belasten (siehe Boies Verurteilung von Tatsachenberichten), sie muß Kunst bleiben, auch wenn sich das im Kreise drehend in den Schwanz beißt. Der Dichter bedarf der Wirklichkeit nicht, auch wenn sie ihn in die Dachkammer schickt, wo er, krank im Bette liegend, mit Regenschirm und Salbeitee gegen die Feuchtigkeit von oben und das Rammeln in der Hose kämpfend, seine Verse schmiedet. Er ist ja *begnadet* — das heißt, man hat ihm eingeredet, daß er einmalig ist, ein Genie, ein Original. Und so werden auch seine Werke von der offiziellen Kritik eingestuft: die Forderung nach Originalität ist das Hauptkriterium für eine gesellschaftsfähige Kunst und Literatur. An ihr wird die Qualität gemessen; was ihr nicht entspricht, ist dann halt nicht *künstlerisch,* bzw. nicht Kunst.

Inzwischen ist es auch bei uns kulturelles Allgemeingut geworden, daß der Schriftsteller nicht an Begnadung leidet, sondern ein mitunter überarbeiteter Umsatzsteuer-Zahler ist. Trotzdem bleibt er weiterhin ein Originalitäten-Lieferant in den Augen der bürgerlichen Kritik. Dabei ist diese Forderung grundsätzlich fragwürdig geworden, nachdem Erika Runge mit ihren Protokollen und Günter Wallraff mit den Betriebsreportagen, die Autoren des Reportagewettbewerbs 1969 und 1970 und jetzt nach und nach die Werkstättenleute aufgetreten sind. Aber nicht nur aus diesem Grund ist sie (einigen wenigen) fragwürdig geworden, sondern auch schon vorher denen, die mit ihrer Literatur mindestens dem Anspruch nach aufklärerisch sein wollten. Es hat sich nämlich inzwischen herumgesprochen: die Forderung bzw. das Gebot der Originalität ist eigentlich nichts anderes als das verschleierte Gesetz des Kunst- und Literaturmarktes. Vor allem Neuheiten sind verwertbar, bringen Profit, neben Markenartikeln ›Großer Künstler‹ oder zu Waren verdinglichten Namen. Weiter garantiert dieses Gebot der Originalität die Aufrechterhaltung des Konkurrenzprinzips zwischen den vereinzelten Künstlern und Schriftstellern, wodurch verhindert werden kann, daß sie sich solidarisieren und gemeinsam im Arbeitskampf den Kunst- und Literaturmarkt zum Zusammenkrachen bringen. Oh Schreck! Dann würden sie ja ihre Isolation durchbrechen, den Elfenbeinturm schleifen und zu den Arbeitern überlaufen, weil sie auf einmal erkennen, daß die ja auch einen Arbeitskampf führen, und das schon sehr lange, und warum sollte man nicht zusammen . . . Oh Graus! Gesellschaftliche Veränderungen stehen den Interessen der kapitalistischen Marktordnung naturgemäß zuwider.

Wie dieser ›Ordnung‹ vom Werkkreis im Sinne seines Programms *(er paßt sich der Vermarktung der Literatur in den Händen und im Interesse Weniger nicht an)* zu begegnen ist, deuten wir später an. Nochmal der Krampf mit der Originalität: was hieße deren Anwendung auf eine Literatur der Arbeitswelt — was ja die Gruppe 61 mit ihrem Dogma des *Künstlerisch-Literarischen* getan hatte. Das würde bedeuten, jeden Anfänger und vor allem Leute, die als Amateure zum Schreiben gekommen sind, in den meisten Fällen abzuhalten, abzulenken von der kritischen und schöpferischen Betrachtung und Verarbeitung ihrer Umwelt. Wie wir gesehen haben, erstrebt die bürgerliche Ästhetik, die offizielle Kritik, mit ihrer Forderung nach einer ›eigenen Sprache‹ nichts als die Isolierung des sich äußernden Individiums von seiner Umwelt und der Gattung Mensch. Diese eigene Sprache dient zur Selbstdarstellung, zur geistigen Onanie, zum Vertuschen der individuellen Probleme als Probleme, die jeden betreffen. Sie dient jedenfalls nicht als zwischenmenschliche Kommunikation. Die Umgangssprache dagegen, die Sprache der Bevölkerung, dient weniger zum Monolog als vielmehr, um sich den Mitmenschen verständlich zu machen, sich mitzuteilen. Sie ist eine soziale Tätigkeit. Wie durch den Soziologen Oskar Negt nachgewiesen wird, ist gerade die Umgangssprache der Arbeiter sehr stereotypenreich und in dem Maße konservativ, wie sie sich anhand geläufiger Denkschemata und Standardwendungen vor der Ideologie gutdressierter Konsumenten schützen können. In ihrer Sprache haben sie sich, so Negt, sozialistische und marxistische Vorstellungen bewahrt.[41] Dieser Sprachkonservativismus verhindert oft das Erkennen der heutigen politisch-ökonomischen Zusammenhänge, aber es kommt darauf an (und das ist es ja, was wir in den Werkstätten unter Bewußtmachung und Bewußtwerdung verstehen), den rationalen Kern der Arbeitersprache herauszuarbeiten und in kritisches Bewußtsein umzusetzen. Das kann unter anderem mittels Literaturmachen und Literaturaufnehmen geschehen.

Dazu werden laut Werkkreisprogramm alle erprobten und neuen Formen realistischer Gestaltung benutzt.

13.

Haben wir bis jetzt vor allem Wallraffs Vorstellungen angeführt, die er aus seiner politisch-literarischen Praxis entwickelte, oder Erika Runges Technik des Tonbandprotokolls, so in erster Linie, um sie als Bindeglieder darzustellen, die den Werkkreis geschichtlich mit der Gruppe 61 verknüpfen. Außer diesen beiden, außer Josef Büscher und den Arbeiterautoren gibt es noch andere Einflüsse.

Schon im November 1969 wird auf einem Treffen in Gelsenkirchen, wo auf Einladung des »Arbeitskreises für Amateurkunst« in Oberhausen und der »Naturfreunde-Jugend« schreibende Arbeiter und Arbeiterschriftsteller zusammenkommen, der Begriff Arbeiterliteratur genau umrissen. Die Arbeiterliteratur, wird gesagt, *umfaßt keineswegs nur die Bereiche Agitationstexte und Betriebsreportage, sondern schließt alle literarischen Gestaltungsversuche ein, die das Leben, das Bewußtsein und das Gesellschaftsbild der Arbeiterschaft wiederspiegeln; sie ist, gleich, ob sie von schreibenden Arbeitern oder Berufsschriftstellern verfaßt wird, ein Teil des Emanzipationskampfes der Arbeiterbewegung ... Ihre Literatur lediglich auf die dokumentarische Erfassung der innerbetrieblichen Verhältnisse zu beschränken, sei kurzsichtig.* Als Kriterium wird herausgestellt: *Mehr als der Stoff entscheidet das Bewußtsein und der gesellschaftspolitische Standort des Autors über die Zugehörigkeit zur Arbeiterliteratur.*[42] Die »Hamburger Schule schreibender Arbeiter« haben wir bereits erwähnt (jetzt »Hamburger Werkstatt schreibender Arbeiter«). Sie besteht bereits seit 1968. Neben dem Hafenarbeiter Rainer Hirsch ist der Schriftsteller Peter Schütt an der Gründung beteiligt gewesen. In der Werkstattarbeit wird vor allem das operative

Genre, die Kleinform verwendet, die vielfältig anwendbar, variabel und auf Wirkung bedacht ist. Dazu zählen Glossen, Anekdoten, Kurzgeschichten, Fabeln, aber auch Gedichte und andere leisere und unaufdringlichere Formen, falls sie nicht zu subjektiv geprägt sind. Peter Schütt erklärt hierzu: *... ableiten zu wollen, Wallraffs Verfahren der reinen Dokumentation vorgefundener Daten und Fakten sei das einzige Muster, das in der gegenwärtigen Arbeiterliteratur von Nutzen und Wert ist, geht an den Erfordernissen und Bedürfnissen des lesenden Arbeiters vorbei.* Und weiter unten: *Auch heute besteht keine Veranlassung und keine Berechtigung, der Arbeiterklasse einreden zu wollen, sie solle sich mit den vorliterarischen, nur bedingt künstlerischen Gestaltungsformen wie Dokumentation, Industriereportage oder auch Agitprop begnügen, da alle übrigen Genres ohnehin ›bürgerlich‹, also dem Gebrauch der bürgerlichen Klasse vorbehalten seien.*[43]

Bestehen also Meinungsverschiedenheiten im Werkkreis über die bürgerliche Literatur, steht die Westberliner Werkstatt zum Beispiel im Gegensatz zur Hamburger Werkstatt mit ihrer Ablehnung des bürgerlichen Literaturbetriebs? Eines muß vorher klar sein: eine Literaturform, die von vornherein ›bürgerlich‹ ist, gibt es nicht — wenn ihre Verbreitung anders erfolgt, als über die bei uns vorherrschenden kapitalistischen Publikationswege. Diese anderen Wege sind bis jetzt noch rar. Eine Literatur hat die ihrer Absicht gemäße Veröffentlichungs- und Verbreitungsweise: bei uns ist das eben der Literaturmarkt. Er ist wie jeder Markt in der ›freien Marktwirtschaft‹ kapitalistisch ausgerichtet, das heißt das Gesetz des Mehrwertes bestimmt Veröffentlichung und Verbreitung — die Literatur hat sich dem Gebot von Angebot und Nachfrage, dem Prinzip der Konkurrenz sowie allen anderen Marktmechanismen unterzuordnen. Sie ist zur Ware geworden, und das beeinflußt auch ihre formale Ausprägung sowie die gesamte Ästhetik. Die Marktwirtschaft jedoch ist in Händen der Bourgeoisie, die Literatur in ihrem wirtschaftlichen Interesse manipuliert und verwertet. In diesem Sinne kann man von bürgerlicher Literatur reden. Das für den Kampf um wirkliche Demokratisierung und kompromißlose Humanisierung der Gesellschaft unbrauchbare Moment in der bürgerlichen Literatur ist eben nicht in erster Linie ihre formale Gestaltung, sondern ihre Vermarktung als Absicht, und damit zusammenhängend: ihr Bewußtsein. Nicht nur rein formalistische Literatur transportiert von der Absicht des Literaten her keinerlei Aufklärung, durch das Ausgeliefertsein an die Marktgesetze vermittelt auch gesellschaftskritische Literatur Aufklärung nicht in der massenwirksamen Weise wie es nötig wäre. Der Markt reguliert Aufklärung und Agitation in der Weise, daß sie in Kanälen versanden, die von denen gesteuert werden, denen angewandte Aufklärung und begriffene Agitation gewaltig ins Kontor schlagen würden. Einer der wichtigsten Punkte im Werkkreis-Programm ist die Forderung, der Werkkreis *erstrebt eine Änderung der Verbreitungs- und Aufnahmeweisen solcher Literatur im Sinne seiner Ziele.*

Die Ästhetik im Werkkreis, so unterschiedlich die formalen Vorstellungen auch zu sein scheinen, richtet sich in ihrer Absicht nicht nach den Interessen der Bourgeoisie, sondern *nach den Gegebenheiten des Kampfes* (Peter Schütt). Die Literatur der Arbeitswelt ist ein Werkzeug, eines der zahlreichen Mittel im Arbeitskampf, um einerseits Bewußtwerdung bei den Schreibenden, andererseits Bewußtmachung bei den Lesenden zu erreichen. Zu diesem Werkzeug können durchaus brauchbare Formen aus der Literaturgeschichte zählen, was die traditionelle wie auch die gegenwärtige Arbeiterliteratur beweist. Nur sind wir der Meinung, daß eine aktuell auf Konfliktfälle bezogene, dokumentierende und reportagemäßige Literatur als Werkzeug leichter zu handhaben ist. Jeder kann es ohne längere stilistische Übung anwenden, falls er über die notwendige Beobachtungsgabe, Kontaktmöglichkeiten und vor allem über eine gewisse Portion Mut verfügt. Zwar leichter, aber um so unbequemer ist es auf jeden Fall, sich mit dem Tonbandgerät oder Notizblock in die Konfliktsituation zu begeben, sich einzuschalten und sie zu beeinflussen, in dem man mit dem Beschreiben der Situation die Öffentlichkeit der Situation herstellt. Nicht nur im unmittelbaren Arbeitskampf ist dieses Werkzeug anwendbar, auch im gesellschaftlichen Bereich kann es benutzt werden. Zum Beispiel hat sich eine Kreuzberger Basisgruppe für ihre Stadtteil-Arbeit der Methode von Erika Runge bedient und geht mit Tonbandgeräten von Wohnung zu Wohnung, um die Bedürfnisse der Kreuzberger Einwohner herauszufinden. Haben sie vorher ihre Strategie-Papiere verhältnismäßig abstrakt ausgearbeitet, benutzen sie jetzt die so gewonnenen Ergebnisse, um auf dieser Grundlage ihre Stadtteil-Arbeit wirksamer zu machen.

Ein anderes Beispiel. Die Kölner Werkstatt hat ihre ersten Schwierigkeiten mit schreibungewohnten Mitarbeitern überwinden können, indem sie ebenfalls mit einem Tonbandgerät arbeitete. In ihrem Arbeitsbericht aus dem Info-Dienst des Werkkreises schildert sie ihre Methode, deren Ergebnis als Text in »Akzente« 4/70 erschienen ist: *Im Mittelpunkt der Zusammenkunft stand ein Text aus der Kölner Kabelfabrik Felten & Guilleaume über die Arbeitsbedingungen im Akkord, wie H. Mahlberg sie erfahren hatte. In Zusammenarbeit mit J. Lohberg war dieser Bericht zu Papier gebracht worden. H. Mahlberg hatte im Gespräch recht anschaulich von seiner Arbeit in der Fabrik erzählt. Die Anregung: Schreib das doch mal auf! war leicht zu geben, aber schwierig zu erfüllen, wie sich herausstellte. So wiederholte man das Gespräch vor dem Mikrophon und wertete danach das Band aus. Bei der Besprechung dieses Textes interessierte über das Inhaltliche hinaus die sich gleich auf Anhieb bewährende Arbeitsmöglichkeit, durch Tonbandaufzeichnungen die Barriere der Ausdrucksschwierigkeit bei schreibungeübten Arbeitern zu überwinden.* Doch sollen die Berichte der Hinzukommenden oder die am Arbeitsplatz oder auf der Straße aufgenommenen Tonbänder nicht einfach protokollarisch wiedergegeben werden, hier setzt die Arbeit in der Werkstatt ein. Auf der einen Seite können Fehler grammatischer oder syntaktischer Art hinsichtlich ihrer Wirkung stören und von der Aussage ablenken, auf der anderen Seite aber muß in die Arbeit einfließen, daß Sprechfehler und Mängel der Rechtschreibung zurückzuführen sind auf die Fehler und Mängel dieser Gesellschaft.

14.

Um die in dieser oder jener Form hergestellten, sozial und lokal bezogenen Texte wirksam anzuwenden, müssen die Schreibenden in und mit den Werkstätten und in Zusammenarbeit mit anderen Gruppen eine ›Basisöffentlichkeit‹ suchen oder erst einmal herstellen. In der ersten Zeit der Werkstattarbeit kann diese Praxis von den größtenteils im Schreiben ungeübten Mitarbeitern, schwer belastet durch ihren Beruf, nicht in der notwendigen Weise geleistet werden. Deshalb werden zur Zeit auch die vorhandenen Veröffentlichungsmöglichkeiten mittels eines werkkreiseigenen Presse- und Textdienstes ausgenutzt, ohne daß jedoch den Werkstätten die Aufgabe abgenommen wird, für konkret bezogene Texte lokale Öffentlichkeit herzustellen und Aktionen auszulösen. Auch die Ergebnisse der beiden Reportagewettbewerbe von 1969 und 1970 erscheinen in profitorientierten Verlagen.

Also doch: der Literaturmarkt ist doch der Vater unser, tönt es erleichtert aus den Feuilletonseiten (z. B. in der »Zeit« vom 10. 4. 70), ›auch ihr kommt ja gar nicht ohne ihn aus‹. Denn die herrschende Kritik ist bekanntlich die Kritik der Herrschenden. Nur: die Tatsache, daß, solange der Werkkreis keinen eigenen Verlag hat, die bereits vorhandenen Publikationsmittel benutzt werden, macht unsere Texte auch nicht unwirksamer oder schlechter. Wir wissen zwar und sind uns klar darüber, daß die Bewußtseinsindustrie auch Stoffe aus der Arbeitswelt leicht und schnell verdaut, und wenn Wallraff formuliert: *Auf Mini folgt Maxi, auf abstrakt pop, auf absurd realistisch. Die Formen erneuern sich ständig und kaschieren, daß die Inhalte, die Zustände beim alten belassen werden,*[44] so wird deutlich, was der Markt nicht schlucken kann: die anderen Inhalte, die auf Veränderung der gesellschaftlichen Zustände zielende Absicht. Zu dieser Veränderung zählt eben die Verbreitung und Aufnahme von Kunst außerhalb des Marktes. Dazu gehört, daß sie nicht zur Ware wird, indem von den einzelnen und in den Werkstätten mit den einzelnen Kunst praktiziert wird mit allen daraus folgenden Konsequenzen einer Demokratisierung von Kunst und Literatur. Erst außerhalb des Marktes wird die Literatur zum Vermögen aller, deren Bedürfnis es ist, schöpferisch tätig zu sein. Um dies nicht nur für die Literatur anzustreben, wird in West-Berlin gerade ein Atelier Bildende Kunst der Arbeitswelt aufgebaut; ein Grafikkreis in Wuppertal arbeitet eng mit dem Werkkreis zusammen, ebenso Filmgruppen und Straßentheater in verschiedenen Städten.

Die Möglichkeit, dem Literaturmarkt nicht ausgeliefert zu sein, ist deshalb vorhanden, weil der Werkkreis und die Werkstätten zwei günstige Ausgangspositionen haben. Erstens hat, wie wir schon sagten, die Literatur für uns den Charakter eines Werkzeuges, das durch seinen hauptsächlichen Anwendungsbereich im Arbeitskampf die geeigneten

Verbreitungswege sich selbst schafft anhand selbsthergestellter Veröffentlichungen der unterschiedlichsten Art. Sollte dieses Werkzeug zum Bewußtwerden und -machen irgendwie einmal versagen, so kann seine Funktion ersetzt werden durch Gespräche, Diskussionen und Agitation am Arbeitsplatz und auf der Straße. Unbrauchbar wird die Literatur für uns, sobald sie sich verselbständigt hat, das heißt: von den Bedürfnissen der arbeitenden Mehrheit abstrahiert und die Absicht der gesellschaftlichen Veränderung vergißt, also Nur-Literatur geworden ist, und wenn der Markt sie totgemacht hat. Zweitens sind wir, mit Ausnahme der in den Werkstätten mitarbeitenden Schriftsteller und Wissenschaftler, beruflich und deshalb finanziell vom Schreiben, das heißt von seiner Verwertung auf dem Markt unabhängig. *Das Selbstverständnis,* steht im Vorwort zum ersten Werkkreisband, *kein Schriftsteller zu sein, ermöglicht eine weitgehende Befreiung von den Erwartungen, die die Literatur, will sie »anerkannt« sein, zu befriedigen hat, und die der Schreibende erfüllen will, wenn er sich als Schriftsteller fühlt.*[45]

15.

Seiner Struktur nach ist der Werkkreis am besten als Selbsthilfe-Organisation zu charakterisieren. Ein auf der Mannheimer Werkkreistagung im November 1970 gewählter Sprecherrat hat den Auftrag, überregionale und sonstige den gesamten Werkkreis betreffende Aufgaben zu übernehmen, einen Werkkreissprecher gibt es auch. Der Info-Dienst sorgt für Kontakt zwischen den einzelnen, im großen und ganzen selbständig arbeitenden Werkstätten. Satzung hamwa noch nich, kommt aber noch, und dann sind wir'n Verein (und Sie können steuerlich begünstigt spenden). Selbsthilfe-Organisation, wer hilft wem: Wir müssen von einem gesellschaftlichen Sachverhalt ausgehen: Auf der einen Seite gibt es unter den Werktätigen eine große Zahl von Schreibenden oder Schreibfähigen, deren schöpferische Fähigkeit und kritische Phantasie wegen ihrer benachteiligten sozialen Lage und der entfremdeten beruflichen Tätigkeit zu verkümmern drohen. Auf der anderen Seite fristen die im Schreibhandwerk geübten und mit Wissen versehenen Journalisten, Schriftsteller und Wissenschaftler ihr Dasein im Goldenen Käfig ihrer politischen Wirkungslosigkeit. Diese beiden klassengeprägten Gruppen sind in den Werkstätten darauf angewiesen, die traditionellen Verständnisschwierigkeiten zu überwinden, die durch künstlich aufrechterhaltene Bildungsschranken, Vorurteile und Voreingenommenheiten entstehen. Die durch eine böswillige Bildungspolitik verursachte Unfähigkeit bei Arbeitern und Angestellten, größere politisch-ökonomische Zusammenhänge zu erkennen, kann mittels einer konkreten Werkstattarbeit ebenso aufgehoben werden wie die chronische Ignoranz, die selbstverschuldete Dummheit der Intellektuellen hinsichtlich der Verhältnisse am Arbeitsplatz. Die ›Herausbildung von Solidarität zwischen Arbeitern und Intellektuellen‹ ist von entscheidender Bedeutung für eine Humanisierung der Gesellschaft durch veränderte ökonomische Verhältnisse — der Haß auf Intellektuelle einerseits, die Arroganz des Mehrwissens andererseits und die daraus sich ergebende Ohnmacht sind für die Herrschenden tausendmal mehr wert als Panzerschränke, Betriebsverfassungs-Gesetz, Stacheldraht, Polizeiwaffen, Klassenjustiz und Notstandsgesetze. Dieser Haß und diese Arroganz sind nichts als künstliche Schranken gegen die Verwirklichung der Demokratie. Daß Solidarität zwischen Arbeitern und Intellektuellen möglich und entscheidend ist, kann in den Werkstätten bewiesen werden.

Einer der Gründe, warum die Gruppe 61 in ihrem anfänglichen politischen Ansatz gescheitert ist, hat das Versagen dieser Solidarisierung als Ursache, und das ist letzten Endes die Konsequenz — der Kreis schließt sich nun für unsere Kritik — eben ihres Dogmas der *literarisch-künstlerischen Auseinandersetzung*. Die Kritik an diesem Dogma hat neben der wichtigen Frage: welche Bedingungen eine Literatur der Arbeitswelt berücksichtigen muß, will sie den arbeitenden Menschen erreichen und seinen Interessen dienen, vor allem die praktische Schlußfolgerung für uns gehabt: Eine politisch-literarische Auseinandersetzung mit der Arbeitswelt kann nicht pseudo-objektiv und schönrednerisch über den Parteien stehen, sondern sie muß sich auf die Seite der geistig, körperlich und seelisch Ausgebeuteten stellen, ›Partei ergreifen‹ für die Demokratisierung und Humanisierung dieser unmündig gehaltenen Gesellschaft. Das Konzept der *Offenheit* hatte als Ideologie für die Gruppe die objektive Funktion, durch Ablehnen von Parteilichkeit Solidarität zwischen Arbeiter und Intelligenz zu vermeiden. Damit hat sie ihre historische Aufgabe vollkommen verfehlt. Die Dortmunder Gruppe 61 ist ungeschichtlich geworden, hat keinen gesellschaftlichen Stellenwert mehr, ist darum eine Leiche.

So brachte ihre Ideologie der Ideologiefeindlichkeit sie auch in Gegenposition zu den Gewerkschaften. Unfähig, die politische Bedeutung der Gewerkschaft zu verstehen, muß die Gruppe sie ablehnen, um nicht Partei zu ergreifen. Die Gewerkschaft ist die größte Organisation aller im Betrieb Arbeitenden, für den Außenstehenden ist nur die Spitze des Eisberges zu sehen, und das sind die Funktionäre. Mag sie für diejenigen, die nicht am Arbeitskampf teilnehmen als Organisation einer Organisation von Bürokraten erscheinen — der unsichtbare, aber viel größere Teil des Eisberges sind die Mitglieder. In den Werkstätten sind die meisten Kollegen Gewerkschafter. Wenn die Basis lernt, sich zu äußern, zu formulieren, zu erkennen, gerät der Eisberg in Bewegung und die Spitze ins Schwitzen. Der Kampf um Mitbestimmung ist ja nun wirklich kein Fußballmatch, dem man aus sicherer Bildschirm-Entfernung zusehen kann . . . vieles wird manchen dabei bewußt oder kann bewußt gemacht werden.

16.

Von Anfang an ist in der Westberliner Werkstatt über die politische Perspektive des Werkkreises heftig diskutiert worden. Hinzukommende, die in ihren Texten rein literarische Kunstwerke sahen (hinter einem politikfeindlichen Text, merkten wir, steht oft eine vielleicht unbewußte politische Absicht), blieben dann auch bald wieder weg. Den großen Fehler der Gruppe 61: den Arbeiter nicht zu Wort kommen zu lassen, vor Augen, haben wir uns gesagt: die Gruppe 61 verfolgte eine politische Linie, die den abhängig Arbeitenden die Fähigkeit absprechen wollte, sich selbst zu äußern, eigenständig zu denken und zu einem kritischen Bewußtsein über ihre elende Situation zu kommen. Zum Teil aus ehemaligen Arbeitern und Angestellten bestehend, wollte sie sich zum Sprachrohr des Themas Arbeit, aber nicht zum Vertreter ihrer ehemaligen Arbeitskollegen machen. Sie erreichte durch ihre Vermarktung, daß sie nur noch als Schallplatte im Apparat der Herrschaft die Partnerschaftsphrase von der bewußtlosen, dummen, bewegungsunfähigen Masse lautsprechern durfte. Unsere Diskussion fing an beim ursprünglichen Dortmunder Ansatz: die Arbeitenden kommen zu Wort, die Öffentlichkeit der arbeitenden Mehrheit ist vorrangiger Adressat.

Fassen wir die vorläufigen Ergebnisse dieser Diskussion verkürzt zusammen:

1) Grundlegende Voraussetzung für den Aufbau einer Werkstatt und das Funktionieren des Werkkreises ist die Solidarität zwischen Arbeitern und Intellektuellen. Das heißt: Abbau künstlicher Schranken in Gestalt von Vorurteilen und Voreingenommenheit, Ressentiments und Arroganz. Aufheben der Sprachbarrieren einerseits und der Ignoranz über die Arbeitswelt andererseits. Indem wir voneinander lernen: unserer Situation am Arbeitsplatz durch Schreiben bewußt werden, während die theoretisch Ausgebildeten ihr Wissen praktisch anwenden und durch Praxis korrigieren können.

2) *Das Grundgesetz ist beim Pförtner abzugeben* — bei der Arbeitswelt handelt es sich um nichtöffentliche Räume, Gefängnisse, in denen oft nicht einmal die einfachsten Menschenrechte gelten. Betriebe und Institutionen müssen durch die Öffentlichkeit kontrollierbar sein, sie müssen zur Öffentlichkeit selbst gemacht werden, indem die Werkstätten einen Informationsfluß von innen nach außen (Berichte über Unterdrückungs- und Ausbeutungsmaßnahmen) und von außen nach innen (Aufklärung über die Möglichkeit des Arbeitskampfes) herzustellen versuchen. Die Demokratisierung der Wirtschaft, unser Kampf um Mit- und Selbstbestimmung können nur Erfolg haben, wenn ein Zusammenhang hergestellt wird mit dem Kampf in allen Gesellschaftsbereichen um Demokratisierung der Schulen, Universitäten, staatlichen Machtinstanzen, Publikationsmittel. Diesen Zusammenhang sichtbar machen und praktisch herstellen — daran arbeitet der Werkkreis.

3) Schreiben ist ein Werkzeug für die in und mit den Werkstätten arbeitenden Kollegen, Gewerkschafter, Parteimitglieder und Leute aus Basisorganisationen: Mittel zum Bewußtwerden und Bewußtmachen. Zu meinen, das Werkzeug sei bereits das Ergebnis (Arbeitskampf) selbst und könne politische Arbeit ersetzen, ist Unsinn. Es ist politisches Werkzeug dann, wenn es den Betroffenen dazu dient, sich Klarheit über die eigene und die Lage der anderen zu verschaffen; wenn es ihnen dabei hilft,

Vorstellungen zu entwickeln, die diese Lage verändern. Politische Aktion ist durch nichts zu ersetzen.

4) Demnach ist der Werkkreis kein Partei-Ersatz — sein Programm drückt dies deutlich genug aus. Um in der oben beschriebenen Perspektive schöpferisch zu arbeiten, *wird der Werkkreis sich nicht als eine politisch-literarische Kaderorganisation verstehen können, sondern als eine breitangelegte demokratische Bewegung mit zweifellos sozialistischen Zielen* (Schöfer auf der Mannheimer Tagung im Einleitungsreferat).

17.

Wir kommen zum Schluß. Dieser Bericht hat schließlich nur einen Zweck (außer jenem die Öffentlichkeit über die Entwicklung des Werkkreises zu informieren): die fortschrittlichen Leute aus der Gruppe 61 zur Mitarbeit in den örtlichen Werkstätten aufzufordern. Kommt zu den Arbeitssitzungen und Aktionen, Ihr werdet gebraucht! Nicht um Euer Talent bestaunen zu lassen, sondern es den anderen zur Verfügung zu stellen, die nach einem Tag entfremdeter Arbeit keine Zeit und Kraft mehr haben, ihre kritischen und schöpferischen Anlagen allein zu entwickeln. Als Gegenleistung erzählen Euch die arbeitenden Kollegen einiges, daß Euch Hören und Sehen aufgeht.

Anfangs führten wir Ho Chi Minhs Satz als Beispiel (nicht als weit abliegendes Vorbild) an, weil wir bei der Werkstattarbeit gemerkt haben, daß unsere Probleme nicht gelöst werden können ohne zum Beispiel Vietnam mit einzubeziehen. Was wir dabei unter anderem gesehen haben: Nur die Solidarität der ganzen Bevölkerung und die maximale Ausschöpfung der produktiven Phantasie macht es möglich, daß das vietnamesische Volk der gigantischen materiellen Überlegenheit des US-Imperialismus so erfolgreich Widerstand leisten und seinen Befreiungskampf weiterführen kann.

---

* Die Überschrift dieses Berichtes stammt aus einem Gedicht von Günter Hinz: »Warum ich schreibe! (die schreibende Fiktion)«.

Anmerkungen:

1 Gabriele Sprigath: »Unsere Lieder sollen die Explosionen der Bomben übertönen«. In »Elan«, Januar/Februar 1970, S. 59. **2** Annemarie Stern: »Dekorationen aus Flugzeugwracks und Fallschirmseide«. In »Deutsche Volkskunst« Nr. 86/87 1970, S. 9. **3** Walter Jens, siehe Anmerkung [12]). **4** Heinz Ludwig Arnold: »Die Gruppe 61. Geschichte und Ziel«. Sendung im Süddeutschen Rundfunk vom 29. 5. 70 Teil I und 5. 6. 70 Teil II, S. 6/I. **5** Peter Kühne/Erasmus Schöfer: »Schreiben für die Arbeitswelt«. In »Akzente« 4/70, S. 322. **6** s. o., S. 321. **7** H. L. Arnold: Sendung im SDR, S. 11/I. **8** s. o., S. 4/II. **9** Erasmus Schöfer: Referat auf der Mannheimer Tagung November 1970, abgedruckt im Info-Dienst 5 des Werkkreis Literatur der Arbeitswelt. **10** »Akzente« 4/70, S. 329. **11** s. o., S. 329. **12** Walter Jens, in »Die Kultur«, 17. Jg. 1960, Nr. 155, S. 5. **13** H. L. Arnold: Sendung im SDR, S. 12/II. **14** »Akzente« 4/70, S. 330. **15** Helmuth Lethen/Helga Gallas: »Arbeiterdichtung — Proletarische Literatur. Eine historische Skizze«, in »alternative«, Nr. 51, Dezember 1966, S. 158. **16** »Akzente« 4/70, S. 328. **17** Karl D. Bredthauer, Heinrich Pachl, Erasmus Schöfer: Einleitung in den Werkkreis-Band »Ein Baukran stürzt um. Berichte aus der Arbeitswelt«, München 1970, S. 12 **18** »Akzente« 4/70, S. 329. **19** H. L. Arnold: Sendung im SDR, S. 2/II. **20** s. o., S. 9/I. **21** »Ein Baukran stürzt um«, S. 10. **22** H. L. Arnold: Sendung SDR, S. 22/II. **23** Friedhelm Baukloh: »Wir brauchen schreibende Arbeiter. Eine Antwort an Max von der Grün«. In »Neue Volkskunst« Nr. 88/89 1970 (neue Bezeichnung für »Deutsche Volkskunst«), S. 6. **24** »Neue Volkskunst«, S. 6, 88/89 1970. **25** H. L. Arnold: Sendung SDR, S. 5/II. **26** »Der Werkkreis Literatur der Arbeitswelt in der Öffentlichkeit«. Erste Dokumentation, Februar 1970. **27** Info-Dienst des Werkkreises 2. Juli 70. **28** H. L. Arnold: Sendung SDR, S. 25/I. **29** s. o., S. 2/II. **30** s. o., S. 11/I. **31** s. o., S. 25/I. **32** Josef Büscher: »Das Wagnis der Veränderung«. In »Neue Volkskunst« 88/89 1970, S. 9. **33** »Aus der Welt der Arbeit, Almanach der Gruppe 61 und ihrer Gäste.« Herausgegeben von Fritz Hüser und Max von der Grün in Zusammenarbeit mit Wolfgang Promies. Neuwied und Berlin, 1966, S. 387. **34** H. L. Arnold: Sendung SDR, S. 3/II. **35** TV-Sendung Aspekte (ZDF) am 20. 1. 70, abgedruckt in »Deutsche Volkskunst« Nr. 86/87, S. 8. **36** Emil Scharnowski: »Von Mentoren und schreibenden Maulwürfen«. In »Neue Volkskunst« 88/89 1970, S. 4. **37** TV-Sendung Aspekte, siehe 35. **38** H. L. Arnold: Sendung SDR, S. 19/I. **39** Nürnberger Nachrichten vom 10. 11. 69 (D. Kuhn) und Gewerkschaftspost Nr. 12 Dezember 1969 (H. D. Baroth). **40** Erste Dokumentation des Werkkreises, Februar 70. **41** Oskar Negt: »Soziologische Phantasie und exemplarisches Lernen«. Frankfurt/Main 1968. **42** Bericht über das Werkstattgespräch in Gelsenkirchen in »Deutsche Volkskunst« 86/87, S. 4. **43** Peter Schütt: »Neue Wege gesucht. Werkkreis für Arbeiterliteratur tagte«. In »Neue Volkskunst« 88/89 1970, S. 9. **44** »Akzente« 4/70, S. 312. **45** »Ein Baukran stürzt um«, S. 17.

Anhang

Gruppe 61

Eine Auswahlbibliographie der Sekundärliteratur.

Zusammengestellt von Gabriele von Friderici und Margret Wallrabe

Die vorliegende Literaturzusammenstellung wurde auf der Grundlage bereits vorhandener Auswahlbibliographien erarbeitet und um Aufsätze und Einzelschriften aus den letzten Jahren ergänzt. Arbeitshilfen boten die Bibliographie aus dem Almanach der Gruppe »Aus der Welt der Arbeit« (Luchterhand 1966), der erweiterte Nachdruck dieser Bibliographie aus dem Jahre 1967 und der Stockholmer Katalog, der anläßlich des Schwedenbesuches der Gruppe im Frühjahr 1970 erschien. Außerdem wurde das Material der Zeitungsausschnittssammlung in der Dortmunder Stadtbücherei ausgewertet.

Die Gliederung der Bibliographie wurde vom Almanach übernommen. Anspruch auf Vollständigkeit der Sekundärliteratur kann und will die Bibliographie nicht erheben.

I. Bibliographien und bibliographische Zusammenstellungen

Arbeit und Arbeiter in der Gegenwart. Erlebnisberichte und soziologische Untersuchungen. Eine Literaturauswahl. 3. erg. Ausgabe. Dortmund: Stadtbücherei 1968. 4 Seiten. (Aktuelle Bücherlisten, Reihe C, Nr. 37.)

Arbeit — Mensch — Technik in der Literatur des 20. Jahrhunderts. Eine Literaturauswahl von 1904—1969. 2. erg. Ausgabe. Dortmund: Stadtbücherei 1969. 1 Blatt. (Aktuelle Bücherlisten, Reihe C, Nr. 38.)

Dortmunder Gruppe 61. Aufgaben, Themen, Bücher, Kritik. 1967/68. Dortmund 1968. 12 gez. Seiten. (Mit Nachweis neuerer Literatur.)

Hüser, Fritz: *Bibliographie in Auswahl.* In: Aus der Welt der Arbeit. Almanach der Gruppe 61 und ihrer Gäste. Hrsg. von Fritz Hüser u. Max von der Grün. Neuwied, Berlin: Luchterhand 1966. S. 363—370.

Das Ruhrgebiet in Bild, Bericht und Literatur. Eine Auswahl zusammengestellt von Fritz Hüser. In: Erlebtes Land — unser Revier. Hrsg. von Fritz Hüser und Ferdinand Oppenberg. Duisburg: Mercator 1966. S. 60—68.

Schwarzenau, Dieter: *Bibliographie* der Dortmunder Gruppe 61. In: Res nostra. Studentenzeitung an der Universität Kiel. Juli 1965, H. 9, S. 14

Soziale Literatur — Arbeiterdichtung — Neue Industriedichtung. Aufsätze, Anthologien, Beiträge, Bibliographien, Dissertationen, Examens- und Semesterarbeiten, die im Archiv für Arbeiterdichtung und Soziale Literatur, Dortmund, entstanden oder aufgrund der vorhandenen Briefe, Bücher, Dokumente und anderer Unterlagen von 1952 bzw. 1958 bis 1968 erarbeitet werden konnten oder zur Zeit noch bearbeitet werden. Zusammengestellt zum 4. Okt. 1968 von Hedwig Bieber. Dortmund: Stadtbücherei 1968. 10 Seiten. (Aktuelle Bücherlisten, Reihe C, Nr. 39)

Stockholmer Katalog der Dortmunder Gruppe 61. Zusammengestellt u. hrsg. von Egon E. Dahinten. Stockholm: Författarcentrum, Deutsches Kulturinstitut o. J. 179 Seiten. (Auswahl der Veröffentlichungen zur Arbeiterdichtung und Gruppe 61. S. 173—179.)

II. Zur Arbeiterdichtung nach 1945

Andersch, Alfred: *Die moderne Literatur und die Arbeitswelt.* In: Frankfurter Allgemeine Zeitung. Nr. 168, 24. 7. 1959

Baukloh, Friedhelm: *Starb die Arbei-*

terdichtung? *Das Dortmunder Archiv gibt Antworten auf diese Frage.* In: Ruhrnachrichten. Nr. 191, 18. 8. 1960.

Baukloh, Friedhelm: *Hat die Arbeiterdichtung noch eine Chance?* In: Deutsche Zeitung. Nr. 189, 17. 8. 1961.

Beckmann, Heinz: *Der ausgebeutete Lehrling. Warum Protokolle aus der Arbeitswelt keine Literatur sind.* In: Rheinischer Merkur. Nr. 44, 30. 10. 1970. S. 17—18

Benfer, Heinrich: *Die Arbeiterdichtung.* In: Buch und Bild in Erziehung und Unterricht. Bochum 1950. S. 67—73

Bläser, Rolf: *Bei einem Ende und vor einem Anfang. Paul Zech und die neue Arbeiterdichtung des Ruhrreviers.* 1964. 44 Blätter. (Manuskript, ungedruckt und unveröffentlicht)

Blech, Hermann: *Deutsche Arbeiterdichter.* Kevelaer 1950. 31 S. (Berkers kleine Volksbibliothek 31)

Born, Nicolas: *Industrie und Autor. Das Ruhrgebiet ist noch immer für die Literatur ein unentdecktes Land.* In: Berliner Morgenpost. 17./18. 6 1965

Brüdigam, Eva: *Arbeiterliteratur heute.* In: Blinkfüer. Nr. 12, 31. 3. 1968. S. 10

Ebel, Walter: *Arbeiterdichtung am Ende?* In: Ruhrnachrichten. Nr. 6, 7./8. 1956

Fehse, Willi: *Gibt es eine Arbeiterdichtung?* In: Neue literarische Welt. 3. Jg. 1952. Nr. 3, S. 15; dass. in: Der Standpunkt (Meran). 13. 2. 1953; dass. in: Pädagogische Blätter. 6. Jg. 1955. S. 84—86; dass. in: Liebeserklärung an Europa. Frankfurt a. M. 1969. S. 138 bis 149

Friedell, Folke: *Neue Ziele der Arbeiterdichtung.* In: Die freie Gesellschaft. 1. Jg. 1949. Heft 1. S. 23—25

Friedrich, Max: *Aufstieg und Untergang der deutschen Arbeiterdichtung.* In: Vorwärts. 5. 10. 1956

Gerber, Erich: *Probleme der Arbeiterdichtung.* In: Die Zukunft. Wien. 1. Jg. 1946. Nr. 4. S. 23—25

Grisar, Erich: *Die große Zeit der Arbeiterdichtung.* In: Bergbauindustrie. Nr. 42, 21. 10. 1950

Grisar, Erich: *Was ist geblieben? Zur Frage der deutschen Arbeiterdichtung.* In: Neuer Vorwärts. 6. 11. 1953

Grün, Max von der: *Die Arbeiterdichtung — Dichtung ohne falsches Pathos.* In: Ost- und mitteldeutscher Heimatbote. 10. Jg. 1962. Nr. 1. S. 3—7

Grün, Max von der: *Dichtung ist Antwortgeben. Wahrheit und Schönheit in unserer Arbeiterdichtung.* In: Bergbau und Wirtschaft. 13. Jg. 1960. S. 632—634

Grün, Max von der: *Verbrannt oder verschwiegen. Die Arbeiterdichtung kapitulierte nicht vor dem Nationalsozialismus.* In: Welt der Arbeit. Nr. 43. 27. 10. 1961

Hüser, Fritz: *Arbeiterdichtung als Weckruf im 100jährigen Kampf der Arbeiterbewegung.* In: Ost- und mitteldeutscher Heimatbote. 11. Jg. 1963. Nr. 5. S. 18—19

Jens, Walter: *Antwort auf eine Umfrage der Zeitschrift »Die Kultur« nach dem »Gesicht der deutschen Literatur in der Gegenwart«.* In: Die Kultur. 17. Jg. 1960. Nr. 155. S. 5

Jens, Walter: *Deutsche Literatur der Gegenwart.* S. 36—41. München: Piper 1961. 156 S.

Jens, Walter: *Der Schriftsteller und die Totalität.* Rede zur Eröffnung der Frankfurter Buchmesse 1961. In: Börsenblatt für den Deutschen Buchhandel. 17. Jg. 1961. Nr. 86. S. 1863 ff.

Klein, Johannes: *Arbeiterdichtung.* In: Archiv für Sozialgeschichte. 3. Band 1963. S. 265—289

Klemm, Wolfgang: *Die Darstellung von Mensch und Arbeit in unserer Gegenwartsliteratur.* In: Wissenschaftliche Zeitschrift der Humboldt-Universität zu Berlin. Gesellschafts- und sprachwissenschaftliche Reihe. 13. Jg. 1964. S. 264—271

Koenig, Otto: *Von Arbeiterdichtung zur sozialistischen Dichtung. Ein historischer Weg nachgedeutet.* In: Die Zukunft. Wien. 1. Jg. 1946. Nr. 6. S. 25 bis 27

Köpping, Walter: *Die Frage nach der Würde des Menschen. Unsere Arbeiterdichtung hält kritischen Prüfungen* und *Vergleichen stand.* In: Bergbau und Wirtschaft. 13. Jg. 1960. S. 573 bis 576

Kohlich, Herbert: *Arbeiterdichtung. Probleme und Verpflichtung.* In: Die Zukunft, Wien. 1. Jg. 1946. Nr. 2. S. 23–25

Kosters, Heinz: *Arbeit, Arbeiter und Arbeitswelt in der Dichtung.* In: Kolping-Blatt. 70. Jg. 1970. Nr. 7/8. S. 13

Kosters, Heinz: *Die Arbeiterdichter fanden ihre eigenen Wege. Eine Betrachtung über Sprache und Form der Arbeiterdichtung.* In: Bergbau und Wirtschaft. 14. Jg. 1961. S. 45–48

Kühne, Peter und Erasmus Schöfer: *Schreiben für die Arbeitswelt.* In: Akzente. 17. Jg. 1970. Heft 4. S. 318–343

Kürbisch, Friedrich G.: *Anklage und Botschaft. Die lyrische Aussage der Arbeiter seit 1900.* Hrsg. und eingeleitet von Friedrich G. Kürbisch. Hannover: Dietz 1969. XX, 391 S.

Lüschen, Günther: *Dichtung der Arbeiter im 20. Jahrhundert – soziologisch betrachtet.* Bonn 1960. 90 gez. Blätter

Martini, Fritz: *Arbeiterdichtung.* In: Reallexikon der deutschen Literaturgeschichte. Hrsg. von Werner Kohlschmidt und Wolfgang Mohr. 2. Aufl. Berlin: de Gruyter 1958. Bd. 1. S. 97 bis 99

Nossack, Hans Erich: *Strickwaren für Neger – ist unsere Literatur arbeiterfremd?* In: Merkur, 16. Jg. 1960. Heft 10. S. 993–996

Nyssen, Joseph: *Die Arbeitswelt bleibt unbewältigt. Über Literatur des Ruhrgebiets.* In: Der Jungbuchhandel. 17. Jg. 1963. S. 422–428

Oppenberg, Ferdinand: *Das Ruhrgebiet in Literatur und Dichtung.* In: Erlebtes Land – unser Revier. Hrsg. von Fritz Hüser und Ferdinand Oppenberg. Duisburg: Mercator 1966. S. 60 bis 68

Oschilewski, Walter G.: *Flamme der Gerechtigkeit. Von der unzulänglichen Armeleutepoesie zum sozialen Realismus. Der Weg der Arbeiterdichtung.* In: Vorwärts. 18. 4. 1958

Osterroth, Franz: *Deutsche Arbeiterdichtung. Wie sie entstand, wie sie sich entwickelte.* In: Bergbau und Wirtschaft. 14. Jg. 1961. S. 522–528

Osterroth, Franz: *Das Erbe der Arbeiterdichtung.* Kiel 1951. 33 S.

Pfeiffer, Eleonora: *Die Pflege der Arbeiterdichtung durch die Industriegewerkschaft Bergbau und Energie in Westdeutschland.* Bernau bei Berlin 1965. 44 gez. Blätter

Reding, Josef: *Schichtwechsel der Ruhrpoeten. Industrie und Arbeitswelt in der Dichtung unseres Jahrhunderts.* In: VDI-Nachrichten. 23. Jg. 1969. Nr. 5, S. 20; Nr. 6, S. 28; Nr. 7, S. 18; Nr. 8, S. 27; Nr. 9, S.19; Nr. 10, S. 19

Röder, Siegfried: *Deutsche Arbeiterdichtung – Grundzüge des Naturalismus.* In: Bergbau und Wirtschaft. 14. Jg. 1961. S. 578–580

Rötzer, Hans Gerd: *Kein Platz für die Arbeitswelt. Plädoyer für die Erweiterung des Literaturbegriffs.* In. Rheinischer Merkur. Nr. 44. 30. 10. 1970. S. 17–18

Rothe, Wolfgang: *Industrielle Arbeitswelt und Literatur.* In: Definitionen. Essays zur Literatur. Hrsg. von Adolf Frisé. Frankfurt am Main 1963. S. 85 bis 116

Romain, Lothar: *Poesie des hohlen Pathos. Hat die Arbeiterdichtung noch eine Zukunft?* Teil 1. In: Unternehmerbrief des Deutschen Industrieinstituts, Köln. Nr. 29. 17. 7. 1969. S. 3–5

Romain, Lothar: *Das Ende des linken Kitsches. Hat die Arbeiterdichtung noch eine Zukunft?* Teil 2. In: Unternehmerbrief des Deutschen Industrieinstituts, Köln. Nr. 30. 24. 7. 1969. S. 6 bis 8

Rülcker, Christoph: *Ideologie der Arbeiterdichtung. 1914–1933.* Eine wissenssoziologische Untersuchung. Stuttgart: Metzler 1970. 160 S. (Mit Literaturverzeichnis S. 151–160)

Schröder, Matthias Ludwig: *Dichter und Arbeiter. Von der Bestimmung der Arbeiterdichtung.* Kevelaer 1949. 31 S. (Berkers kleine Volksbibliothek 17)

Schröder, Matthias Ludwig: *Skizze zur Geschichte der deutschen Natio-*

nalliteratur von den Anfängen der deutschen Arbeiterbewegung bis zur Gegenwart. In: Weimarer Beiträge. 1964. Heft 5. S. 644—812

Schütt, Peter: *Stand der westdeutschen Arbeiterliteratur.* In: Die andere Zeitung. Nr. 23. 6. 6. 1968

Schütt, Peter: *Arbeiterliteratur heute.* In: tatsachen. Nr. 32. 10. 8. 1968. S. 10

Segebrecht, Dietrich: *Industrie- und Arbeitswelt in der modernen Literatur. Literatur oder Ideologie?* In: begegnungen. 1967. Nr. 33/34. S. 25—27

Soziale Dichtung auf dem Vormarsch. Neue Bücher der Arbeiterdichtung. In: Gewerkschaftliche Rundschau. 20. Jg. 1967. S. 90—92

Tidl, Maria: *Literatur um die Arbeit.* In: Die Arbeit. Der Aufstieg der Menschheit — ein Ergebnis der Arbeit. Wien 1963. S. 440—453

Wallraff, Günther: *Wirkungen in der Praxis.* In: Akzente. 17. Jg. 1970. Heft 4. S. 312—318

Walter, Hans-Albert: *Arbeitswelt und Dichtung.* In: Frankfurter Allgemeine Zeitung. 5. 3. 1966

Winckler, Josef: *Arbeiter — Dichtung.* In: Westfälische Nachrichten. 3./4. 7. 1954

Zenker, Edith: *Der Arbeiter in der deutschen Literatur. I.* In: Neue Deutsche Literatur. 5. Jg. 1957. Heft 5. S. 142—167

12 Thesen zur westdeutschen Arbeiterliteratur. In: Alternative. 9. Jg. 1966. Heft 51. S. 206—207

III. Die Dortmunder Gruppe 61

1. Einzelschriften, Sonderhefte, Sammlungen

Akzente. Zeitschrift für Literatur. Hrsg. von Hans Bender. Begründet von Walter Höllerer und Hans Bender. Heft 4 München: Hanser 1970. 393 S.

Anderle, Hans Peter: *Industriedichtung in West und Ost.* In: Protokoll Nr. 230 der Evangelischen Akademie Mülheim/ Ruhr. Blatt 10—24

Arbeit und Arbeiter im Spiegel des Schrifttums in Ost und West. Sonder-

heft der Zeitschrift »Ostpädagogik«. 14. Jg. 1967. Nr. 2. 60 Seiten

Baukloh, Friedhelm: *Wirklichkeit einfangen. Ein Versuch über Max von der Grün und andere Realisten.* In: Eckart-Jahrbuch 1965/66. S. 276—286

Demetz, Peter: *Die süße Anarchie. Deutsche Literatur seit 1945. Eine kritische Einführung.* Aus dem amerikanischen von Beate Paulus. S. 66—67. Frankfurt am Main, Berlin: Propyläen 1970. 303 S.

Eichholz, Renate: *Arbeiterdichtung oder Arbeitsdichtung. Ein Versuch zur Literatur in der Industrie.* In: Städte, Geist und Zeit. S. 23—33. Köln, Berlin: Grote 1967. 272 Seiten

Fabian, Anne-Marie: *Die Arbeiterdichtung lebt. Anmerkungen zur Entwicklung und Geschichte.* In: Taschenkalender Gewerkschaft Holz und Kunststoff. Düsseldorf. 49. Jg. 1968. Seite 180—198

Fischer, Ernst: *Aus der Welt der Arbeit.* In: Fischer, Ernst: Auf den Spuren der Wirklichkeit. Seite 14—18. Reinbek b. Hamburg: Rowohlt 1968. 260 S.

Hüser, Fritz: *Fragen neuer Industriedichtung und die Dortmunder Gruppe 61. Ein Überblick.* In: Günter Westerhoff: Gedichte und Prosa. Recklinghausen 1966. S. 29—34

Hüser, Fritz: *Neue Industriedichtung in Westdeutschland.* In: Protokoll Nr. 230 der Evangelischen Akademie Mülheim/Ruhr. Blatt 2—9

Hüser, Fritz: *Von der Arbeiterdichtung zur Neuen Industriedichtung der Dortmunder Gruppe 61. Abriß und Bibliographie.* Dortmund 1967. 37 Seiten (Beiträge und Studien zur Arbeiterdichtung und sozialen Literatur des 19. und 20. Jahrhunderts. Folge 1.) (Erweiterter Nachdruck aus dem Almanach »Aus der Welt der Arbeit«. Neuwied 1966.)

Hüser, Fritz: *Vorwort zum Almanach der Gruppe 61.* In: Aus der Welt der Arbeit. Almanach der Gruppe 61 und ihrer Gäste. Hrsg. von Fritz Hüser, Max von der Grün und Wolfgang Promies. Neuwied, Berlin 1966. S. 7—29;

dass. In: documents. Revue des questions allemandes. Paris. 22. Jg. 1967. Nov./Dez. S. 69–89

Industriearbeiter-Romane in Westdeutschland. Sonderheft der Zeitschrift »alternative«. 9. Jg. 1966. Heft 51 der Gesamtfolge. Seite 153–209

Industriedichtung – Ideologie oder Literatur? Forumgespräch. In: Protokoll Nr. 230 der Evangelischen Akademie Mülheim/Ruhr. Blatt 25–43

Köpping, Walter: *Nachwort.* In: *Unter Tage – über Tage. Gedichte aus der Arbeitswelt unserer Tage.* Hrsg. von Walter Köpping. Seite 251–264. Frankfurt 1966. 291 S.

Möbius, Hanno: *Arbeiterliteratur in der BRD. Eine Analyse von Industriereportagen und Reportageromanen: Max von der Grün, Christian Geissler, Günter Wallraff.* Köln: Pahl-Rugenstein 1970. 103 S.
(Sammlung Junge Wissenschaft.)
(Diese Arbeit wurde mit Ausnahme der Schlußbemerkung der Philosophischen Fakultät der Freien Universität Berlin als Dissertation mit dem Titel »Industriereportagen und Reportageromane in der Bundesrepublik« vorgelegt.)

Pothmann, Heinrich: *Arbeiterdichtung – Neue Industriedichtung. Interpretationen.* In: Didaktisch-methodische Analysen. S. 447–480. Paderborn: Schöningh 1965. 767 Seiten

Promies, Wolfgang: *Nachwort zum Almanach der Gruppe 61.* In: Aus der Welt der Arbeit. Almanach der Gruppe 61 und ihrer Gäste. Hrsg. von Fritz Hüser, Max von der Grün und Wolfgang Promies. Neuwied, Berlin 1966. S. 371–395

Röhner, Eberhard: *Arbeiter in der Gegenwartsliteratur.* Berlin: Dietz 1967. 254 Seiten.

Die Industrie- und Arbeitswelt in der modernen Literatur. Protokoll Nr. 230 der Evangelischen Akademie Mülheim/Ruhr vom 8. und 9. April 1967. 43 gez. Blätter.

2. Aufsätze in Zeitungen und Zeitschriften

Arnold, Heinz Ludwig: *Arbeit, Arbeiter, Arbeitswelt. Die Gruppe 61, eine Bilanz.* In: Christ und Welt. Nr. 43. 23. 10. 1970. S. 12 (Umgearbeitete Rundfunksendung vom 29. 5. 1970)

Arnold, Heinz Ludwig: *Arbeit, Arbeiter, Arbeitswelt. Von der Gruppe 61 zum Werkkreis 70.* In: Christ und Welt. Nr. 44. 30. 10. 1970. S. 12 (Umgearbeitete Rundfunksendung vom 5. 6. 1970)

Arnold, Heinz Ludwig: *Realisten? Zur Tagung der Gruppe 61.* In: Deutsches Allgemeines Sonntagsblatt. Nr. 47. 23. 11. 1969

Arnold, Heinz Ludwig: *Schwierigkeiten beim Vermitteln der Wahrheit. Zur Herbsttagung der Schriftstellervereinigung »Gruppe 61« in Dortmund.* In: Frankfurter Rundschau. Nr. 274. 25. 11. 1968. S. 11

Arnold, Heinz Ludwig: *Wenn der Kumpel zur Feder greift.* In: Junge Stimme. Nr. 15. 8. 8. 1970. S. 7

Badia, Gilbert: *Le »Groupe 61« ou Monde du travail et litterature.* In: Allemagne d'aujourd'hui (Paris). Nr. 7. März/April 1967. S. 47–49

Baroth, Hans Dieter: *Das Arbeiterleben – ein ewiger Feiertag? Die Dortmunder Gruppe 61 und ihre literarische Auseinandersetzung mit der industriellen Arbeitswelt.* In: Holzarbeiter-Zeitung. 76. Jg. 1969. Nr. 11. S. 16

Baroth, Hans Dieter: *Greif zur Feder, Kumpel. Schreibende Talente aus den Betrieben.* In: Gewerkschaftspost. Nr. 12. 1969. S. 13

Baroth, Hans Dieter: *Die Gruppe 61 steht am Scheidewege. Schreibende Arbeiter fühlen sich zu wenig betreut.* In: Welt der Arbeit. 19. Jg. 1968. Nr. 52. 25. 12. 1968. S. 9

Baroth, Hans Dieter: *Industriedichter unter Beschuß. Arbeiterdichtung – Ideologie oder Literatur?* In: Welt der Arbeit. 18. Jg. Nr. 16. 21. 4. 1967

Baroth, Hans Dieter: *Wohin will und*

geht unsere »Neue Industriedichtung?« Anmerkungen zur Dortmunder »Gruppe 61« und über andere Schriftsteller. In: Welt der Arbeit. 19. Jg. Nr. 8. 23. 2. 1968

Barth, Hermann: Industriedichtung (Dortmunder Gruppe 61 für künstlerische Auseinandersetzung mit der Arbeitswelt). In: Neue deutsche Literatur. 11. Jg. 1963. Heft 12. S. 179—180

Baukloh, Friedhelm: Arbeiter sind nicht sprachlos. Von der Gruppe 61 zum Werkkreis 70. In: Stimmen der Zeit. 95. Jg. 1970. Heft 9. S. 210—212

Baukloh, Friedhelm: Arbeiterdichtung von heute. Ein aufschlußreiches Treffen der »Dortmunder Gruppe«. In: Echo der Zeit. Nr. 49. 3. 12. 1961

Baukloh, Friedhelm: Arbeiterdichtung. Hoffnung der »Dortmunder Gruppe 61«. In: Soziale Ordnung. Christlich-Demokratische Blätter der Arbeit. 1962. Nr. 1. S. 18—19

Baukloh, Friedhelm: Die bösen Träume des Lohnbuchhalters. Die Dortmunder »Gruppe 61« diskutiert Literatur aus der Arbeitswelt. In: Süddeutsche Zeitung. Nr. 101. 28. 4. 1965

Baukloh, Friedhelm: Der Dortmunder Weg. Suche nach dem Ich in der Arbeitswelt. In: Der Monat. 17. Jg. 1965. Heft 206. S. 58—68

Baukloh, Friedhelm: »Gruppe 61« bleibt engagiert. In: Echo der Zeit. Nr. 17. 28. 4. 1968

Baukloh, Friedhelm: »Gruppe 61« rauft sich zusammen. Frühjahrstagung mit Willen zum Engagement. In: Welt der Arbeit. Nr. 19. 10. 5. 1968

Baukloh, Friedhelm: Die jungen »Dortmunder« und ein Gästebuch. In: Frankfurter Hefte. 22. Jg. 1967. Seite 218 bis 221

Baukloh, Friedhelm: Neue Grenzen angestrebt. Literatur aus der Arbeitswelt gewinnt an Profil. In: Vorwärts. 7. 4. 1965

Baukloh, Friedhelm: Noch kein Recht zum Zweifeln. Jens fragt Hermlin nach dem Engagement. (auf der Tagung der »Dortmunder Gruppe 61«). In: Frankfurter Hefte. 20. Jg. 1965. Heft 6. S. 435—437

Baukloh, Friedhelm: Vorwiegend Beschreibung der Arbeitswelt. Literatur aus dem Revier. In: Das Parlament. Nr. 41—42. 11. 10. 1969. S. 16

Baukloh, Friedhelm: Wir stören? Das ist unsere Absicht! Stimmen neuer Industriedichtung aus der »Gruppe 61«. In: Holzarbeiterzeitung. 73. Jg. 1966. Heft 10. S. 26

Baukloh, Friedhelm: Zweite Phase der Industrieliteratur. Dortmunder Gruppe 61 auf neuen Wegen. In: Westkurier Nr. 13. 30. 6. 1967

Blaeser, Rolf: Neue Industriedichtung. Dichtung und Arbeit. In: Volkshochschule im Westen. 16. Jg. 1964. S. 122

Bock, Hans Bertram: Opas Arbeiterdichtung ist tot. In: Acht-Uhr-Blatt. 23. 6. 1967

Boie, Bernhard: Belebte Arbeiterdichtung. Große Zeit der Industriedichtung soll erst kommen. In: Buersche Zeitung. Nr. 192. 19./20. 8. 1961

Boie, Bernhard: Hauptanliegen literarische Qualität. Dortmunder Gruppe 61 läßt sich nicht manipulieren. In: Hertener Allgemeine Zeitung. 19. 4. 1968; dass. in: Dorstener Anzeiger. 19. 4. 1968

Boie, Bernhard: Ein neuer Anfang. Junge deutsche Arbeiterdichtung läßt aufhorchen. In: Recklinghäuser Zeitung. Nr. 18. 22. 1. 1962

Boie, Bernhard: Was aber bleibt, schufen die Dichter. Zwischen Engagement und Literatur. Dortmunder Gruppe 61 im Forumgespräch. In: Recklinghäuser Zeitung. Nr. 105. 6./7. 5. 1967

Boie, Bernhard: Wir schreiben, das ist unsere Absicht. Dortmunder Gruppe 61 im Feuer der Kritik. In: Recklinghäuser Zeitung. 29. 12. 1968

Boie, Bernhard: Wir wollen nicht so pfeifen, wie ihr tanzt. In: Recklinghäuser Zeitung. 4. 2. 1968

Bredthauer, K. D.: Arbeiterdichtung oder Reportage. In: Publikationen. 17. Jg. 1967. Nr. 6. Seite 10

Brenner, Hildegard und Georg Fülberth: *Die Romane Max von der Grüns u. eine Erzählung von Christian Geissler.* In: alternative. 9. Jg. 1966. Heft 51. Seite 163–169

Brockmann, Eva: *Diskussionen um die Arbeit der Dortmunder »Gruppe 61«. Autoren und Freunde trafen sich zur Herbstlesung.* In: Die Andere Zeitung. Nr. 48. 28. 11. 1968

Brockmann, Eva: *Neue Stoffe, vielfältige Stilmittel. Werkstattlesung der Dortmunder Gruppe 61.* In: Die Andere Zeitung. Nr. 29. 20. 7. 1967

Brockmann, Eva: *Um den Standort. Anmerkungen zur jüngsten Tagung der Dortmunder »Gruppe 61«.* In: Die Andere Zeitung. Nr. 49. 7. 12. 1967

Brüdigam, Heinz: *Gruppe 61 und die Welt des Arbeiters.* In: Die Andere Zeitung. 23. 3. 1967

Brüdigam, Heinz: *Politische Dimensionen einer Arbeiterliteratur heute. Versuch einer Bestandsaufnahme in Bochum.* In: Die Andere Zeitung. 29. 2. 1968

Büscher, Josef: *Die Arbeiterdichtung sammelt sich.* In: Bergbau-Rundschau. 13. Jg. 1961. S. 647–650

Cube, Alexander von: *Die Arbeiterdichtung lebt. Neue Beiträge junger Autoren und das Publikum warten auf die Verleger.* In: Vorwärts. Nr. 17/18. 24. 4. 1959

Cube, Alexander von: *Bewußtsein ist alles. Neuer Vorstoß der Arbeiterdichtung.* In: Vorwärts. 26. 6. 1961

Dechene, Lisa: *»Ich habe Angst. Doch dreh ich mich«. Neue Industrielyrik der »Dortmunder Gruppe 61«.* In: Echo der Zeit. Nr. 44. 31. 10. 1965. Seite 18

Dechene, Lisa: *Unternehmer und neue Industrieliteratur.* In: Echo der Zeit. Nr. 33. 16. 8. 1964

Doberer, Kurt: *Arbeit und schöne Literatur.* In: Die Zukunft. (Wien). 22. Jg. 1968. Heft 2. Seite 24–26

Everwyn, Klas Ewert: *Keine Zeit für Idylle. Die Gruppe 61 und eine neue Industriedichtung.* In: Rheinische Post. 17. 9. 1966

Fabian, Walter: *Die Arbeiterdichtung lebt.* In: Die Kultur. 9. Jg. 1961. Nr. 165

Frenzel, Bert: *Dortmunder Gruppe 61 erstrebt eine Renaissance der Arbeiter-Dichtung. Neue Entwicklung noch nicht abzusehen.* In: Westdeutschen Tageblatt. Nr. 12. 15. 1. 1962

Förtsch, Eckard: *Arbeit und Arbeiter in der mitteldeutschen Literatur der Gegenwart.* In: Ostpädagogik. 14. Jg. 1967. Heft 2. Seite 8–20. Mit Diskussionsbeiträgen

Friedrich, Wolfgang: *Bemerkungen zum literarischen Schaffen der Dortmunder Gruppe 61.* In: Weimarer Beiträge. 11. Jg. 1965. S. 758–778; Dass. in: Documents. Revue des questions allemandes. Paris. 22. Jg. 1967. Nov./Dez. S. 90–107; dass. in: Aus der Welt der Arbeit. Almanach der Gruppe 61 und ihrer Gäste. Hrsg. von Fritz Hüser, Max von der Grün und Wolfgang Promies. Neuwied, Berlin 1966. S. 315–338

General, Regina: *Literatur zwischen den Stühlen.* In: Sonntag. Nr. 4. 28. 1. 1968. Seite 9–11

Grann, Vera: *Anfänge einer Arbeiterdichtung bei uns.* In: Blinkfüer. 16. Jg. 3. 5. 1967

Grann, Vera: *Aus der Arbeit der Gruppe 61. Gesellschafts- und sozialkritisch.* In: Blinkfüer. 16. Jg. 1967. Nr. 27. 6. 6. 1967

Grann, Vera: *Um neue Autoren, neue Texte und den Standort.* In: Blinkfüer. 16. Jg. 7. 12. 1967

Grontzki, Hermann A.: *An unsere Fassade kratzen. »Gruppe 61« besteht fünf Jahre.* In: Gewerkschaftspost. 17. Jg. 1967. Nr. 9. Seite 13

Grün, Max von der: *Literatur und Wirklichkeit. Die Dortmunder Gruppe 61.* In: ila news. Nr. 2. Februar 1965; ebenfalls in: der literat. 7. Jg. Nr. 4. 15. 4. 1965; dass. in: res nostra. Kiel. Nr. 9. Juli 1965. S. 13

Hartmann, Robert: *Bald nur noch ein Literaturgötze? Zur diesjährigen Herbsttagung der Dortmunder Schriftstellervereinigung.* In: Frankfurter

Rundschau. Nr. 265. 14. 11. 1969. Seite 14

Hartmann, H.: *Poeten im Revier.* In: Spandauer Volksblatt. Nr. 5625. 19. Jg. 29. 11. 1964; dass. in: Aachener Nachrichten. Nr. 270. 21. 11. 1964. Seite 4

Heitzenröther, Horst: *Die Zähmung einer widerspenstigen Gruppe.* In: Neue deutsche Literatur. 13. Jg. 1965. Heft 7. S. 177—186

Helf, Willy: *Die bergmännische Dichtung lebt — »Wir tragen ein Licht durch die Nacht«.* In: Bergbau-Rundschau. 12. Jg. 1960. S. 654—656

Hitzer, Friedrich, Werner Bräuning: *Briefwechsel, die neueste Literatur betreffend.* (Über Dortmunder Gruppe 61 und Bruno Gluchowski.) In: Der Kürbiskern. 1. Jg. 1965. Nr. 1. S. 117—134

Höhl, Martha: *Arbeiter als Dichter. Moderne Industriewelt in der Dichtung der Gegenwart.* In: Ruhrnachrichten. Nr. 141. 20. 6. 1961

Holzhauer, Wilhelm: *Arbeiterdichtung und die »Gruppe 61«.* In: Welt und Wort. 23. Jg. 1968. Heft 11. S. 395—396

Hounker, Gustav: *Das Dichterwort in der Industriegesellschaft — Die Dortmunder Gruppe 61.* In: Volksrecht. Zürich 1963. Nr. 14. 17. 1. 1963

Hüser, Fritz: *Arbeiterdichtung heute? Die Dortmunder Gruppe 61.* In: Volksbühnenspiegel. 12. Jg. 1966. Heft 6. S. 11—12

Hüser, Fritz: *Industriedichtung heute?* In: Die Zukunft (Hamburg). Nr. 6. 1966

Hüser, Fritz: *Lyrik am Fließband.* In: HE ATID. (Die Zukunft, Zeitschrift für Israel.) 1966. Heft 2. S. 73—75

Hüser, Fritz: *Neue Arbeiterdichtung in Westdeutschland?* In: Deutsche Studien. Vierteljahresschrift für vergleichende Gegenwartskunde. 1. Jg. 1963. S. 173—185

Hüser, Fritz: *Neue Industriedichtung der Dortmunder Gruppe 61.* In: Zwischen Krieg und Frieden. Rundschreiben des Freideutschen Konvents. 1966. Nr. 111. S. 1120—1137

Jansen, Hans: *Einer nannte sie Quatsch mit Soße. Zur Situation der Arbeiterdichtung.* In: Westdeutsche Allgemeine Zeitung. Nr. 88. 15. 4. 1967

Jokostra, Peter: *Gelingt die Erweiterung der Basis? Anmerkungen zum »Almanach der Gruppe 61«.* In: Echo der Zeit. Nr. 49. 4. 12. 1966

Kaiser, Rolf Ulrich: *Kumpeldichter genügen uns nicht. Moderne Arbeiterdichtung ringt um Aussage.* In: Welt der Arbeit. 17. Jg. Nr. 52. 30. 12. 1966

Kandler, Kurt: *»Gruppe 61«: Bitte nicht stören.* In: Echo der Zeit. Nr. 49. 3. 12. 1967

Kandler, Kurt: *»Zerfall gesüßter, im Nebelgelände so ungeheuer . . .« Industrieliteratur gewinnt. Die Gruppe 61 weitet sich aus.* In: Echo der Zeit. Nr. 18. 2. 5. 1965. S. 13

Kandler, Kurt: *Muß Industrieliteratur langweilig sein? Neue Antworten zu einem aktuellen Literaturstreit.* In: Echo der Zeit. Nr. 17. 26. 4. 1967

Karsunke, Yaak: *Gespaltene deutsche Literatur.* In: Kürbiskern. 1. Jg. 1965. Nr. 1. S. 102—116

Karsunke, Yaak: *Präsentation einer Wirklichkeit.* In: Kürbiskern. 3. Jg. 1967. Nr. 2. S. 90—99

Kittsteiner, Heinz Dieter: *Arbeitermemoiren.* In: alternative. 9. Jg. 1966. Heft 51. Seite 180—185

Köpping, Walter: *Die Arbeitswelt als Thema moderner Lyrik.* In: Gewerkschaftliche Monatshefte. 15. Jg. 1964. S. 412—420

Köpping, Walter: *Die Arbeitswelt im Roman.* In: Die Quelle. 16. Jg. 1965. S. 560—561

Köpping, Walter: *Die Arbeitswelt in der Literatur. Neue Industriedichtung in der Bundesrepublik.* In: Volkshochschule im Westen. 16. Jg. 1964. S. 75 bis 78

Köpping, Walter: *Die bergmännische Dichtung lebt. Unsere Anthologie »Wir tragen ein Licht durch die Nacht« erregte Aufsehen.* In: Bergbau und Wirtschaft. 14. Jg. 1961. S. 86—91

Köpping, Walter: *Deutsche Arbeiterdichtung — Neue Industriedichtung. Zusammenfassung und Ausblick.* In: Gewerkschaftliche Rundschau für die

Bergbau- und Energiewirtschaft. 16. Jg. 1963. S. 611–615

Köpping, Walter: *Es gibt auch die Arbeitswelt*. In: Pläne. 8. Jg. 1963. Heft 10/11. S. 24–26

Köpping, Walter: *Freie Bahn den jungen Arbeiterdichtern*. In: Die Quelle. 14. Jg. 1963. S. 42–43

Köpping, Walter: *Neue soziale Romane lassen uns hoffen*. In: Gewerkschaftliche Umschau. 10. Jg. 1965. S. 132 bis 133

Köpping, Walter: *Provokation allein genügt nicht. Die Dortmunder »Gruppe 61« und »Neue Industriedichtung« in der Diskussion und im Gespräch.* In: Welt der Arbeit. Nr. 17. 26. 4. 1968. S. 21

Köpping, Walter: *Soziale Dichtung auf dem Vormarsch.* In: Gewerkschaftliche Rundschau. 20. Jg. 1967. Seite 90–92

Körner, Wolfgang: *Dortmunder Gruppe 61. Keine Vereinigung von Arbeiterdichtern.* In: Sozialdemokratischer Pressedienst. Nr. P XXI/139. 26. 7. 1966 (Anhang)

Körner, Wolfgang: *Dialog mit Igor. Über die Krise der Gruppe 61.* In: Acht-Uhr-Blatt. 28. 11. 1967

Korthase, Werner: *Arbeiterdichtung u. Industriedichtung.* In: Gewerkschaftliche Studentengemeinschaft. Berlin. 3. Jg. 1964. Nr. 6. S. 13–23

Kortmann, Klaus: *Durchleuchtung der Arbeitswelt. Die Dortmunder »Gruppe 61«.* In: Die Tat. Nr. 27. 2. 7. 1966. S. 8

Krüger, Horst: *Die ohnmächtigen Kommissare der Sprache.* In: Die Welt. 19. 8. 1965

Kürbisch, Friedrich: *Arbeiterdichtung. Verwahrung gegen Mißverständnisse.* In: Die Zukunft (Wien). 21. Jg. 1967. Heft 19. Seite 26–27

Kürbisch, Friedrich: *Die Arbeiterdichtung heute.* In: Die Zukunft (Wien). 21. Jg. 1967. Heft 21. Seite 30–31

Kürbisch, Friedrich: *Arbeiterdichtung. Das Arbeiter-Weltbild.* In: Die Zukunft (Wien). 21. Jg. 1967. Heft 20. Seite 25–26

Lamza, Klaus: *Die Schwierigkeiten der Gruppe 61. Ein Gespräch mit dem Dortmunder Autor Max von der Grün.* In: Hertener Allgemeine Zeitung. 25. 1. 1970; dass. in: Marler Zeitung. 25. 1. 1970; dass. in: Recklinghäuser Zeitung. 24./25. 1. 1970

Lethen, Helmut: *Betriebsunfälle.* In: alternative. 9. Jg. 1966. Heft 51. Seite 174–179

Lethen, Helmut und Helga Gallas: *Arbeiterdichtung – Proletarische Literatur. Eine historische Skizze.* In: alternative. 9. Jg. 1966. Heft 51. Seite 156 bis 161

Mennemeier, Franz Norbert: *Arbeiterdichter.* In: Neues Rheinland. 54. Jg. 1967. Februar/März. S. 24–25

Mennemeier, Franz Norbert: *Gruppe 61.* In: Neues Rheinland. 51. Jg. 1964. Juni/Juli. Heft 38. S. 45

Michael, Fritz: *Die Präsentation einer Wirklichkeit. Zum Almanach »Aus der Welt der Arbeit«.* In: Westfälische Rundschau. Nr. 240. 15. 10. 1966

Münzer, Franz: *Arbeitswelt und Literatur. Eindrücke von der Sommertagung der Gruppe 61.* In: Deutsche Volkszeitung. Nr. 27. 7. 7. 1967

Neander, Joachim: *Max von der Grün und Nachfolger. Auch »Arbeiterdichter« schreiben allein. Talente in der Dortmunder Gruppe 61.* In: Welt am Sonntag. Nr. 12. 19. 3. 1967

Nyssen, Joseph: *Wir tragen ein Licht durch die Nacht.* In: Sonntagsblatt. Nr. 30. 28. 7. 1963. Seite 29

Osterroth, Franz: *Die Arbeiterdichtung lebt.* In: Schleswig-Holstein-Post. 1964. Nr. 4. S. 8

Plavius, Heinz: *Industriedichtung? – Menschheitsdichtung? Zur Dortmunder Gruppe 61.* In: Sonntag. Nr. 15. 10. 4. 1965. Seite 12–13

Plunien, Eo: *Nach der zweiten industriellen Revolution. Arbeiterdichter in Ost und West. Diskussion zwischen Strittmatter und von der Grün.* In: Die Welt. Nr. 236. 9. 10. 1964

Pötter, Helmut: *Wo die Wahrheit schwierig wird. Die »Dortmunder Gruppe 61« und die »Zweite Bitterfelder*

Konferenz«. In: Vorwärts. Nr. 28. 1. 7. 1964

Promies, Wolfgang: *Deutsche Arbeiterdichtung*. In: Liberal. 7. Jg. 1965. Heft 12. S. 838—851

Promies, Wolfgang: *Die Dortmunder Gruppe 61 — Industriedichtung in Westdeutschland*. In: Ostpädagogik. 14. Jg. 1967. Heft 2. Seite 21—24. Diskussion Seite 47—56

Promies, Wolfgang: *Was ist die Gruppe 61?* In: ad lectores. 1966. Heft 3. Seite 16—19

Reckhard, Annette: *Arbeiterdichter schaffen Unruhe*. In: Echo der Zeit. 19. 5. 1963

Romain, Lothar: *Die Arbeitswelt in der Literatur der Gruppe 61*. In: Frankfurter Hefte. 22. Jg. 1967. Heft 12. Seite 850—858

Schmidt, Dieter: *Bleibt die industrielle Arbeit dichterisch unbewältigt?* In: Welt der Arbeit. Nr. 2. 11. 1. 1963

Schnell, Robert Wolfgang: *Dornröschen von Dortmund*. In: Ruhr-Reflexe. 2. Jg. 1967. Heft 4. Seite 22—23

Schöfer, Erasmus: *Der Realismus und die Gruppe 61. Überlegungen zu einer neuen literarischen Entwicklung*. In: Nationalzeitung (Basel). Nr. 11. 8. 1. 1967

Schöfer, Erasmus: *Von der Schwierigkeit beim Beschreiben des Arbeitsplatzes. Die Gruppe 61 und der Werkkreis für Literatur der Arbeitswelt*. In: Süddeutsche Zeitung. Nr. 268. 8./9. 11. 1969

Schonauer, Franz: *Zwischen Belletristik und Aufklärung. Arbeiterliteratur in der Bundesrepublik Deutschland*. In: Die Weltwoche. Nr. 1755. 30. 6. 1967

Schütt, Peter: *Hat die Arbeiterdichtung noch eine Chance? Die Dortmunder Gruppe 61 in der Zerreißprobe*. In: der literat. 11. Jg. Nr. 11. 12. 11. 1969. S. 186—188

Schütt, Peter: *Die Kohlenkrise hat in der Dortmunder Gruppe 61 nicht stattgefunden*. In: Auditorium. 1967. Nr. 51. Seite 19

Schütt, Peter: *Ortsbestimmung einer neuen proletarischen Literatur*. In: Ruhr-Reflexe. 3. Jg. 1968. Heft 8. Seite 15—16

Schütt, Peter: *Schichtwechsel in der westdeutschen Arbeiterliteratur*. In: tatsachen. Nr. 10. 8. 3. 1969. Seite 10

Schütt, Peter: *Zum literarischen und politischen Standort der westdeutschen Arbeiterdichtung*. In: Marxistische Blätter. 5. Jg. 1967. Heft 5. S. 48—55

Schwarzenau, Dieter: *Thema Industrielle Arbeitswelt. Eine Vorstellung der Dortmunder Gruppe 61*. In: Ruhr-Reflexe. 1. Jg. 1966/67. Heft 3. Seite 23 bis 24

Suhrbier, Hartwig F. H.: *Links von der Gruppe 47. Neue westdeutsche Arbeiterliteratur*. In: akut. 19. Jg. 1967. Nr. 32. S. 21—22

Treeck, Werner van: *Literatur und industrielle Arbeitswelt. 1. Kursorische Besichtigung eines unvermessenen Geländes*. In: test. Zeugnisse studentischer Sozialarbeit. 6. Jg. 1965. Nr. 2. S. 48—51

Treeck, Werner van: *Literatur und industrielle Arbeitswelt. 2. Strickstoffstola, Stahlgerüst und Rauchhaar*. In: test. Zeugnisse studentischer Sozialarbeit. 7. Jg. 1966. Nr. 1. S. 51—55

Vegesack, Thomas von: *Den bortglömda Sektorn (Der vergessene Sektor)*. In: Stockholms Tidningen. 1. 6. 1965

Vogt, Jochen: *»Dortmunder Weg« eine Sackgasse? Sieben Jahre »Gruppe 61«*. In: Geist und Tat. 24. Jg. 1969. Heft 1. S. 51—52

Vogt, Jochen: *Links am Weg. Die Dortmunder »Gruppe 61« nach sieben Jahren*. In: Stuttgarter Zeitung. Nr. 294. 20. 12. 1968

Voigtländer, Anni: *Mann der Arbeit, aufgewacht. Dortmunder Gruppe 61*. In: Sonntag. Nr. 35. 30. 8. 1964. S. 9 bis 11

Voigtländer, Annie: *Ein Jahr Dortmunder Gruppe 61. Querschnitt, Bericht, Ausblick*. In: Sonntag. Nr. 35. 29. 8. 1965. S. 9—14

Walter, Hans Albert: *Der Arbeiter als*

»Held«. Schriftsteller entdecken die Industriegesellschaft. In: HE ATID. (Die Zukunft, Zeitschrift für Israel.) 1966. Heft 2. S. 55−61

Walter, Hans-Albert: *Die Literatur und die Welt der Arbeit. Bemerkungen zum Almanach der Gruppe 61.* In: Die Zeit. Nr. 10. 10. 3. 1967

Walter, Hans-Albert: *Nachrichten aus der Fabrik. H. Günter Wallraffs Industrie-Reportagen.* In: Die Zeit. Nr. 4. 27. 1. 1967

Weber, Johann: *Der Mensch in der Bergmannsdichtung.* In: Bergbau-Rundschau. 13. Jg. 1961. S. 360−363

Wellershoff, Dieter: *Mal was hinkriegen. Über den Almanach der Gruppe 61: Aus der Welt der Arbeit.* In: Spiegel. 20. Jg. 1966. Nr. 53. S. 94−95

Wirth, Günter: *Links von der »Gruppe 47«. Eine bemerkenswerte Bilanz.* In: Neue Zeit. 21. Jg. 1967. 13. 11. 1965

Wittek, Bernhard: *Lebhaftes Echo gefunden. Autoren der Gruppe 61 in Schweden.* In: Vorwärts. 30. 4. 1970

Wohlgemuth, Hildegard: *Industriedichtung heute. Ein Vortrag.* Maschinenschriftl. Manuskript. 7 gez. Blätter

Wohlstandskrawatten, Räuber und Ratten. Neue westdeutsche Arbeiterlyrik. In: Spiegel. 20. Jg. 1966. Nr. 6. Seite 97

Zehm, Günter: *Kann es »Arbeiterdichtung« geben? Notizen zu einer Erscheinung am Rande der Literatur.* In: Die Welt. Nr. 7. 9. 1. 1965

Zehm, Günter: *Nach acht Stunden wird abgeschaltet. Neue Industriedichtung heute.* In: Die Welt. Nr. 36. 11. 2. 1967

Zimmermann, Annemarie: *Dortmunder Gruppe 61.* In: Gewerkschaftliche Monatshefte. 17. Jg. 1966. S. 438−439

3. Rundfunkvorträge und Fernsehsendungen

Arnold, Heinz Ludwig: *Die Gruppe 61. 1. Geschichte und Ziele.* Süddeutscher Rundfunk, Studio für Neue Literatur. 29. 5. 1970

Arnold, Heinz Ludwig: *Die Gruppe 61. 2. Aktualität und Diskussion.* Süddeutscher Rundfunk. Studio für Neue Literatur. 5. 6. 1970

Baukloh, Friedhelm: *Gruppe 61. Arbeiterschriftsteller der Bundesrepublik.* Sender Freies Berlin. 17. 12. 1964

Baukloh, Friedhelm: *Wettkampf der Systeme. Industrieliteratur in Ost und West.* Westdeutscher Rundfunk. 10. 5. 1967

Bock, Peter J.: *Kritisches Tagebuch. (Zur Gruppe 61.)* Westdeutscher Rundfunk. 3. Hörfunkprogramm. 10. 11. 1969

Dokumentation. Protokoll einer TV-Sendung. Hrsg. vom Arbeitskreis für Amateurkunst. Oberhausen. ZDF-Sendung Aspekte am 20. 1. 1970. In: Deutsche Volkskunst. Nr. 86/87. 1970. 2 Blätter (eingeheftete Beilage)

Eichholz, Renate: *Arbeiterdichtung oder Arbeitsdichtung?* Westdeutscher Rundfunk. 8. 5. 1966

Endres, Elisabeth: *Reimt sich Akkord noch auf Mord? Probleme der modernen Arbeiterliteratur.* Deutschlandfunk. 9. 2. 1966

Grossmann, Johannes F.: *Arbeiterdichtung − ein Anachronismus? Die Dortmunder Gruppe 61.* Westdeutscher Rundfunk. 26. 9. 1965

Nyssen, Joseph: *Die Arbeitswelt bleibt unbewältigt.* Westdeutscher Rundfunk. 15. 12. 1962

Promies, Wolfgang: *Hammer und Griffel. Literatur in einer Industrielandschaft.* Hessischer Rundfunk. 4. 1. 1966

Romain, Lothar: *Arbeit und Ideologie.* Südwestfunk. 24. 6. 1968

Romain, Lothar: *Neue Bücher − Alte Musik: Neue Industriedichtung.* Südwestfunk. 18. 2. 1967

Rothe, Wolfgang: *Für Dichter kein Thema? Die industrielle Arbeitswelt − ein Stiefkind der Literatur. Ein Stück Kultursoziologie.* Hessischer Rundfunk. 5. 4. 1960. 47 Blätter

Sander, Hans-Dietrich: *Die Gruppe 61 oder: Gibt es eine neue Industriedichtung?* Südwestfunk. 10. 1. 1966

Schmieding, Walther: *Die Dortmunder Gruppe.* 2. Fernsehen Mainz. 1. 5. 1964

Schonauer, Franz: *Schöne Literatur und soziale Aufklärung. Bemerkungen zum Thema: Arbeiterliteratur in der*

Bundesrepublik. Südwestfunk. 1. 5. 1967

Schwerbrock, Wolfgang: *Ist Arbeiterdichtung noch möglich? Von Max von der Grün bis zum Bitterfelder Weg.* Südwestfunk. 21. 7. 1965

Steinberg, Theo: *Literatur und Arbeitswelt.* Norddeutsches Fernsehen. III. Programm. 8. 4. 1965

Steinberg, Theo: *Poeten im blauen Anton.* Westdeutscher Rundfunk. Prisma des Westens. 8. 1. 1964

Sylvanus, Erwin: *Die Dortmunder Gruppe 61.* Eine Fernsehdokumentation mit Beiträgen ausländischer Literaturwissenschaftler. ARD. 1. Deutsches Fernsehen. 19. 2. 1967

Sylvanus, Erwin: *Das Fließband. Literatur und soziale Wirklichkeit.* Hessischer Rundfunk. 1. Programm. 30. 4. 1968

Sylvanus, Erwin: *In dieser Landschaft aus Beton. Die Gruppe 61 — Porträt eines literarischen Kreises.* Deutschlandfunk. 2. 2. 1967

Sylvanus, Erwin: *Wir stören? — Das ist unsere Absicht! Die Dortmunder Gruppe 61 und ihre Autoren.* Südwestfunk. 1. 5. 1967

Vogt, Jochen: *Über die Möglichkeiten und Grenzen aktueller Industrieliteratur.* Max von der Grün z. B. Süddeutscher Rundfunk. 19. 8. 1967

Wir stören? — Das ist unsere Absicht! Neue Gedichte der Dortmunder Gruppe 61, gelesen von Hannes Messemer. 2. Deutsches Fernsehen, Mainz. 30. 4. 1967

Wuermeling, Henric L.: *Politik, Poeten und Proteste. Eine Reportage.* Bayerischer Rundfunk. 29. 6. 1966

IV. Werkkreis für Literatur der Arbeitswelt

Aufsätze in Zeitungen und Zeitschriften

Fabian, Anne-Marie: *Versammlung der Werkstätten Literatur der Arbeitswelt.* In: Gewerkschaftliche Monatshefte. 21. Jg. 1970. Heft 12. S. 759—760

Fischer, Peter: *Reportagen und Kampftexte zum Beispiel. Arbeiter und Angestellte schreiben in der BRD.* In: Akzente. 17. Jg. 1970. Heft 4. S. 290 bis 291

Hauser, Heinz: *Pioniere für schreibende Arbeitnehmer. Der »Werkkreis für Literatur der Arbeitswelt« tagte und las in Mannheim.* In: Welt der Arbeit. Nr. 46. 13. 11. 1970

Kürbisch, Friedrich G.: *Neue Literatur aus der Arbeitswelt. Überlegungen nach Erscheinen von »Ein Baukran stürzt um«.* In: Zukunft. 1970. Heft 20. S. 23—24

Die Literarische Werkstatt Gelsenkirchen. Dokumentation. Detlef Marwig: *Die Organisation.* Hugo Ernst Käufer: *Das Lektorat.* Rainer Kabel: *Die Diskussion.* In: Beispiele — Beispiele. Texte aus der literarischen Werkstatt Gelsenkirchen. Hrsg. von Hugo Ernst Käufer. Recklinghausen 1969. S. 121—128

Scheller, Wolf: *Protokolle aus dem Arbeiterleben. Die Autoren vom neubegründeten »Werkkreis 70« legen ihre erste Veröffentlichung vor.* In: Weser-Kurier. 15. 7. 1970

Scheller, Wolf: *Werkkreis 70. Literatur der Arbeitswelt. Enthüllung als Bewußtseinsbildung.* In: Vorwärts. Nr. 31. 30. 7. 1970; dass. in: Der Volkswirt. 30. 7. 1970

Schöfer, Erasmus: *Die Arbeiter haben eine Sprache. In Gelsenkirchen traf sich der Werkkreis »Literatur der Arbeitswelt«.* In: Frankfurter Rundschau. Nr. 148. 1. 7. 1970; dass. in: Publikation. Nr. 6/7. Juli 1970.

Schöfer, Erasmus: *Für die aktive Solidarität der Hand- und Kopfarbeiter.* Referat zur Eröffnung der Werkstättendiskussion bei der Mannheimer Tagung des Werkkreises Literatur der Arbeitswelt im November 1970. In: Deutsche Volkszeitung. Nr. 49. 3. 12. 1970

Schöfer, Erasmus: *Nachrichten aus der Arbeitswelt. Ergebnis des Reportagewettbewerbs »Arbeitskreis Literatur« stimmt optimistisch.* In: Frankfurter Rundschau. 4. 11. 1970; dass. in:

Der Tagesspiegel. 28. 10. 1970; dass. in: Rheinische Post. Nr. 241. 17. 10. 1970; dass. in: Stuttgarter Zeitung. Nr. 236. 13. 10. 1970

Walter, Hans-Albert: *Das Einfache, das schwer zu machen ist. »Ein Baukran stürzt um«: Berichte von Arbei-* tern und Angestellten. In: Die Zeit. Nr. 15. 10. 4. 1970

Werkkreis Literatur der Arbeitswelt. Programm. In: Deutsche Post. Nr. 10. 20. 5. 1970; dass. In: Kultur und Gesellschaft. Nr. 6. 1970; dass. in: Akzente. 17. Jg. 1970. Heft 4. S. 335—336

Die Mitglieder der Gruppe 61

bio-bibliographische Notizen

F. C. Delius

1943 in Rom geboren, aufgewachsen in Hessen, von 1963–1970 Studium der Literaturwissenschaft in Berlin, dazwischen ein Jahr in London; 1968 Berliner Literaturpreis »Junge Generation«.
»Kerbholz«, Gedichte, Berlin 1965
»Wir Unternehmer. Über Arbeitgeber, Pinscher und das Volksganze«. Eine Dokumentarpolemik anhand der Protokolle des Wirtschaftstages der CDU/CSU 1965 in Düsseldorf. Berlin 1966
»Wenn wir, bei rot«, Gedichte. Berlin 1969

Elisabeth Engelhardt

1925 in Leerstetten bei Nürnberg geboren, Volksschule, kaufmännische Privatschule in Nürnberg; 1946–1948 Unterricht beim Kunst- und Theatermaler, Reisen; ab 1953 Dekorationsnäherin, aushilfsweise Malerin bei den Städtischen Bühnen Nürnberg; dazwischen ein Jahr Fabrikarbeit.
»Feuer heilt«, Roman, Zürich 1964
Erzählungen in Almanachen, Anthologien, Zeitungen.

Klas Ewert Ewerwyn

1930 in Köln geboren, besuchte verschiedene Gymnasien, mit 14 Jahren Fronthelfer; 1946 Fortsetzung der Schulausbildung: Mittlere Reife; seit 1949 in der öffentlichen Verwaltung, erst Angestellter, dann Beamter, jetzt bei der Stadtverwaltung in Neuß; wohnt in Düsseldorf; 1966 Förderpreis des Landes Nordrhein-Westfalen für Literatur.
»Die Leute vom Kral«, Roman, 1961
»Die Hinterlassenschaft«, Roman, 1962
»Einer Meise erweist man keine letzte Ehre«, Erzählung, 1966
»Beschreibung eines Betriebsunfalls«, Erzählung, 1966
»Platzverweis«, Roman, 1969
»Wanzek«, Hörspiel, 1969 (NDR)
»Kein Kündigungsgrund«, Hörspiel, 1970
Übersetzungen ins Französische und Ungarische, Ausgaben in der DDR und in der Schweiz.

Bruno Gluchowski

1900 im Berliner Osten geboren, Handwerkslehre, mit 18 Soldat, mit 19 arbeitslos, mit knapp 20 Bergmann; nahm als Angehöriger einer bewaffneten Arbeiterkompanie an der Niederschlagung des Kapp-Putsches teil; nach 1933 Schreibverbot, wieder Bergmann, mit 50 Jahren in der Grube als Hauer, später Sozialangestellter, seit 1962 Pensionär.

Erste Erzählungen 1930—1933, dazu politische Artikel und Sonderberichte;
Bergarbeiterroman »Menschen im Schoß der Erde«.
»Die letzte Schlachte«, Erzählungen, 1930
»Der Durchbruch«, Schauspiel, 1937 — während des Krieges verboten, später als Hörspiel und 1964 als Roman
»Der Honigkotten«, Roman, 1965 (erster Teil einer Trilogie, in der DDR verfilmt)
»Blutiger Stahl«, Roman, 1970 (Röderberg-Verlag)

Arthur Granitzki

1906 in einem Dorf des Kreises Goldab (Ostpreußen) geboren, Volksschule, Zimmermannslehre und dann Zimmermann im elterlichen Bauunternehmen; 1939—1945 Soldat, bis 1947 in englischer Kriegsgefangenschaft; seit 1950 in Köln als Einschaler tätig.
»Gedichte«, 1965

Max von der Grün

1926 in Bayreuth geboren, Volksschule, Handelsschule, kaufmännische Lehre, Militärdienst und 3 Jahre Kriegsgefangenschaft in den USA; 1948—1951 im Baugewerbe, Maurerlehre mit Abschluß, dann bis 1963 im Ruhrbergbau, ohne Unterbrechung auf einer Zeche als Lehrhauer, Hauer, nach einem schweren Unfall Grubenlokomotivführer; seit 1964 freier Schriftsteller.
»Männer in zweifacher Nacht«, Roman, 1962
»Irrlicht und Feuer«, Roman, 1963 (vom Deutschen Fernsehfunk Ost verfilmt)
»Fahrtunterbrechung«, Erzählungen, 1965
»Zwei Briefe an Pospischiel«, Roman, 1968
Fernsehspiele (»Feierabend«, 1968; »Schichtwechsel«, 1968; u. a.), Fernseh- und Rundfunkfeatures; publizistische Arbeit

Fritz Hüser

1908 in Mühlheim/Ruhr geboren, Arbeit in Hüttenbetrieben, Maschinenfabriken, im Bergbau; neben dieser Berufsarbeit publizistische und bibliothekarische Tätigkeit in der Arbeiterbildung. Diplombibliothekar, jetzt Direktor der Stadtbücherei Dortmund. Begründer und Leiter des Archivs für Arbeiterdichtung und Soziale Literatur. Herausgeber der Reihen »Neue Industriedichtung«, »Dichter und Denker unserer Zeit«, »Völker im Spiegel der Literatur«. Bis 1969 Geschäftsführer der Gruppe 61.

Wolfgang Körner

1937 in Breslau geboren; längere Zeit in der öffentlichen Verwaltung tätig, dann in einer Werkkunstschule, jetzt in Dortmund Geschäftsführer einer Volkshochschule. 1967 Förderpreis des Landes Nordrhein-

Westfalen für Literatur. Arbeitet für Funk, Fernsehen und Zeitungen, Beiträge in einigen Anthologien.

»Versetzung«, Roman, 1966 (1968 als Fernsehfilm der ARD)
»Nowack«, Roman, 1969
»Die Zeit mit Harry«, 5 Erzählungen und 1 Essay, 1970

Angelika Mechtel

1943 in Dresden geboren; seit 1959 Erzählungen und Lyrik in Zeitungen, Zeitschriften, Anthologien, Arbeiten in Funk und Fernsehen; 1961 bis 1964 Mitarbeiterin der Literaturzeitschrift »Relief«; 1965—1967 Mitarbeiterin des »Simplizissimus«; 1967 Redakteurin der Zeitschrift »Aspekte/Impulse«.

»Gegen Eis und Flut«, Gedichte, 1963
»Lachschärpe«, Gedichte, 1965
»Die feinen Totengräber«, Erzählungen, 1968
»Kaputte Spiele«, Roman, 1970
Hörspiele: »Die Belagerung des Gläsernen Turms«, «Die Puppe in meinem Kopf«, »Komm, Elisa, laß dich beißen«, »Niederlage eines Ungehorsamen«.

Paul Polte

1905 in Dortmund geboren, lebt dort als selbständiger Kaufmann; veröffentlichte satirische und sozialkritische Gedichte, begründete 1930 das politische Kabarett »Gruppe Henkelmann«, gab zusammen mit Bernd Temming die Blätter »Proletarische Dichter und Zeichner des Ruhrgebiets« (Lyrik und Graphik) heraus, redigierte zusammen mit dem Maler Hans Tombrock 1931/32 »Die Ruhrstadt-Kulturzeitung für Dortmund und das Ruhrgebiet«.
Privatdruck: »Aus früheren Tagen«, Gedichte (1942)

Josef Reding

1929 in Castrop-Rauxel geboren; Realschule in Dortmund, Gymnasium in Castrop-Rauxel; als 15jähriger in einer Panzervernichtungs-Brigade, Abitur, Arbeiter in einer Betonierkolonne; Studium der Germanistik, Psychologie, Anglistik und Kunstgeschichte in Münster, Champaign/Illinois und New Orleans; ein Jahr Arbeit im Grenzdurchgangslager Friedland; zwischen 1959 und 1966 wiederholt längere Arbeitsaufenthalte in den Aussätzigen-Hunger-Notzentren Asiens, Afrikas und Lateinamerikas — dazu Fernsehdokumentarfilme; 1958 Förderpreis des Landes Nordrhein-Westfalen für Literatur, 1961 Villa Massimo; 1969 Droste-Hülshoff-Preis, Kogge-Preis.

»Silberspeer und Roter Reiher«, Jugendbuch, 1952
»Trommler Ricardo«, Jugendbuch, 1954
»Friedland«, zeitgeschichtliche Chronik, 1956
»nennt mich nicht nigger«, Kurzgeschichten, 1957

»wer betet für judas?« Kurzgeschichten, 1959
»allein in babylon«, Kurzgeschichten, 1961
»Erfindung für die Regierung«, Satiren, 1962
»Papierschiffe gegen den Strom«, 1964
»Reservate des Hungers«, Tagebuch, 1966
»Ein Scharfmacher kommt«, Kurzgeschichten, 1967
Ausgaben in Belgien, Holland, England, Italien, der UdSSR und der
DDR. Sechs Hörspiele, zwölf Fernsehdokumentationen.

Erwin Sylvanus

1917 in Soest geboren, Abitur am humanistischen Gymnasium, Arbeits-
dienst, Wehrdienst, freier Schriftsteller.
»Korczak und die Kinder«, Stück, 1957 (in 11 Sprachen übersetzt, in
15 Ländern mit mehr als 80 Inszenierungen gespielt, 8 Fernsehinsze-
nierungen)
»Zwei Worte töten«, Stück, 1959
»Unterm Sternbild der Waage«, Stück, 1960
»Der rote Buddha«, Stück, 1961
»Der fünfzigste Geburtstag«, Fernsehspiel, 1962
»Kafka und Prag«, Fernsehfeature, 1963
»divadlo-Theater in Prag«, Fernsehfeature, 1963
»Ich heiße CV 190«, Fernsehfeature, 1965
»Die Kinder von Theresienstadt heute«, Fernsehfeature, 1965
»Die Treppe«, Stück, 1965
»Der Rabbi«, Fernsehkollage, 1966
Hörspiele: »Die lex Waldmann«, »Die nämliche Tat«, »Durchlöcherte
Rinde«.

Edgar Struchhold

1914 in Köln geboren; Volksschule, verschiedene Berufe; floh 1934
wegen antifaschistischer journalistischer Tätigkeit nach Belgien, 1942
in Bordeaux verhaftet und zu 2¹/₂ Jahren Gefängnis verurteilt. Arbeitet drei Tage in der Woche als Kellner, die restlichen vier Tage gehören schriftstellerischen Arbeiten.
Schreibt Erzählungen, Hörspiele, hat einen unveröffentlichen Roman
liegen.

Klaus Tscheliesnig

1949 in Karlsruhe geboren, dort 3jährige kaufmännische Lehre, Ersatz-
dienst in Heidelberg, von dort wegen politischer Betätigung nach Tübingen strafversetzt; arbeitet im Werkkreis in der Werkstatt Tübingen,
die einen Band »Lauter Arbeitgeber« vorbereitet; Arbeiten in »Ein
Baukran stürzt um«, 1970. Schreibt: »die mitgliedschaft in der gruppe
61 besteht allerhöchstens nur noch dem papier nach.«

Günter Wallraff

1942 in Köln geboren; Gymnasium, Buchhändlerausbildung, Kriegs-
dienstverweigerer, lebt als freier Schriftsteller in Köln; arbeitete 2 Jahre
als Fließbandarbeiter in den Fordwerken Köln, als Akkordarbeiter bei
Siemens, Werftarbeiter und Hüttenarbeiter. Danach entstanden seine
Reportagen.
»Wir brauchen dich«, Industriereportagen, 1966
»Nachspiele«, szenische Dokumentation, 1968 (als Buch auch 1968)
»13 unerwünschte Reportagen«, 1969

Hans K. Wehren

1921 in Iserlohn geboren; Mittelschule, kaufmännische Lehre, Ange-
stellter im Staatsdienst; heute Finanzbeamter in Iserlohn; schreibt für
Zeitungen, Zeitschriften im In- und Ausland, veröffentlichte in Antho-
logien, schrieb für den Funk.
»Im Wechsel zwischen Tag und Jahr«, Gedichte, 1962
»Stern über Simonshof«, Novelle, 1963
»Aufstand der Disteln«, Gedichte, 1964

Ernst Fidelis Wiedemann

1928 in Füssen/Allgäu geboren; Volksschule, Bäckerlehre, 1945 als
Kriegsfreiwilliger eingezogen, amerikanische Kriegsgefangenschaft,
Beendigung der Bäckerlehre und Gesellenzeit, Kulissenbauer, Requi-
siteure, Inspizient und Schauspieleleve bei einem Wandertheater, Lo-
kalreporter der Heimatzeitung, arbeitslos, Klempner, Tellerwäscher,
Bauhilfsarbeiter, dann freier Handelsvertreter. Seit 1955 in Nürnberg.
»Das Hochhaus«, Erzählung (im Almanach der Gruppe 61) 1966
»Schweinelendchen«, Kurzfilm nach einer eigenen Erzählung, 1969

Hildegard Wohlgemut

1917 im Ruhrgebiet geboren; Volksschule, Handelsschule, Aufbau-
klassen, Schulhelferin. Heirat nach Ostpreußen; Dorfschullehrerin, Flucht
nach Schleswig-Holstein, studierte 4 Semester Kunstgeschichte; Gedichte und Prosa in Zeitungen, Zeitschriften und Anthologien.
»Gedichte«, 1965
»Vom Brötchen, das ein Hochzeitskuchen werden wollte«, Kinderbuch,
1969

Peter Paul Zahl

1944 in Freiburg/Breisgau geboren; aufgewachsen in Mecklenburg,
1953 Flucht der Eltern aus politischen Gründen nach Westberlin; im
Rheinland Volksschule und Gymnasium, Mittlere Reife; Lehre und Gesellenprüfung als Kleinoffsetdrucker, 1964 »Flucht aus politischen
Gründen nach Westberlin«, 1965 Heirat, 1967 Gründung einer Rota-
printdruckerei und eines Kleinverlages.

Veröffentlichungen in verschiedenen Zeitungen und Zeitschriften und in Anthologien.

»Elf Schritte zu einer Tat«, 1968
»Von einem, der auszog, Geld zu verdienen«, Roman, 1970
Herausgeber der Zeitschrift »SPARTACUS, zeitschrift für lesbare literatur« und der Reihen: »zwergschul-ergänzungshefte«, »p. p. quadrat«, »p. p. faksimile«, »p. p. reprint« und »peter-pauls-porno-und-politposters«.

Weitere Mitarbeiter dieses Bandes

Hans Peter Kensy, 1946 in Karlsruhe geboren, studierte vergleichende Literaturwissenschaft, Germanistik und Anglistik in Berlin, München und Heidelberg; 1967/68 Verlagsvolontariat, seit Anfang 1970 Mitarbeiter beim SDR.

Wolfgang Röhrer, Horst Kammrad, Harald Schmid sind Mitglieder der Westberliner Werkstatt im Werkkreis Literatur der Arbeitswelt; sie sind alle drei werktätig. Der Bericht, den sie für diesen Band geschrieben haben, ist die erste kollektiv verfaßte theoretische Arbeit der Werkstatt. An der Werkkreis- bzw. Werkstattarbeit Interessierte können sich wenden an: Werkkreis Literatur der Arbeitswelt, 5 Köln, Postfach 80227.

Heinz Ludwig Arnolds Versuch einer Präsentation der Gruppe 61 ist das geringfügig bearbeitete Manuskript einer zweiteiligen Rundfunksendung, die zum erstenmal vom Süddeutschen Rundfunk am 29. 5. und am 5. 6. 1970 gesendet wurde.

Der Beitrag von *Bruno Gluchowski* (»Blutiger Stahl«) ist das letzte Kapitel seines gleichnamigen Romans, der im Röderberg-Verlag, Frankfurt/Main, erschienen ist; der Abdruck erfolgt mit freundlicher Genehmigung des Röderberg-Verlags.